인공지능·IoT 시대를 위한

병렬형 SW 개발 방법론
K-Method
사례

저자 유홍준 / 김성현

SoftQT ㈜소프트웨어품질기술원

목 차

||||||||||||||||||||||||||||||||||||||||||||||||||||||||||||||||||||||||||||||||||||||||||||

제 1 장 개요

제 2 장 K-Method 적용 방안

제 3 장　"새북(SEBOOK) SW 개발 사업" 개요

제 4 장   "새북(SEBOOK) SW 개발 사업" 산출물 작성 준비

제 5 장   "새북(SEBOOK) SW 개발 사업" 산출물 작성 사례

그림목차

그림목차

그림목차

표 목 차

IIIIIIIIIIIIIIIIIIIIIIIIIIIIIIIIIIIIIIIIIIIIIIIIIIIIIIIIIIIIIIIIIIIIIIIIIIIIIIIIIIIIIIIIIIIIIIIIIIII

표 목 차

IIIIIIIIIIIIIIIIIIIIIIIIIIIIIIIIIIIIIIIIIIIIIIIIIIIIIIIIIIIIIIIIIIIIIIIIIIIIIIIIIIIIIIIIIIIIIIIIIIIIIIIIIII

》》》 머리말

어떤 일을 잘하는 사람이나 조직은 다 적절한 방법론을 가지고 있다. 국수를 잘 만드는 사람, 소프트웨어를 잘 개발하는 조직에 이르기까지 방법론은 문제 해결의 효율성과 효과성에 직접적인 영향을 미친다.

1946년도에 세계 최초의 컴퓨터인 ENIAC이 출현하고, 1949년도에 세계 최초의 프로그램 내장 방식의 컴퓨터인 EDVAC이 출현한 이래 소프트웨어의 개념이 태동하게 되었다.

당연히 소프트웨어 효율성과 효과성 측면에서의 품질을 제고하기 위해 방법론도 지속적으로 발전되어 왔다. 그 결과 소프트웨어 품질은 향상되었을까?

어딘가는 분명히 발전했을텐데, 소프트웨어의 개발 방법론이 발전되어 왔음에도 불구하고 오늘도 소프트웨어 개발 현장에 가면 '신기료 장수 증후군'이 여전히 발견된다. 왜 그럴까?

저자는 그 이유를 기존의 방법론에 구조적이고 공통적인 문제점이 있는 것으로 결론을 내렸다. 소프트웨어 개발 공정을 직렬형으로 지원하는데 문제가 있다고 본 것이다. 기존에 존재하는 어떠한 소프트웨어 개발 방법론도 개발 공정을 모두 직렬형으로 지원하고 있다. 그로 인해 요구 사항이 조금만 복잡해지고, 사업 규모가 조금만 커져도 여러 작업자간의 원활한 협업을 통한 작업의 효율성과 효과성 제고 측면에 한계가 발생하였다.

이를 해결하기 위해, 개발 공정을 병렬로 진행하는 K-Method를 책을 통해 소개하게 되었다. 방법론의 적용을 위해 '병렬형 SW 개발 방법론 K-Method 원리'를 제일 먼저 출판하였고, 이어서 '병렬형 SW 개발 방법론 K-Method 표준' 편을 출간하였다. 본서는 K-Method 시리즈의 세 번째로 실제 SW 개발에 K-Method를 테일러링하여 적용한 사례를 제시하고 있다.

최근의 인공 지능과 IoT를 접목시킨 SW 개발은 주로 SI와 같은 형태보다는 회사나 조직 자체내에서 이루어지는 경우가 많은 점을 감안하여, 본 서에서는 회사나 조직 자체에서 개발할 경우의 사례를 제시하였다. 그렇다하더라도, 구체적인 사례를 제시했기 때문에 SI 용역하는 SW 개발 업체에게도 실질적인 도움이 되리라 믿는다.

아무쪼록 K-Method 개발 적용 사례가 여러분들이 다양한 소프트웨어를 개발, 고도화, 유지 보수 하실 때 유익한 참고가 되어드릴 수 있기를 기도드린다.

2018년 03월 20일
공저자 유 홍준 김 성현

시작하기 전에

병렬형 소프트웨어 개발 방법론 K-Method 사례 편은 K-Method를 실제 SW 개발 실무에 어떻게 테일러링하여 적용해야 하는지 실제적으로 보여준다. 실제의 개발 사례를 가지고 직접 각 공정을 수행하면서 작업하는 과정을 다루고 있다.

SW의 개발은 다양한 분야에서 이루어지기때문에, 그 사례도 헤아릴 수 없을 만큼 많다. 그렇기 때문에, 사업의 유형이나 크기 등에 따라 많이 좌우된다. 그러나 적용상에 있어 공통적으로 생각할 수 있는 부분도 의외로 많다.

본 서에서는 소프트웨어 개발 유형, 규모를 감안하되 최대한 공통적으로 적용할 수 있는 사례를 다룬다. 이러한 관점에서 실제로 실무에서 소프트웨어를 개발하면서 방법론을 적용할 때 어려움을 최소화하기 위해 본서를 시작하면서 고려해야 할 몇 가지 조언을 드리고자 한다.

첫째, 개발 방법론은 개발 사업 구상 시에 확정해야 한다. 사업 초기에 방법론 테일러링을 완료해야 한다. 그 이유는 방법론이 공정 및 산출물에 직접적인 영향을 미치기때문이다. 방법론을 빨리 확정하여 테일러링을 실시할 경우, 그만큼 개발 작업의 효율성이 높아지고, 일관성 있는 개발 작업의 진행이 가능해진다.

둘째, 방법론의 테일러링은 반드시 매핑표를 통해 진행한다. K-Method는 여느 방법론과 마찬가지로 방법론에서 제시하는 모든 공정과 산출물을 모든 프로젝트에 획일적으로 적용하는 것을 제한한다. 그렇기 때문에 사업 초기에 생명 주기, SW 유형, 개발 주체, 사업 규모, DB 사용 여부의 5가지 구분 요소를 가지고 테일러링을 실시하여야 한다. 이 때, 방법론 조정 결과서를 사용하여 테일러링 전후를 비교하는 형태로 조정을 실시하여야 한다.

셋째, 방법론의 조정을 완료한 이후의 변경을 제한한다. 개발 방법론은 소프트웨어 신규 개발, 고도화, 운영 및 유지 보수의 어느 경우에도 일단 정해져서 일정 기간 공정을 진행하다가 다시 바꾸는 것을 제한한다. 그 이유는 방법론이 도중에 바뀔 경우, 사업의 효율적이고 효과적인 진행에 부정적인 영향을 주기때문이다.

넷째, 개발 방법론의 적용에 있어서는 사전에 충분한 교육을 동반해야 한다. 아무리 좋은 방법론이라 할지라도 교육이 철저히 이루어지지 않은 상태에서의 적용은 좋은 품질을 보장하기 어렵게 하는 요인으로 작용할 수 있다. 다만, 이러한 교육은 내부 교육이며 수시로 일어나야 하기때문에 별도의 공정으로 나타내 관리하지 않는다.

다섯째, 소프트웨어 개발 방법론의 적용 상황에 대해 주기적인 점검이 필요하다. 개발 공정 단계 별로 베이스라인을 설정하여, 각 베이스라인 별로 방법론 절차, 표준 및 산출물 품질 확보 상황에 대한 점검을 강화하는 것이 중요하다.

앞으로, (주)소프트웨어품질기술원은 향후 이러한 사례를 다양하게 제시하기 위한 노력을 지속적으로 기울여, 개발 현장에서의 적용에 더욱 도움을 드릴 것을 다짐한다.

⟫⟫⟫ 주의

　이 책에서 제시하는 'K-Method 사례'는 실제 개발 현장에서 적용한 실제 사례를 다룬 것이다. 이 사례처럼 소프트웨어 개발, 고도화, 유지 보수 등 사업의 특성에 따라 다양하게 테일러링하여 적용하는 사례를 만들어나갈 수 있다.

　다만 오랜 기간의 감리 경험을 통해 통상적으로 무리 없는 수준의 공정 절차, 표준 및 산출물을 제시하였기 때문에, 특별한 사정이 없는 K-Method에서 제시하는 방법론의 절차, 표준 및 산출물의 내역을 최대한 반영하는 것이 바람직하다.

　특히, 아래의 세 가지 점에서 주의할 것을 권고한다.

　첫째, K-Method는 병렬형이지만 직렬형 적용도 가능하다.

　K-Method는 기존의 순차형 (waterfall type), 나선형(spiral type), 반복적점진형(iterative and incremental type), 기민형(agile) 등의 기존 직렬형(serial type) 방법론과는 달리 병렬형(parallel type)이다. 그렇기 때문에 처음 적용 시 어려움이 있지 않을까 하는 걱정이 있을 수 있다. 하지만 K-Method는 병렬형뿐만 아니라 여타 직렬형으로 적용하여도 아무런 문제가 없도록 창안되었다. 이 점을 꼭 명심하여 소프트웨어 개발 실무에서 각각의 사업 유형에 맞도록 적용할 필요가 있다.

　둘째, 개발 방법론 적용을 의무화하는 것이 중요하다.

　방법론의 적용에 있어, 단순히 권장 형태로는 성공하기 어렵다. 어느 정도의 의무성을 부과해야 성공할 수 있다. 방법론의 적용에 의무성을 부여하지 않을 경우, 자기 학습 과정에서의 습관에 의존하는 경우가 많기 때문이다. 방법론 적용에 의무성을 부여하여 방법론에 익숙해지도록 하는 것이 중요하다. 의무 적용 과정에서, 스스로 방법론 체계 준수의 편리함을 알게 되면, 자연스럽게 방법론 적용이 정착될 수 있다.

　셋째, K-Method를 지원하는 표준의 이해를 심화시킬 필요가 있다.

　K-Method는 프로세스 자체의 표준과 더불어 각 공정에서 적용되는 모델링(modeling), 코딩(coding)의 표준도 보유하고 있다. 따라서, 제반 표준에 대한 이해를 지속적으로 심화시켜나가는 것이 중요하다. 표준은 처음 적용 시에는 어느 정도의 노력을 요구한다. 하지만, 일단 적용하게 되면 일관성 있는 공정 작업에 핵심적인 도움을 준다. 따라서, K-Method의 전체 프로세스에 대한 이해를 마치면, 각 공정별로 적용하는 도구와 표준에 대한 이해를 심화시켜, 보다 효율적이고 효과적인 공정 작업을 진행할 수 있다.

　방법론의 적용은 결국 안전하고 품질 높은 소프트웨어를 만들어내기 위한 노력의 일환이라고 볼 수 있다. 따라서, 위의 세가지 주의 사항을 염두에 두고 각각 실무에 적용한다면, 보다 안전하고 품질 높은 소프트웨어 개발에 도움을 받을 수 있다.

››› 저작권 안내

본 '병렬형 SW 개발 방법론 K-Method 사례'에 대한 저작권과 관련한 모든 권리는 (주)소프트웨어품질기술원이 가지고 있다. 따라서, (주)소프트웨어품질기술원의 서면 허가 없이는 무단 복사하여 배포하는 것을 불허한다.

본 '병렬형 SW 개발 방법론 K-Method 사례'의 무단 전재를 금한다. 가공·인용할 때에는 반드시 '(주)소프트웨어품질기술원, 병렬형 SW 개발 방법론 K-Method 사례'라고 밝혀야 한다. 가공·인용 범위에 대해서는 (주)소프트웨어품질기술원의 사전 서면 승인을 얻어야 한다.

기타 저작권 안내에서 특별히 명시한 사항을 제외하고는 어떠한 권리나 허가도 부여하지 않는다.

(주)소프트웨어품질기술원
주소 : 경기도 고양시 일산동구 호수로 358-39, 101-614
전화번호 : 031-819-2900

▶▶▶ 상세 변경 이력

◈ V1.0
    일　　자 : 2018년 03월 20일
    작성내용 : 병렬형 SW개발 방법론 K-Method 사례 V1.0 최초 작성
    작 성 자 : 유홍준 김성현

제 1 장

개 요

1.1 K-Method 사례집 개요

1.1.1 목적

「병렬형 SW 개발 방법론 K-Method 사례」는 K-Method를 실제 실무에 적용함에 있어 하나의 실제적인 프로젝트 진행 사례를 벤치마킹하여 자신의 프로젝트에 맞도록 참고할 수 있도록 지원하는 것을 목적으로 한다.

이러한 목적을 달성하기 위해 「병렬형 SW 개발 방법론 K-Method 원리」 및 「병렬형 SW 개발 방법론 K-Method 표준」을 기준으로 실질적으로 공정을 진행해보았다. 이를 통해, 관련 작업과 산출물을 만드는 사례를 간접적으로 경험할 수 있도록 하는데 중점을 두었다.

특히, 최근에는 SI(System Integration) 사업 이외에도 개인 또는 중소기업에서 자체 개발이 많이 이뤄지고 있다. 이 점을 감안하여 '자체 개발' 수행 사례를 제시하였다.

이 사례를 기반으로 일반 SI 사업에서도 충분히 응용 적용할 수 있도록 배려하였다.

1.1.2 적용 범위 및 유의점

1.1.2.1 적용 대상 및 범위

본 서는 동영상인 동적 자료와 PDF인 정적 자료를 연동시켜 학습할 수 있도록 하는 새북(SEBOOK: Software Engineering BOOK) 소프트웨어 개발 사업을 대상으로 한다.

본 사례 적용은 프로토타입으로 진행한 것이 아니라 실제로 개발하여 상용화한 소프트웨어를 대상으로 했다. 또한 이전에 개발한 소프트웨어가 아니고 본 서를 저술하는 과정에서 개발이 함께 이루어진 소프트웨어로 최신 트랜드가 반영된 사례이다.

새북(SEBOOK) 소프트웨어의 세부 범위는 아래의 세 가지를 기준으로 범위를 정해 접근하였다.

첫째, 요구 사항 이행 측면에서는 기능 요구 사항과 비기능 요구 사항으로 구분하여 범위를 정했다.

둘째, 도구 적용 측면에서는 모델링, 구현, 점검의 세 영역에 걸쳐 요구되는 도구와 방법을 세분화하여 범위를 정했다.

셋째, 작업 이행 측면에서는 방법론 테일러링에 기반을 두는 구간, 단계, 세그먼트, 태스크 등으로 세분화하여 범위를 정했다.

어떠한 범위라도 요구 사항의 설정, 요구 사항의 추적이라는 2단계 영역의 구분을 통한 관리가 이루어져야 한다. 본 서에서도 이를 중요시하였다.

1.1.2.2 적용 시 유의점

본 사례를 통해 K-Method를 소프트웨어 개발 사업에 적용할 때 유의해야 할 사항을 세 가지로 정리하면 다음과 같다.

첫째, K-Method를 적용하기 이전에 사용했던 산출물에 대한 판단이다. K-Method는 산출물 양식을 표준으로 정하고 있다. K-Method에서 제시하는 양식과 기존의 산출물 양식이 다르다면, 가급적 K-Method의 산출물 양식을 기준으로 한다. 필요시에 추가하고자 하는 내역만 보완하여 진행한다.

둘째, 병렬형 공정으로 소프트웨어 개발 사업을 진행할 수 있는 도구가 준비되어 있는지 여부이다. 본 서에서 제시하는 모델링, 점검 도구 등을 이미 보유하고 있거나 유사한 다른 도구를 준비하였을 경우에는 '병렬 개발 구간'에 어떻게 적용할 것인지를 '준비 구간 - 총괄 준비 작업 - 개발 도구 지정 태스크'에서 반드시 확정하고 진행해야 한다.

셋째, K-Method를 적용하기 위한 내부 교육을 계획하고 있는지 여부이다. 방법론의 적용은 여러 명의 인원이 표준화된 형태로 작업해야 한다. 그렇기 때문에 방법론에 대한 교육이 요구된다. 따라서 K-Method에 대한 교육 계획을 수립하여 진행할 필요가 있다.

1.1.2.3 적용 표준

K-Method는 순수 국내 기술을 사용하여 세계 최초로 개발한 소프트웨어 병렬형 개발 방법론이다. 또한, '소프트웨어 병렬형 개발 프로세스 지침(Guidelines for Software Parallel-type Development Process)'이라는 이름으로 정보통신단체표준(TTAK.KO-11.0239, 2017년 12월 13일)으로 공표된 표준화된 개발 방법론이다. 가장 선진화된 방법론이면서도 기존 방법론의 공정 절차도 수용하는 유연성을 가지고 있다.

1.1.3 구성 체계

「병렬형 SW 개발 방법론 K-Method 사례」가 포함하고 있는 내용의 구성 체계를 세부적으로 나타내면 다음과 같다.

제 1장 개요

1장에서는 K-Method 사례에 대한 전체적인 구성과 내용을 간략하게 설명한다. 그리고 "새북(SEBOOK) SW 개발 사업"에 적용되는 K-Method의 구성 및 체계 등을 설명한다.

제 2장 K-Method 적용 방안

2장에서는 K-Method의 사업 유형에 따라 "새북(SEBOOK) SW 개발 사업"의 유형을 정의하고, 정의한 유형으로 K-Method를 "새북(SEBOOK) SW 개발 사업"에 적용하는 방법을 제시한다.

또한, 처음 방법론을 적용할 때의 오류를 최소화하기 위하여 K-Method를 "새북(SEBOOK) SW 개발 사업"에 적용할 경우 제약사항을 기술한다.

제 3장 "새북(SEBOOK) SW 개발 사업" 개요

3장에서는 K-Method가 적용되는 "새북(SEBOOK) SW 개발 사업"에 대한 이해를 돕기 위해 추진 배경, 목표, 전략 및 기대효과 등 기본적인 개발 배경과 "새북(SEBOOK) SW 개발 사업"의 개발 환경, 일정, 범위 등 세부적인 사업 내용을 설명한다.

제 4장 "새북(SEBOOK) SW 개발 사업" 산출물 작성 준비

4장에서는 K-Method를 적용하기 전에 적용 내상 산출물 구성, 디렉토리 구성, 관리 대장 마련 등 미리 준비해야 하는 사항들에 대하여 설명한다.

제 5장 "새북(SEBOOK) SW 개발 사업" 산출물 작성 사례

5장에서는 "새북(SEBOOK) SW 개발 사업"의 작성 대상 산출물에 대하여 개요, 작성 사례, 관련 산출물 구성 등을 제시한다.

작성 사례는 주요 항목 작성 사례 설명, 작성 예제, 주요 ID 체계 등으로 구분하여 설명한다. 작성 예제는 실제로 작성한 산출물 내용을 부분적으로 제시하여 해당 산출물을 쉽게 작성할 수 있도록 하였다.

1.1.4 산출물 코드 체계

K-Method에서 사용하는 구간(section), 단계(phase), 세그먼트(segment), 태스크(task)에 대한 코드 체계를 설명하고, 표준 산출물의 코드 부여 규칙을 제시한다.

"새북(SEBOOK) SW 개발 사업"에서는 K-Method의 표준 산출물 코드 체계를 따른다. 일부 산출물은 사업에 맞추어 변경해서 사용한다.

〈산출물 문서 번호 설명〉

첫 번째와 두 번째 영문 대문자는 구간 구분을 나타낸다.

세 번째, 네 번째, 다섯 번째 숫자 3자리는 단계, 세그먼트, 태스크 구분을 나타낸다.

여섯 번째, 일곱 번째 숫자 2자리는 순차적인 일련 번호이며, 문서 구분 일련 번호를 나타낸다.

(그림 1-1-4-1) 산출물 문서 번호 부여 규칙 예시

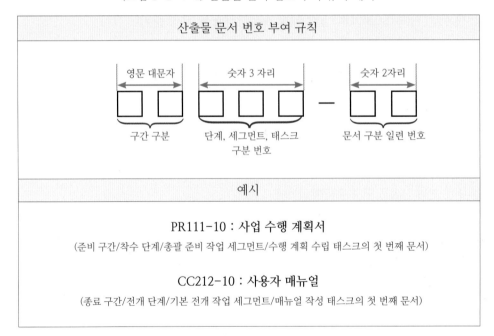

1.2 K-Method 이해

1.2.1 K-Method 개요

소프트웨어 위기에 대한 해법의 하나로 폭포수형(waterfall type) 방법론이 탄생하였다. 이후, SW 개발 현장에서는 나선형(spiral), 점증형(iterative & incremental), 기민형(agile) 등 그동안 다양한 형태의 방법론이 출현하며 발전을 거듭해 왔다.

(그림 1-2-1-1) 기존 SW 개발 방법론의 공정 진행 방식 비교

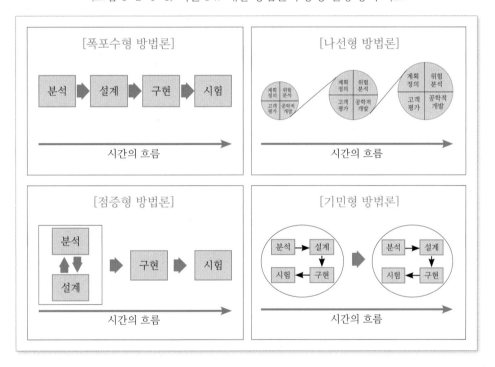

하지만 어떠한 방법론을 채택하더라도 실제 프로젝트를 진행할 때에는 폭포수형과 유사한 형태로 진행될 수밖에 없는 결과를 초래했다. 그 이유는 대부분의 프로젝트가 1년 미만의 단기성이라 반복을 허용하기 어려운 구조였기 때문이다. 또한, 지금까지 출현한 SW 개발 방법론은 모두 직렬형 공정 절차를 기반으로 수행하는 형태였다. 따라서, 짧은 프로젝트 기간을 효율적으로 사용하면서 반복을 수행하는 것이 거의 불가능했다. 그로 인해 개발 효율성과 개발 품질을 향상시키는 것이 용이하지 않았다.

저자는 오랜 기간 현장에서 정보시스템 감리를 수행해왔다. 이 경험을 바탕으로 개발 공정이 직렬형으로 고착되어 있는 한 향후 어떤 방법의 개선이 있더라도 한계를 극복할 수 없음을 확신하게 되었다.

이러한 문제점을 해결하기 위해, 개발 공정 자체를 직렬형(serial type)에서 병렬형(parallel type)으로 발전시켜 작업의 효율성과 품질을 혁신적으로 제고할 수 있는 K-Method를 창안하여 세상에 내놓게 되었다.

(그림 1-2-1-2) 병렬형 SW 개발 방법론 K-Method의 공정 진행 방식

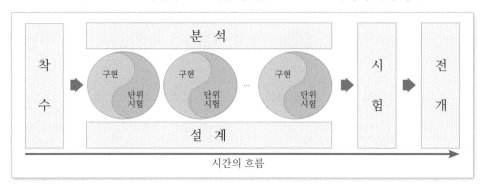

K-Method의 공정 절차를 보면 정보공학이나 관리기법/1 방법론과 같은 폭포수형과 유사하게 착수-분석-설계-구현-시험-전개의 공정 단계로 이루어져 있다.

그러면서도 확연히 다른 특징이 있다. K-Method는 착수와 시험, 전개의 3단계 공정을 제외하고, 분석-설계-구현 공정을 병렬적으로 진행할 수 있도록 하였다.

한 마디로, 그동안 1개의 차선으로만 작업해왔던 것을 여러 개의 차선을 동시에 이용하여 작업할 수 있도록 한 것이다. 이처럼 대역폭을 확장시킨 다차선 병행 진행 형태를 선택한 것을 특징으로 한다. 또한, 시험의 경우에도 단위 시험을 시험 공정이 아닌 구현 공정의 일부로 편입시켰다. 그렇게 하여, 구현과 단위 시험을 순환적으로 수행하면서 개발 작업을 진행하도록 하고 있다. 기존의 주요 방법론을 K-Method와 비교하면 〈표 1-2-1-1〉과 같다.

〈표 1-2-1-1〉 주요 SW 개발 방법론간의 공정 진행 형태 비교

구분	폭포수형	점증형	기민형	병렬형
주요 적용 방법론 사례	정보공학, 관리기법/1	RUP, 마르미III	XP, Lean, SCRUM, PP, FDD, DSDM, Kanban, ASD, CF, TTD, XM	K-Method
공정 진행 형태	폭포수처럼 단계적으로 순방향 진행	공정 단계의 일부 (분석-설계) 구간을 반복 진행	분석-설계-구현 공정을 직렬형으로 짧게 반복	분석-설계-구현 공정을 병렬형으로 진행
SI 실무 적용	현재까지 가장 많이 적용	현재는 제안 시에만 사용하고 실제로는 거의 미적용	현재는 제안 시에만 사용하고 실제로는 거의 미적용	400회 이상의 감리 실무 검증을 통해 새로 발표

1.2.2 K-Method 특징

K-Method는 병렬형 기반의 SW 개발 방법론이다. 다양한 정보시스템 개발 사업의 수행을 위해 표준화한 프로세스와 산출물, 작업 지침을 제공한다.

병렬형 SW 개발 방법론인 K-Method의 특징을 요약하여 5가지로 나타내면 다음과 같다.

첫째, 인간의 특성을 반영한 병렬형 SW 개발 방법론이다. 기존의 방법론은 공정 단계를 거치는 과정에서 순방향으로 진행하는 직렬형 SW 개발 방법론이었다. 그러나 직렬형 SW 개발 방법론은 요구 사항의 변경이나 환경 변화 등에 적절한 대응이 용이하지 않았다. 이에 비해 K-Method는 분석-설계-구현 공정을 병렬적으로 진행한다. 그렇게 함으로써, 요구 사항의 변경이나 내·외부 환경의 변화에 즉각적으로 대처할 수 있다. 또한, 인간의 변화무쌍한 진화적 요구에 고품질로 신속하게 대응하는 것이 가능하다. 이를 통해, 인공 지능과 IoT까지 포함한 스펙트럼 넓은 개발에 적용할 수 있다.

둘째, 프로젝트에 실제 적용이 용이하도록 최적화된 프로세스와 산출물을 제공한다. 국내 현실에 잘 맞지않는 외국의 이론적인 방법론을 그동안 국내 SW 개발 현장에 무분별하게 적용해왔다. 불필요한 절차와 산출물이 많았다. 결과적으로, 실제 적용이 어려워 방법론을 적용하지 않고 프로젝트를 수행하는 경우가 많았다. 이에 비해 K-Method는 프로젝트의 성공과 품질 제고에 필요한 최적화된 프로세스와 산출물을 제공한다. 이를 통해, 프로젝트의 규모와 성격에 따라 적용이 용이하도록 지원한다.

셋째, 기능 분할 및 인과 관계 추적을 명확히 구분하여 진행할 수 있도록 구조화하였다. 기존의 방법론에서는 주로 기능적인 요소 중심의 대응이었다. 그래서 프로젝트의 목표 달성과 작업 효율성 제고를 위한 기능과 기능간의 인과 관계를 명확히 파악하는 방안에의 철저한 대응이 미흡하였다. 이에 비해 K-Method는 기능과 인과 관계를 명확히 파악하여 구현하도록 구조화한 프로세스와 산출물을 제공한다.

넷째, 단순 작업을 줄이고 모델과 소스의 시각화를 지원하는 도구의 지원을 받는다. 시스템을 개발하다보면 산출물을 작성하는데 많은 시간을 소요한다. 또한, 복잡하게 얽힌 소스 및 이와 연관이 있는 모델의 작업에 어려움을 겪는다. 이에 비해 K-Method는 프로그램 개발에 집중할 수 있도록 단순하고 형식적인 산출물 작성의 자동화를 추구한다. 또한, 복잡한 소스 및 모델을 체계적 시각화로 쉽게 분석 가능하도록 하는 도구를 지원한다.

다섯째, 순수한 국내산의 방법론이다. 우리나라에서 개발한 세계 최초의 병렬형 SW 개발 방법론이다. 따라서, 로얄티 등의 부담 없이 지속적으로 기술 지원을 쉽게 받을 수 있다.

1.2.3 K-Method 전체 구성도

병렬형 SW 개발 방법론인 K-Method는 (그림 1-2-3-1)과 같이 준비, 병렬 개발, 종료의 3개 구간 속에 착수, 분석, 설계, 구현, 시험, 전개의 6개 단계(phase), 17개 세그먼트(segment), 32개 태스크(task)를 포함한다.

(그림 1-2-3-1) K-Method의 전체 구성도

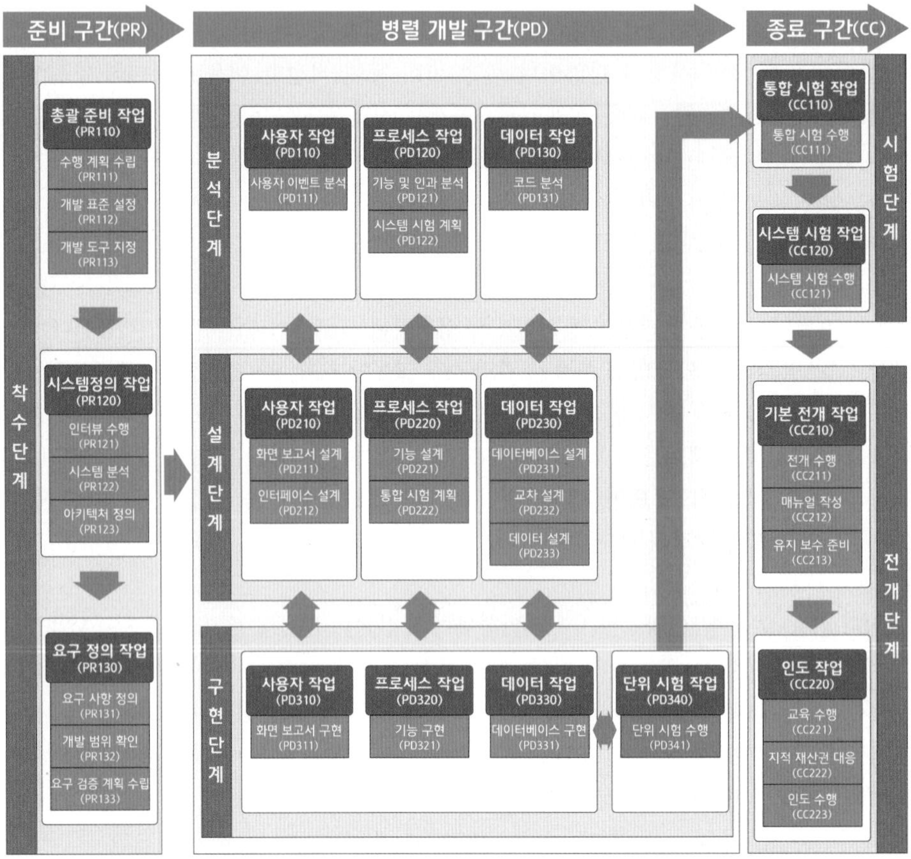

SW 개발을 위해서는 준비 구간(PR section)이 포함하고 있는 착수 단계를 먼저 수행한다. 이어서, 병렬 개발 구간(PD section)이 포함하고 있는 분석, 설계, 구현 단계의 병행적 작업을 진화적으로 수행한다. 이런 식으로 SW를 병렬형 접근을 통해 개발한다. 이때 구현 단계에서는 사용자 작업, 프로세스 작업, 데이터 작업 세그먼트를 융합하여 단위 시험 작업 세그먼트와 순환적으로 연계 작업을 수행한다.

병렬 개발 구간에서의 작업을 마치면, 종료 구간(CC section)이 포함하고 있는 시험 단계와 전개 단계를 거쳐 SW의 인도 작업을 행한다. 이러한 과정을 거쳐 SW 개발 사업을 완료한다.

1.2.3.1 준비 구간(PR)

준비 구간은 착수 단계를 포함한다. 착수 단계는 총괄 준비 작업, 시스템 정의 작업, 요구 정의 작업의 3개 세그먼트를 포함한다.

이들 3개 세그먼트에서는 모두 직렬형으로 작업을 진행한다. 그 이유는 준비 단계에서는 다른 영역의 작업자 간의 병행적인 정보 교환이나 의사 소통보다는 순차적인 형태의 연계 작업을 중심으로 하기 때문이다.

총괄 준비 작업 세그먼트는 수행 계획 수립, 개발 표준 설정, 개발 도구 지정의 3개 태스크로 이루어진다.

시스템 정의 작업 세그먼트는 인터뷰 수행, 시스템 분석, 아키텍처 정의의 3개 태스크로 이루어진다.

요구 정의 작업 세그먼트는 요구 사항 정의, 개발 범위 확인, 요구 검증 계획 수립의 3개 태스크로 이루어진다.

착수 단계에서의 세그먼트 진행 순서는 총괄 준비 작업, 시스템 정의 작업, 요구 정의 작업의 순이다. 또한, 각 세그먼트 내에서의 태스크의 흐름은 (그림 1-2-3-2)에서 나타낸 바와 같은 형태의 진행 과정을 거친다.

(그림 1-2-3-2) K-Method의 준비 구간 표준 프로세스

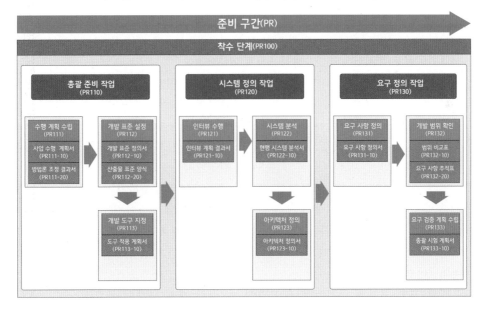

준비 구간을 뜻하는 코드인 'PR'은 '준비 구간(preparation section)'의 맨 앞자 2자를 떼어내어 대문자로 나타낸 것이다. 준비 구간은 개발을 본격적으로 시작하기 전의 준비를 하는 구간이므로 모든 공정 작업이 직렬형(serial type)으로 이루어진다.

1.2.3.2 병렬 개발 구간(PD)

병렬 개발 구간은 분석 단계, 설계 단계, 구현 단계의 3단계를 포함한다. 각각의 단계는 병렬적으로 융합이 이루어진다. 이를 통해 점진적인 개발을 수행하는 형태로 진행한다. 각 단계는 사용자 작업, 프로세스 작업, 데이터 작업의 3개 세그먼트를 각각 포함한다.

분석 단계에서의 사용자 작업 세그먼트는 사용자 이벤트 분석의 1개 태스크로 이루어진다.

분석 단계에서의 프로세스 작업 세그먼트는 기능 및 인과 분석, 시스템 시험 계획의 2개 태스크로 이루어진다.

분석 단계에서의 데이터 작업 세그먼트는 코드 분석의 1개 태스크로 이루어진다.

설계 단계에서의 사용자 작업 세그먼트는 화면 보고서 설계, 인터페이스 설계의 2개 태스크로 이루어진다.

설계 단계에서의 프로세스 작업 세그먼트는 기능 설계, 통합 시험 계획의 2개 태스크로 이루어진다.

설계 단계에서의 데이터 작업 세그먼트는 데이터베이스 설계, 교차 설계, 데이터 설계의 3개 태스크로 이루어진다.

구현 단계에서의 사용자 작업 세그먼트는 화면 보고서 구현의 1개 태스크로 이루어진다.

구현 단계에서의 프로세스 작업 세그먼트는 기능 구현의 1개 태스크로 이루어진다.

구현 단계에서의 데이터 작업 세그먼트는 데이터베이스 구현의 1개 태스크로 이루어진다. 구현 단계에서는 단위 시험 작업 세그먼트를 1개 더 포함한다. 단위 시험 작업 세그먼트는 단위 시험 수행의 1개 태스크로 이루어진다.

각 단계별 세그먼트는 사용자 작업, 프로세스 작업, 데이터 작업의 세그먼트별로 작업을 한다. 분석 단계, 설계 단계, 구현 단계가 서로 연관을 맺으며, 3개의 차선이 병렬로 늘어서 진행하는 형태로 수행한다. 여기에 구현 단계에서는 사용자 작업, 프로세스 작업, 데이터 작업을 모두 융합하고, 그 결과를 단위 시험 작업 세그먼트와 순환적으로 작업을 수행하는 형태로 진행한다.

병렬 개발 구간의 제반 세부적인 공정을 병렬적으로 수행하려면 새빛(SEVIT)이나 새틀(SETL)과 같은 자동화 도구를 사용해야 한다. 자동화 도구의 지원을 받지 않아 분석 단계, 설계 단계, 구현 단계를 병렬형으로 진행할 수 없다 하더라도, K-Metnod는 직렬형 작업도 효율적으로 지원한다. 폭포수형, 점증형, 기민형 같은 직렬형 공정도 K-Method는 무리없이 지원한다.

병렬 개발 구간을 뜻하는 코드인 'PD'는 '병렬 개발 구간(parallel development section)'의 2단어 앞자 한 자씩을 떼어내어 대문자로 나타낸 것이다. 병렬 개발 구간은 개발을 본격적으로 진행하는 구간이므로 전체적인 공정 작업의 대부분이 병렬형(parallel type)으로 이루어진다.

(그림 1-2-3-3) K-Method의 병렬 개발 구간 표준 프로세스

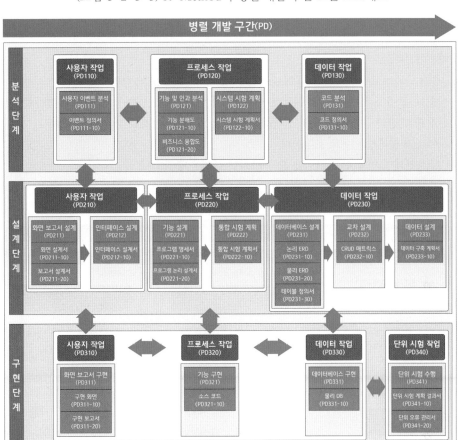

1.2.3.3 종료 구간(CC)

종료 구간은 시험 단계, 전개 단계의 2단계를 포함한다. 종료 구간의 모든 단계는 직렬형으로 진행한다. 그 이유는 작업이 순차적인 연계 중심으로 행해지기 때문이다.

시험 단계는 통합 시험 작업, 시스템 시험 작업의 2개 세그먼트를 포함한다.

통합 시험 작업 세그먼트는 통합 시험 수행의 1개 태스크로 이루어진다.

시스템 시험 작업 세그먼트는 시스템 시험 수행의 1개 태스크로 이루어진다.

단위 시험 작업 세그먼트는 구현 단계로 통합이 이루어져 있어, 시험 단계에서는 제외한다.

시험 단계에서의 세그먼트 진행 순서는 통합 시험 작업, 시스템 시험 작업의 순이다.

전개 단계는 기본 전개 작업, 인도 작업의 2개 세그먼트를 포함한다.

기본 전개 작업 세그먼트는 전개 수행, 매뉴얼 작성, 유지 보수 준비의 3개 태스크로 이루어진다.

인도 작업 세그먼트는 교육 수행, 지적 재산권 대응, 인도 수행의 3개 태스크로 이루어진다.

전개 단계에서의 세그먼트 진행 순서는 기본 전개 작업, 인도 작업의 순이다.

종료 구간의 시험 단계와 전계 단계의 각 세그먼트는 순차적으로 진행하는 것을 원칙으로 한다. 다만, 사업을 진행하는 과정에서 일부 순서를 바꿔야 할 경우가 발생할 시에는 테일러링을 통해 조정한다.

기본 전개 작업과 인도 작업을 모두 마치면 사업을 종료한다.

(그림 1-2-3-4) K-Method의 종료 구간 표준 프로세스

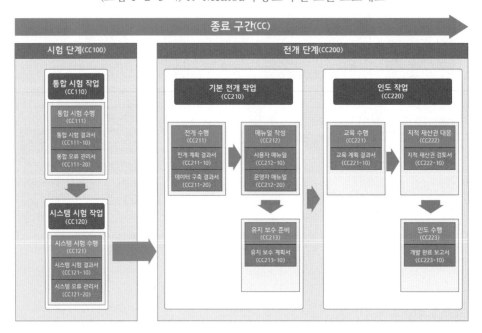

종료 구간을 뜻하는 코드인 'CC'는 '종료 구간(cycle completion section)'의 2단어 앞자한 자씩을 떼어내어 대문자로 나타낸 것이다. 종료 구간은 개발을 완료한 후 시험을 거쳐 인도하기까지의 개발 사이클의 마무리 작업을 하는 구간이므로, 모든 공정 작업이 직렬형(serial type)으로 이루어진다.

이상과 같이, K-Method의 전체적인 구성은 개발을 직렬형으로 준비하는 '준비 구간', 개발을 병렬형으로 수행하는 '병렬 개발 구간', 개발 사이클을 직렬형으로 마무리하는 '종료 구간'의 세 구간으로 구분되어, 각 구간의 수행 목적에 맞도록 단계를 나눠 수행하도록 이루어진다.

1.2.4 K-Method 표준 프로세스

병렬형 SW 개발 방법론인 K-Method는 준비(PR) 구간, 병렬 개발(PD) 구간, 종료(CC) 구간의 3구간으로 나뉜다.

준비 구간은 착수 단계를 포함하고 있다. 세부적으로는 개발을 진행하기 위한 총괄 준비 작업, 시스템 정의 작업, 요구 정의 작업의 세그먼트로 이루어진다. 총괄 준비 작업 세그먼트는 3개의 태스트, 시스템 정의 작업 세그먼트는 3개의 태스크, 요구 정의 작업 세그먼트도 3개의 태스크를 포함한다.

병렬 개발 구간은 분석 단계, 설계 단계, 구현 단계의 3단계를 포함하고 있다. 세부적으로 3단계는 각각 사용자 작업, 프로세스 작업, 데이터 작업의 3가지 유형의 작업으로 나누어지는 세그먼트를 병렬적으로 수행한다. 또한 구현 단계의 사용자 작업, 프로세스 작업, 데이터 작업의 3가지 작업은 단위 시험 작업과 사이클을 형성하면서 개발을 수행한다.

이들 병렬 개발 구간의 분석 단계, 설계 단계, 구현 단계의 3단계는 단순히 계층이라기 보다는 (그림 1-2-4-1)에 나타낸 바와 같이, 마치 동축 케이블(coaxial cable)처럼 원형 튜브 속에 또 다른 튜브가 들어 있는 것과 같은 형태로 구성이 이루어진다. 그렇기 때문에 분석, 설계, 구현 단계는 각각이 별도로 있는 것이 아니라 외관상으로는 통합적으로 보인다. 내부적으로만 상호 소통하면서 공정을 병행적으로 진행한다.

(그림 1-2-4-1) 병렬 개발 구간의 다차선 공정 병행 진행 방식

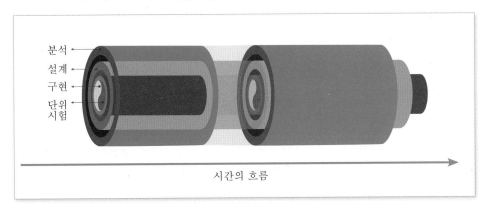

종료 구간은 시험 단계와 전개 단계를 포함한다. 세부적으로 시험 단계에서는 통합 시험 작업과 시스템 시험 작업을 행한다. 전개 단계에서는 기본 전개 작업과 인도 작업을 행한다.

병렬형 SW 개발 방법론인 K-Method의 표준 프로세스(standard process)는 6개의 단계(phase), 17개의 세그먼트(segment), 32개의 태스크(task)로 이루어진다. 또한, 46개의 산출물(product)을 생성한다. 단계, 세그먼트, 태스크, 산출물을 제시하면 〈표 1-2-4-1〉과 같다.

〈표 1-2-4-1〉 K-Method의 표준 프로세스와 산출물

단계 (phase)	세그먼트 (segment)	태스크 (task)	산출물 (product)
착수 단계 (PR100)	총괄 준비 작업 (PR110)	수행 계획 수립 (PR111)	사업 수행 계획서 (PR111-10)
			방법론 조정 결과서 (PR111-20)
		개발 표준 설정 (PR112)	개발 표준 정의서 (PR112-10)
			산출물 표준 양식 (PR112-20)
		개발 도구 지정 (PR113)	도구 적용 계획서 (PR113-10)
	시스템 정의 작업 (PR120)	인터뷰 수행 (PR121)	인터뷰 계획 결과서 (PR121-10)
		시스템 분석 (PR122)	현행 시스템 분석서 (PR122-10)
		아키텍처 정의 (PR123)	아키텍처 정의서 (PR123-10)
	요구 정의 작업 (PR130)	요구 사항 정의 (PR131)	요구 사항 정의서 (PR131-10)
		개발 범위 확인 (PR132)	범위 비교표 (PR132-10)
			요구 사항 추적표 (PR132-20)
		요구 검증 계획 수립 (PR133)	총괄 시험 계획서 (PR133-10)
분석 단계 (PD100)	사용자 작업 (PD110)	사용자 이벤트 분석 (PD111)	이벤트 정의서 (PD111-10)
	프로세스 작업 (PD120)	기능 및 인과 분석 (PD121)	기능 분해도 (PD121-10)
			비즈니스 융합도 (PD121-20)
		시스템 시험 계획 (PD122)	시스템 시험 계획서 (PD122-10)
	데이터 작업 (PD130)	코드 분석 (PD131)	코드 정의서 (PD131-10)

단계 (phase)	세그먼트 (segment)	태스크 (task)	산출물 (product)
설계 단계 (PD200)	사용자 작업 (PD210)	화면 보고서 설계 (PD211)	화면 설계서 (PD211-10)
			보고서 설계서 (PD211-20)
		인터페이스 설계 (PD212)	인터페이스 설계서 (PD212-10)
	프로세스 작업 (PD220)	기능 설계 (PD221)	프로그램 명세서 (PD221-10)
			프로그램 논리 설계서 (PD221-20)
		통합 시험 계획 (PD222)	통합 시험 계획서 (PD222-10)
	데이터 작업 (PD230)	데이터베이스 설계 (PD231)	논리 ERD (PD231-10)
			물리 ERD (PD231-20)
			테이블 정의서 (PD231-30)
		교차 설계 (PD232)	CRUD 매트릭스 (PD232-10)
		데이터 설계 (PD233)	데이터 구축 계획서 (PD233-10)
구현 단계 (PD300)	사용자 작업 (PD310)	화면 보고서 구현 (PD311)	구현 화면 (PD311-10)
			구현 보고서 (PD311-20)
	프로세스 작업 (PD320)	기능 구현 (PD321)	소스 코드 (PD321-10)
	데이터 작업 (PD330)	데이터베이스 구현 (PD331)	물리 DB (PD331-10)
	단위 시험 작업 (PD340)	단위 시험 수행 (PD341)	단위 시험 계획 결과서 (PD341-10)
			단위 오류 관리서 (PD341-20)

01
개
요

단계 (phase)	세그먼트 (segment)	태스크 (task)	산출물 (product)
시험 단계 (CC100)	통합 시험 작업 (CC110)	통합 시험 수행 (CC111)	통합 시험 결과서 (CC111-10)
			통합 오류 관리서 (CC111-20)
	시스템 시험 작업 (CC120)	시스템 시험 수행 (CC121)	시스템 시험 결과서 (CC121-10)
			시스템 오류 관리서 (CC121-20)
전개 단계 (CC200)	기본 전개 작업 (CC210)	전개 수행 (CC211)	전개 계획 결과서 (CC211-10)
			데이터 구축 결과서 (CC211-20)
		매뉴얼 작성 (CC212)	사용자 매뉴얼 (CC212-10)
			운영자 매뉴얼 (CC212-20)
		유지 보수 준비 (CC213)	유지 보수 계획서 (CC213-10)
	인도 작업 (CC220)	교육 수행 (CC221)	교육 계획 결과서 (CC221-10)
		지적 재산권 대응 (CC222)	지적 재산권 검토서 (CC222-10)
		인도 수행 (CC223)	개발 완료 보고서 (CC223-10)

 SW 개발 사업의 생명 주기, SW 유형, 개발 주체, 사업 규모, DB 사용 여부 등에 따라 표준 프로세스는 변경이 가능하며, 표준 프로세스 수행으로 작성하는 산출물도 조정할 수 있다. 생명 주기는 신규 개발, 고도화, 운영 등으로 구분한다. SW 유형은 시스템 SW, 응용 SW, 패키지 SW, 내장 SW 등으로 구분한다. 개발 주체는 자체 개발, 외주 개발 등으로 구분한다. 사업 규모는 대규모, 중규모, 소규모 등으로 구분한다. DB 사용 여부는 미사용, 사용 등으로 구분한다.

 K-Method의 표준 프로세스 테일러링(tailoring)은 이처럼 5가지의 고객화 요소를 가지고 이루어진다.

1.2.5 K-Method 산출물 연관도

K-Method의 준비 구간, 병렬 개발 구간, 종료 구간의 표준 프로세스를 중심으로 착수, 분석, 설계, 구현, 시험, 전개의 단계별 활동의 결과로 작성하는 주요 산출물은 (그림 1-2-5-1)과 같다.

(그림 1-2-5-1) K-Method의 표준 프로세스에 따른 주요 산출물 개관

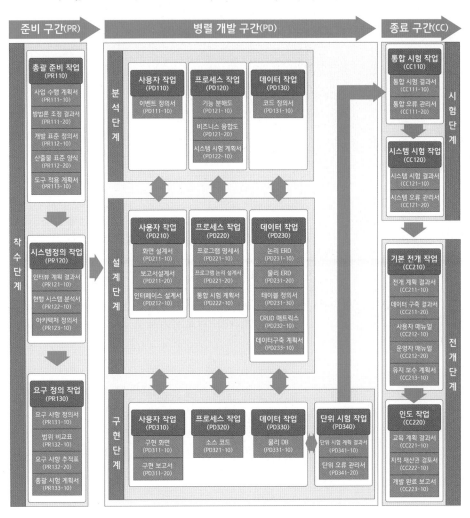

K-Method의 산출물은 요구 사항 ID, 기능 ID, 화면 ID 등의 식별 정보로 상호 연결이 이루어진다.

이를 바탕으로 착수, 분석, 설계, 구현, 시험, 전개 단계별로 요구 사항을 중심으로 하는 이벤트, 프로세스, 데이터 모델의 추적이 가능하다.

1.2.6 단계별 표준 프로세스 적용 자동화 도구

K-Method 기반의 병렬형 소프트웨어 개발에서는 각 공정 단계별로 자동화 도구의 적용이 이루어진다.

㈜소프트웨어품질기술원이 자체 보유하여 지원하는 자동화 도구를 각 공정 단계별로 정리하여 표로 제시하면 〈표 1-2-6-1〉과 같다.

〈표 1-2-6-1〉 K-Method의 각 공정 단계별로 적용하는 주요 자동화 도구

구분		(주)소프트웨어품질기술원 지원 도구	지원 도구 역할
준비 구간	착수 단계	새품, 새북	▶ 새벗: 새룰, 새틀, 새빛, 새북을 포함한 SW 융합 프레임 워크를 형성하여, 통합 운용 기능을 제공하는 도구
병렬 개발 구간	분석 단계		▶ 새빛: 복잡하고 어려운 소스를 체계적으로 시각화하고 자동화 하는 기능을 포함한 도구
	설계 단계	새벗, 새빛, 새틀, 새품, 새룰, 새북	▶ 새틀: 다양한 프로그램 언어로 구성된 소스를 쉽게 분석이 가능하도록 시각화하여 SW 품질을 개선하는 도구
	구현 단계		▶ 새품: 사용자, 프로세스, 데이터의 품질을 점검하여 개선하는 도구
종료 구간	시험 단계	새벗, 새빛, 새틀, 새품	▶ 새룰: 새틀, 새빛에 정형화한 규칙을 제공하여 SW 품질을 확보하는 도구
	전개 단계	새품, 새북	▶ 새북: 동적 콘텐츠와 정적 콘텐츠의 양방향 연결 및 제어를 통해 개발 내용의 이해를 높이고 개발 시스템의 효율적 학습 능력 제고를 지원하는 도구

1.2.6.1 준비 구간(PR)

준비 구간에 적용하는 자동화 도구 상세 내역을 나타내면 (그림 1-2-6-1)과 같다.

(그림 1-2-6-1) 준비 구간에 적용하는 주요 자동화 도구 상세

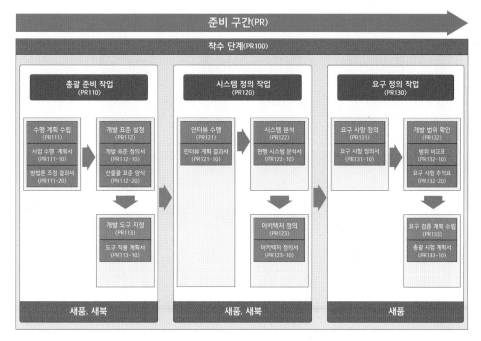

K-Method의 준비 구간에는 착수 단계 하나만 존재한다. 착수 단계라 함은 병렬 개발 구간의 본격적인 분석, 설계, 구현 단계로 진입하기 전에 사업을 착수하면서 사전에 준비해야 할 작업들을 수행하는 단계이다.

착수 단계는 총괄 준비 작업 세그먼트, 시스템 정의 작업 세그먼트, 요구 정의 작업 세그먼트의 총 3개 세그먼트가 존재한다.

3개 세그먼트 중에서 총괄 준비 작업과 시스템 정의 작업 세그먼트에는 새품과 새북의 2가지 자동화 도구를 사용하고, 요구 정의 작업 세그먼트에서는 새품만 사용한다.

착수 단계의 3개 세그먼트에 걸쳐 사용하는 새품은 착수 단계에서 주로 품질 기준에 의거한 체크리스트 기법을 사용한다. 이를 통해, 각 세그먼트의 작업이 적정 품질을 유지하고 있는지 점검한다. 다만, 요구 정의 작업 세그먼트 중 요구 사항 정의와 개발 범위 확인 태스크에서는 개발 범위 비교와 요구 사항 추적이 적절한 매핑을 통해 추적이 가능한지 비교 점검을 수행한다.

새북은 총괄 준비 작업과 시스템 정의 작업 세그먼트에서 사용한다. 새북은 개발 표준과 산출물 표준 양식에 관한 이해를 쉽게 하는 것을 지원한다. 새품과 새북의 사용을 통해 초기의 위험을 최소화할 수 있다.

1.2.6.2 병렬 개발 구간(PD)

병렬 개발 구간에 적용하는 자동화 도구 상세 내역을 나타내면 (그림 1-2-6-2)와 같다.

(그림 1-2-6-2) 병렬 개발 구간에 적용하는 주요 자동화 도구 상세

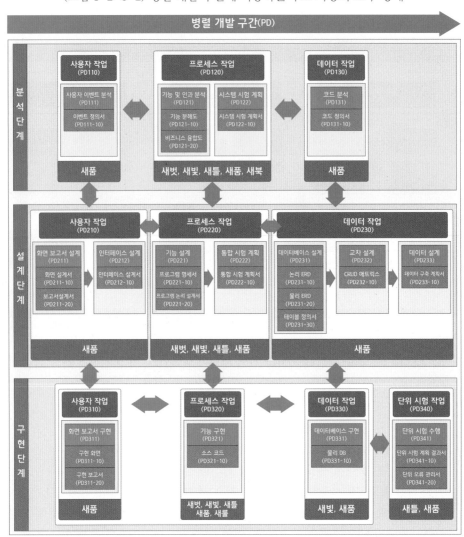

K-Method의 병렬 개발 구간에는 분석 단계, 설계 단계, 구현 단계의 3단계가 존재한다. 전통적인 방법론의 경우에는 분석 단계, 설계 단계, 구현 단계를 순방향으로만 진행한다. 그러나 K-Method에서는 분석 단계, 설계 단계, 구현 단계를 순방향으로 진행할 수도 있지만, 역방향으로 진행할 수도 있다. 그 이유는 무엇일까? K-Method에서는 분석 단계, 설계 단계, 구현 단계가 통합적으로 융합이 이루어져 병렬로 공정을 진행할 수 있기 때문이다.

분석 단계, 설계 단계, 구현 단계는 모두 내부에 사용자 작업 세그먼트, 프로세스 작업 세그먼트, 데이터 작업 세그먼트를 각각 가지고 있다. 이들 각각의 세그먼트들은 각 단계의 내부에 존재한다. 분석 단계, 설계 단계, 구현 단계는 서로 대등한 상태로 상호 연관 관계를 맺으며 병렬 형태로 공정을 진행한다.

구현 단계 내부에는 하나의 세그먼트가 더 존재한다. 그것은 단위 시험 작업 세그먼트이다. 이 단위 시험 작업 세그먼트는 구현 단계 내의 사용자 작업 세그먼트, 프로세스 작업 세그먼트, 데이터 작업 세그먼트를 모두 융합한 형태의 결과를 받아 시험하는 작업을 수행한다.

분석 단계, 설계 단계, 구현 단계의 상호 연관을 가진 사용자 작업 세그먼트에는 새품이라는 자동화 도구를 사용한다. 새품은 사용자 작업 세그먼트에서 체크리스트 형태의 점검 방법을 사용하여 품질을 점검하는 역할을 한다.

분석 단계, 설계 단계, 구현 단계의 상호 연관을 가진 프로세스 작업 세그먼트에는 새벗, 새빛, 새틀, 새품, 새룰, 새북의 6가지 자동화 도구를 사용한다.

새벗(SEVUT : Software Engineering Visualized Unification Tool)은 시각화한 통합 환경을 만들어주는 도구이다. 새벗을 기반으로 새빛, 새틀, 새북 등과 같은 다양한 자동화 도구를 통합하여 사용할 수 있도록 해줌으로써, 병렬 개발을 위한 통합 프레임워크 환경을 형성한다.

새빛(SEVIT : Software Engineering Visualized Integration Tool)은 구현 단계에서 역공학으로 추출한 정보를 가지고 분석 단계와 설계 단계를 병렬로 통합해준다. Java 언어에 특화시켜 작업할 수 있는 시각화 통합 도구이다. Java 소스 코드를 중심으로 분석과 설계 단계를 통합한다. 분석 및 설계 모델링에는 시스템 다이어그램, 패키지 다이어그램, 클래스 다이어그램, 시퀀스 다이어그램, 플로우 다이어그램의 5가지 모델링 표기 방법을 사용한다. 이들은 소스 코드에서 추출한 요소들을 자동적으로 시각화하여 병렬 개발 작업을 지원한다.

이들 5가지 다이어그램 중 시스템 다이어그램, 패키지 다이어그램, 클래스 다이어그램의 3가지 다이어그램은 분석 모델에 해당한다. 시퀀스 다이어그램과 플로우 다이어그램의 2가지 다이어그램은 설계 모델에 해당한다. 이들 5가지 다이어그램은 직접 코드와 연관을 맺으며 작업을 수행할 수 있다.

특히, 소스 코드의 복잡도 계산을 통해 코드의 품질을 적정 수준으로 유지할 수 있다.

새빛은 독자적인 사용뿐만 아니라 새벗이라는 융합 프레임 내에서도 작동한다. 또한, 새틀과 협력하여 조립식 설계 작업과 코딩 및 단위 시험과도 유기적으로 연계하여 작업을 수행할 수 있다. 다만, 현재는 Java 언어 기반의 프로젝트에서만 사용이 가능하다.

새틀(SETL : Software Engineering TooL)은 설계 단계를 중심으로 분석 단계와 구현 단계를 병렬로 통합해준다. Java, C, C++, Arduino(C의 변형) 등의 다양한 언어에 유연하게 대응하는 시각화 도구이다. 지원 언어도 계속 확대하고 있다.

새틀은 분석 단계의 기능 분해도 역할을 수행할 수 있고, 논리 설계를 조립식으로 수행할 수 있다. 설계 단계와 구현 단계를 자유자재로 오가며 병렬로 개발 작업을 수행하는 것을 지원한다. 아울러, 구현한 결과물을 단위 시험(부분적인 통합 시험 포함)하는 것을 통합적으로 지원한다.

분석과 설계 표기법은 TTAK.KO-11.0196 정보 통신 단체 표준인 '소프트웨어 논리 구조 표기 지침(Guidelines for Representing the Logic Structure of Software)'의 추상화 수준 분류 기능과 설계 패턴을 이용한다. 설계를 먼저 하거나, 구현을 먼저 하는 것에 상관 없이 순공학(forward engineering) 기능과 역공학(reverse engineering) 기능으로 대응한다. 설계한 것은 소스 코드로 구현하고, 소스 코드로 구현한 것은 자동적으로 설계로 변환하는 기능을 내장하고 있다. 그렇기 때문에 진정한 의미의 병렬 개발을 지원한다. 분석, 설계, 구현의 어느 단계에서도 바로 단위 시험으로 진입하고 실행까지도 시킬 수 있는 기능을 가지고 있다. 또한 설계 내역을 출력할 경우 긴 프로그램도 일관성 있게 추적할 수 있다. 이를 통해 최상의 논리 오류 점검 효율을 제공한다.

새품(SEPUM : Software Engineering Project-quality Unveiling Machine)은 병렬 개발 구간의 전체적인 작업 품질을 점검해 주는 자동화 도구이다. 분석 단계, 설계 단계, 구현 단계 전반에 걸쳐 요구 사항의 매핑 과정의 오류를 자동으로 점검한다.

프로세스 측면에서 소스 코드의 품질을 다양한 매트릭을 사용하여 점검하는 기능을 가지고 있다.

뿐만 아니라, 프로세스 모델과 데이터 모델간의 정합성도 점검한다.

기타 병렬 개발 구간에서 발생할 수 있는 제반 품질 문제를 체크리스트 형태로 점검함으로써, 정량적·정성적 관점의 품질 점검 대응을 모두 지원한다.

새룰(SERULE : Software Engineering Rule)은 주로 소스 코드의 문제점을 점검해주는 자동화 도구이다. 코딩 가이드라인 준수를 기본으로 하고 있으며, 코드의 완전성 점검, 코드의 취약점 점검 등 부가적인 기능도 포함하고 있다.

새품, 새빛, 새틀 등과 달리 새룰은 구현 단계의 소스 코드에 특화시켜 점검해주는 기능을 가진 것이 특징이다.

다만, 새룰은 현재 Java 언어를 사용하는 프로젝트만 지원한다.

새북(SEBOOK : Software Engineering BOOK)은 소프트웨어 개발 과정에서 필요한 교육이나, 자가 학습의 수행, 소프트웨어 개발 도구 활용 매뉴얼의 동적인 작성을 지원하는 자동화 도구이다. 이것은 학습자나 사용자 간의 제어 정보의 공유를 통해 소프트웨어 개발에 관한 지식을 집단 지성(collective intelligence)이라는 형태로 확산하여 쌓을 수 있도록 하는 기능을 가진 것이 특징이다.

분석 단계, 설계 단계, 구현 단계의 상호 연관을 가진 데이터 작업 세그먼트에는 새빛, 새품이라는 자동화 도구를 사용한다. 새빛은 Java 언어 기반으로 패키지와 클래스 다이어그램을 이용하여 정적 모델을 통합적인 시각에서 파악할 수 있도록 지원한다.

새품은 데이터 작업 세그먼트에서 체크리스트 및 직접 검사 형태의 점검 방법을 사용하여 품질을 점검하는 역할을 한다. 데이터 측면에서 DB의 논리 데이터 모델과 물리 데이터 모델은 물론 실제 물리 DB의 무결성을 포함한 통합적인 시각의 품질을 자동적으로 점검하는 기능을 가지고 있다.

구현 단계의 단위 시험 작업 세그먼트에서는 새틀, 새품이라는 자동화 도구를 사용한다.

새틀은 구현된 코드를 컴파일러와 직접 연결하여 빌드할 수 있도록 지원하며, 단위 시험의 결과를 도구 내에서 확인하여 대처할 수 있도록 지원한다. 또한, 단위 시험 과정을 통해 소스 코드에 수정 사항이 있을 경우, 이를 바로 설계로 변환하는 것을 지원한다.

새품은 시험과 연관이 있는 점검 항목에 대한 세부적인 체크리스트 형태의 점검을 할 수 있도록 지원하여, 시험 품질 제고의 역할을 수행한다.

이처럼, 새벗(SEVUT), 새빛(SEVIT), 새틀(SETL), 새품(SEPUM), 새룰(SERULE), 새북(SEBOOK)은 서로 유기적인 연관을 맺어가며, 병렬 개발 구간의 품질을 높이고 개발 생산성 향상을 지원한다.

1.2.6.3 종료 구간(CC)

종료 구간에 적용하는 자동화 도구 상세 내역을 나타내면 (그림 1-2-6-3)과 같다.

(그림 1-2-6-3) 종료 구간에 적용하는 주요 자동화 도구 상세

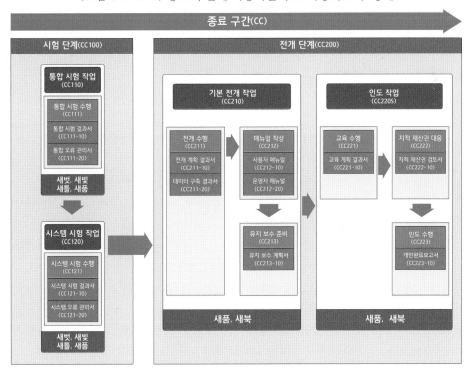

K-Method의 종료 구간에는 시험 단계와 전개 단계의 2단계가 존재한다. 종료 구간은 병렬 개발 구간과는 달리 전통적인 방법론과 유사한 형태로 순차적으로 진행한다.

시험 단계는 통합 시험 작업 세그먼트와 시스템 시험 작업 세그먼트를 포함한다. 통합 시험 작업 세그먼트 내에는 통합 시험 수행 태스크, 시스템 시험 작업 세그먼트 내에는 시스템 시험 수행 태스크가 존재한다.

시험 단계는 구현의 완료와 더불어 모든 단위 시험까지 마친 내역에 대해 시험을 하는 단계이다. 통합적인 차원에서 모든 기능과 인터페이스 연결 상태, 업무 프로세스의 적정한 동작을 시험하고, 모든 비기능 시험도 실시하는 단계이다.

통합 시험 작업 세그먼트에서는 모든 기능과 인터페이스를 구비한 상태를 기반으로, 통합적인 시험을 실시한다.

새벗, 새틀, 새빛은 융합적으로 작동하며 통합 시험을 지원하고, 새품은 체크리스트 형태로 품질 점검을 지원한다.

시스템 시험 작업 세그먼트에서는 통합 시험을 완료한 시스템에 대해 성능, 부하, 보안 등 제반 비기능 요구 사항의 시험을 실시한다.

새벗, 새틀, 새빛은 융합적으로 작동하며 시스템 시험을 지원하고, 새품은 체크리스트 형태로 품질 점검을 지원한다.

전개 단계는 시험을 완료한 시스템을 인도하기까지의 과정을 수행하는 단계이다.

전개 단계는 기본 전개 작업 세그먼트와 인도 작업 세그먼트의 2가지 세그먼트를 포함한다.

기본 전개 작업 세그먼트는 전개 수행 태스크, 매뉴얼 작성 태스크, 유지 보수 준비 태스크의 3개 태스크를 포함한다. 인도 작업 세그먼트는 교육 수행 태스크, 지적 재산권 대응 태스크, 인도 수행 태스크의 3개 태스크를 포함한다.

새품은 전개 단계의 기본 전개 작업 세그먼트와 인도 작업 세그먼트의 품질 점검을 지원한다.

전개 단계의 경우에는 데이터 전환을 위한 건수 및 내용의 양면적인 측면에서 데이터 전환의 완전성을 점검하기 위해 새품을 사용한다.

새품은 체크리스트 형태로 전개 단계의 기타 품질 점검을 지원한다

새북은 전개 단계의 지원을 '집단 지성(collective intelligence)'의 관점에서 지원하는 자동화 도구이다. 기본 전개 작업 세그먼트에서 매뉴얼 작성 태스크의 사용자 매뉴얼과 운영자 매뉴얼의 작업을 지원한다. 세부적으로는 스마트 러닝(smart learning) 형태의 양방향 소통을 실현하여 집단 지성의 구현을 지원한다. 또한, 교육 수행 태스크, 지적 재산권 대응 태스크, 인도 수행 태스크의 3개 태스크도 스마트 러닝 형태의 양방향 소통을 실현하여 집단 지성의 구현을 지원한다.

이들 도구는 (주)소프트웨어품질기술원에서 개발하여 적용하고 있는 것들이다. 아울러, K-Method는 각 공정의 목적에 맞는 어떠한 타사 도구도 유연하게 적용을 허용한다.

제 2 장

K-Method 적용 방안

2.1 사업 특성 및 유형

2.1.1 표준 프로세스별 필수 산출물 결정 기준

K-Method의 준비(PR), 병렬 개발(PD), 종료(CC)의 3구간이 각각 포함하는 단계, 세그먼트, 태스크별로 표준 프로세스 수행 시에 생성하여 관리하는 산출물은 반드시 작성해야 하는 필수 산출물과 프로젝트의 특성에 따라 작성 여부를 판단하여 결정할 수 있는 선택 산출물로 구분할 수 있다.

필수 산출물을 결정하는 기준을 K-Method에서는 크게 5가지로 나눠서 생각한다. 생명 주기(life cycle), 소프트웨어 유형(software type), 개발 주체(development party), 사업 규모(project scale), 데이터베이스 사용(DB usage)의 5가지 요소이다.

소프트웨어 프로젝트를 수행함에 있어서 K-Method를 적용할 때에는 반드시 이 다섯가지 고려 요소를 조합하여 적용 유형을 결정한 후, 그에 맞춰 테일러링한 프로세스와 산출물을 적용하는 것이 중요하다.

5가지 고려 요소별 세부 내역을 정리하여 나타내면 아래의 표와 같다.

〈표 2-1-1-1〉 소프트웨어 생명 주기

생명 주기 구분	약어	세부 내역
신규 개발	신	기존의 시스템이 없는 상태에서 신규로 개발하는 사업
고도화	고	기존의 시스템이 있는 상태에서 개선, 추가, 통합 등을 하는 사업
운영	운	개발을 완료한 시스템을 운영하거나 유지 보수하는 사업

〈표 2-1-1-2〉 소프트웨어 유형

SW 유형 구분	약어	세부 내역
시스템 SW	시	OS, AI 코어, 프레임워크 등 시스템 코어에 해당하는 소프트웨어
응용 SW	응	관리, AI 적용, 웹 시스템 등 응용에 해당하는 소프트웨어
패키지 SW	패	오피스 프로그램처럼 패키지로 배포가 이루어지는 소프트웨어
내장 SW	내	IoT 프로그램처럼 하드웨어 시스템에 내장하는 소프트웨어

〈표 2-1-1-3〉 개발 주체

개발 주체 구분	약어	세부 내역
자체 개발	자	소프트웨어를 필요로 하는 기업이나 조직이 자체적으로 소프트웨어를 개발하는 사업
외주 개발	외	소프트웨어를 필요로 하는 기업이나 조직이 외부에 의뢰하여 소프트웨어를 개발하는 사업

〈표 2-1-1-4〉 사업 규모

사업 규모 구분	약어	세부 내역
대규모	대	20억 이상
중규모	중	5억 이상 ~ 20억 미만
소규모	소	5억 미만

〈표 2-1-1-5〉 데이터베이스 사용

DB 사용 구분	약어	세부 내역
미사용	미	DB나 DW 등을 전혀 사용하지 않음
사용	사	DB나 DW 등을 사용함

2.1.2 K-Method 표준 프로세스 산출물 적용 방법

K-Method의 적용 과정에서 사용하는 표준 프로세스 산출물은 모두 46개가 기본적으로 제공된다. 단, 구현 화면, 구현 보고서, 소스 코드, 물리 DB 등은 실제 물리적으로 구현한 모습을 의미한다.

사업의 특성에 따라 작성해야 하는 필수 산출물도 달라진다. 〈표 2-1-2-1〉에 필수 산출물 결정을 위한 사업 특성 구분을 제시하였다. 다만, 본 서에서는 현실적으로 구분의 적용에 있어, 소프트웨어 생명 주기의 경우 개발, 고도화로 한정하였다.

소프트웨어 유형의 경우 응용 소프트웨어, 내장(embedded) 소프트웨어로 한정하였다.

개발 주체의 경우 응용 소프트웨어에는 외주 개발, 내장 소프트웨어에는 자체 개발로 한정하였다.

사업 규모의 경우는 응용 소프트웨어에만 소규모, 중규모, 대규모, 내장 소프트웨어에는 소규모만으로 한정하였다.

데이터베이스 사용의 경우는 응용 소프트웨어에는 사용, 내장 소프트웨어에는 미사용, 사용에 한정하여 필수 산출물을 맞춤형으로 제시하였다.

이렇게 제시하는 이유는 본 서에서 제시하는 필수 산출물 구분 방법만 이해하면 기타 응용에 따른 산출물을 테일러링 하는 것이 쉬워지기 때문이다.

예를 들어, 데이터베이스 사용에 따른 필수 산출물 작성 내역을 이해했다고 하자. 이를 통해, 데이터베이스를 사용하지 않을 경우, 해당 데이터 모델과 관련한 산출물을 작성하지 않도록 테일러링할 수 있음을 쉽게 이해할 수 있다.

본 서에서 제시하는 산출물 중 필수 산출물의 경우, 해당 사업의 특성에서는 반드시 작성하는 것이 안정적이고 고품질을 도모하여 사업을 성공시킬 수 있음을 나타낸 것이다. 따라서 특별한 사정이 없는 한, 지키는 것이 좋다.

본 서에서 제시하는 필수 산출물 결정을 위한 패턴을 분류하면 아래와 같이 10가지 패턴으로 구분할 수 있다. 기타의 경우에는 (주)소프트웨어품질기술원에 문의바란다.

〈표 2-1-2-1〉 필수 산출물 결정을 위한 사업 특성 구분 방법

유형 번호	약어	생명 주기	SW 유형	개발 주체	사업 규모	DB 사용	적용빈도
1	신응외소사	신규 개발	응용 SW	외주	소규모	사용	높음
2	신응외중사	신규 개발	응용 SW	외주	중규모	사용	중간
3	신응외대사	신규 개발	응용 SW	외주	대규모	사용	낮음
4	고응외소사	고도화	응용 SW	외주	소규모	사용	높음
5	고응외중사	고도화	응용 SW	외주	중규모	사용	중간
6	고응외대사	고도화	응용 SW	외주	대규모	사용	낮음
7	신내자소미	신규 개발	내장 SW	자체	소규모	미사용	높음
8	신내자소사	신규 개발	내장 SW	자체	소규모	사용	낮음
9	고내자소미	고도화	내장 SW	자체	소규모	미사용	높음
10	고내자소사	고도화	내장 SW	자체	소규모	사용	낮음

2.2 사업 유형별 적용 방안

2.2.1 제 1 유형 사업 표준 프로세스 필수 산출물

〈표 2-2-1-1〉 제 1 유형 사업 특성

유형 번호	약어	생명 주기	SW 유형	개발 주체	사업 규모	DB 사용	적용빈도
1	신응외소사	신규 개발	응용 SW	외주	소규모	사용	높음

〈표 2-2-1-2〉 제 1 유형 사업 필수 산출물

단계 (phase)	세그먼트 (segment)	태스크 (task)	산출물 (product)	필수 구분
착수 단계 (PR100)	총괄 준비 작업 (PR110)	수행 계획 수립 (PR111)	사업 수행 계획서 (PR111-10)	○
			방법론 조정 결과서 (PR111-20)	
		개발 표준 설정 (PR112)	개발 표준 정의서 (PR112-10)	
			산출물 표준 양식 (PR112-20)	
		개발 도구 지정 (PR113)	도구 적용 계획서 (PR113-10)	
	시스템 정의 작업 (PR120)	인터뷰 수행 (PR121)	인터뷰 계획 결과서 (PR121-10)	
		시스템 분석 (PR122)	현행 시스템 분석서 (PR122-10)	
		아키텍처 정의 (PR123)	아키텍처 정의서 (PR123-10)	
	요구 정의 작업 (PR130)	요구 사항 정의 (PR131)	요구 사항 정의서 (PR131-10)	○
		개발 범위 확인 (PR132)	범위 비교표 (PR132-10)	○
			요구 사항 추적표 (PR132-20)	○
		요구 검증 계획 수립 (PR133)	총괄 시험 계획서 (PR133-10)	

단계 (phase)	세그먼트 (segment)	태스크 (task)	산출물 (product)	필수 구분
분석 단계 (PD100)	사용자 작업 (PD110)	사용자 이벤트 분석 (PD111)	이벤트 정의서 (PD111-10)	
	프로세스 작업 (PD120)	기능 및 인과 분석 (PD121)	기능 분해도 (PD121-10)	○
			비즈니스 융합도 (PD121-20)	
		시스템 시험 계획 (PD122)	시스템 시험 계획서 (PD122-10)	
	데이터 작업 (PD130)	코드 분석 (PD131)	코드 정의서 (PD131-10)	
설계 단계 (PD200)	사용자 작업 (PD210)	화면 보고서 설계 (PD211)	화면 설계서 (PD211-10)	○
			보고서 설계서 (PD211-20)	
		인터페이스 설계 (PD212)	인터페이스 설계서 (PD212-10)	
	프로세스 작업 (PD220)	기능 실계 (PD221)	프로그램 명세서 (PD221-10)	○
			프로그램 논리 설계서 (PD221-20)	○
		통합 시험 계획 (PD222)	통합 시험 계획서 (PD222-10)	○
	데이터 작업 (PD230)	데이터베이스 설계 (PD231)	논리 ERD (PD231-10)	○
			물리 ERD (PD231-20)	○
			테이블 정의서 (PD231-30)	○
		교차 설계 (PD232)	CRUD 매트릭스 (PD232-10)	○
		데이터 설계 (PD233)	데이터 구축 계획서 (PD233-10)	
구현 단계 (PD300)	사용자 작업 (PD310)	화면 보고서 구현 (PD311)	구현 화면 (PD311-10)	○
			구현 보고서 (PD311-20)	○

K-Method 적용 방안

02

단계 (phase)	세그먼트 (segment)	태스크 (task)	산출물 (product)	필수 구분
구현 단계 (PD300)	프로세스 작업 (PD320)	기능 구현 (PD321)	소스 코드 (PD321-10)	○
	데이터 작업 (PD330)	데이터베이스 구현 (PD331)	물리 DB (PD331-10)	○
	단위 시험 작업 (PD340)	단위 시험 수행 (PD341)	단위 시험 계획 결과서 (PD341-10)	○
			단위 오류 관리서 (PD341-20)	○
시험 단계 (CC100)	통합 시험 작업 (CC110)	통합 시험 수행 (CC111)	통합 시험 결과서 (CC111-10)	○
			통합 오류 관리서 (CC111-20)	○
	시스템 시험 작업 (CC120)	시스템 시험 수행 (CC121)	시스템 시험 결과서 (CC121-10)	
			시스템 오류 관리서 (CC121-20)	
전개 단계 (CC200)	기본 전개 작업 (CC210)	전개 수행 (CC211)	전개 계획 결과서 (CC211-10)	
			데이터 구축 결과서 (CC211-20)	○
		매뉴얼 작성 (CC212)	사용자 매뉴얼 (CC212-10)	○
			운영자 매뉴얼 (CC212-20)	
		유지 보수 준비 (CC213)	유지 보수 계획서 (CC213-10)	○
	인도 작업 (CC220)	교육 수행 (CC221)	교육 계획 결과서 (CC221-10)	○
		지적 재산권 대응 (CC222)	지적 재산권 검토서 (CC222-10)	
		인도 수행 (CC223)	개발 완료 보고서 (CC223-10)	○

2.2.2 제 2 유형 사업 표준 프로세스 필수 산출물

〈표 2-2-2-1〉 제 2 유형 사업 특성

유형 번호	약어	생명 주기	SW 유형	개발 주체	사업 규모	DB 사용	적용빈도
2	신응외중사	신규 개발	응용 SW	외주	중규모	사용	중간

〈표 2-2-2-2〉 제 2 유형 사업 필수 산출물

단계 (phase)	세그먼트 (segment)	태스크 (task)	산출물 (product)	필수 구분
착수 단계 (PR100)	총괄 준비 작업 (PR110)	수행 계획 수립 (PR111)	사업 수행 계획서 (PR111-10)	○
			방법론 조정 결과서 (PR111-20)	○
		개발 표준 설정 (PR112)	개발 표준 정의서 (PR112-10)	○
			산출물 표준 양식 (PR112-20)	
		개발 도구 시정 (PR113)	도구 적용 계획서 (PR113-10)	
	시스템 정의 작업 (PR120)	인터뷰 수행 (PR121)	인터뷰 계획 결과서 (PR121-10)	
		시스템 분석 (PR122)	현행 시스템 분석서 (PR122-10)	
		아키텍처 정의 (PR123)	아키텍처 정의서 (PR123-10)	○
	요구 정의 작업 (PR130)	요구 사항 정의 (PR131)	요구 사항 정의서 (PR131-10)	○
		개발 범위 확인 (PR132)	범위 비교표 (PR132-10)	○
			요구 사항 추적표 (PR132-20)	○
		요구 검증 계획 수립 (PR133)	총괄 시험 계획서 (PR133-10)	○

단계 (phase)	세그먼트 (segment)	태스크 (task)	산출물 (product)	필수 구분
분석 단계 (PD100)	사용자 작업 (PD110)	사용자 이벤트 분석 (PD111)	이벤트 정의서 (PD111-10)	
	프로세스 작업 (PD120)	기능 및 인과 분석 (PD121)	기능 분해도 (PD121-10)	○
			비즈니스 융합도 (PD121-20)	○
		시스템 시험 계획 (PD122)	시스템 시험 계획서 (PD122-10)	○
	데이터 작업 (PD130)	코드 분석 (PD131)	코드 정의서 (PD131-10)	○
설계 단계 (PD200)	사용자 작업 (PD210)	화면 보고서 설계 (PD211)	화면 설계서 (PD211-10)	○
			보고서 설계서 (PD211-20)	○
		인터페이스 설계 (PD212)	인터페이스 설계서 (PD212-10)	○
	프로세스 작업 (PD220)	기능 설계 (PD221)	프로그램 명세서 (PD221-10)	○
			프로그램 논리 설계서 (PD221-20)	○
		통합 시험 계획 (PD222)	통합 시험 계획서 (PD222-10)	○
	데이터 작업 (PD230)	데이터베이스 설계 (PD231)	논리 ERD (PD231-10)	○
			물리 ERD (PD231-20)	○
			테이블 정의서 (PD231-30)	○
		교차 설계 (PD232)	CRUD 매트릭스 (PD232-10)	○
		데이터 설계 (PD233)	데이터 구축 계획서 (PD233-10)	
구현 단계 (PD300)	사용자 작업 (PD310)	화면 보고서 구현 (PD311)	구현 화면 (PD311-10)	○
			구현 보고서 (PD311-20)	○

단계 (phase)	세그먼트 (segment)	태스크 (task)	산출물 (product)	필수 구분
구현 단계 (PD300)	프로세스 작업 (PD320)	기능 구현 (PD321)	소스 코드 (PD321-10)	○
	데이터 작업 (PD330)	데이터베이스 구현 (PD331)	물리 DB (PD331-10)	○
	단위 시험 작업 (PD340)	단위 시험 수행 (PD341)	단위 시험 계획 결과서 (PD341-10)	○
			단위 오류 관리서 (PD341-20)	○
시험 단계 (CC100)	통합 시험 작업 (CC110)	통합 시험 수행 (CC111)	통합 시험 결과서 (CC111-10)	○
			통합 오류 관리서 (CC111-20)	○
	시스템 시험 작업 (CC120)	시스템 시험 수행 (CC121)	시스템 시험 결과서 (CC121-10)	○
			시스템 오류 관리서 (CC121-20)	○
전개 단계 (CC200)	기본 전개 작업 (CC210)	전개 수행 (CC211)	전개 계획 결과서 (CC211-10)	○
			데이터 구축 결과서 (CC211-20)	○
		매뉴얼 작성 (CC212)	사용자 매뉴얼 (CC212-10)	○
			운영자 매뉴얼 (CC212-20)	○
		유지 보수 준비 (CC213)	유지 보수 계획서 (CC213-10)	○
	인도 작업 (CC220)	교육 수행 (CC221)	교육 계획 결과서 (CC221-10)	○
		지적 재산권 대응 (CC222)	지적 재산권 검토서 (CC222-10)	○
		인도 수행 (CC223)	개발 완료 보고서 (CC223-10)	○

K-Method 적용 방안　02

2.2.3 제 3 유형 사업 표준 프로세스 필수 산출물

〈표 2-2-3-1〉 제 3 유형 사업 특성

유형 번호	약어	생명 주기	SW 유형	개발 주체	사업 규모	DB 사용	적용빈도
3	신응외대사	신규 개발	응용 SW	외주	대규모	사용	낮음

〈표 2-2-3-2〉 제 3 유형 사업 필수 산출물

단계 (phase)	세그먼트 (segment)	태스크 (task)	산출물 (product)	필수 구분
착수 단계 (PR100)	총괄 준비 작업 (PR110)	수행 계획 수립 (PR111)	사업 수행 계획서 (PR111-10)	○
			방법론 조정 결과서 (PR111-20)	○
		개발 표준 설정 (PR112)	개발 표준 정의서 (PR112-10)	○
			산출물 표준 양식 (PR112-20)	○
		개발 도구 지정 (PR113)	도구 적용 계획서 (PR113-10)	○
	시스템 정의 작업 (PR120)	인터뷰 수행 (PR121)	인터뷰 계획 결과서 (PR121-10)	○
		시스템 분석 (PR122)	현행 시스템 분석서 (PR122-10)	
		아키텍처 정의 (PR123)	아키텍처 정의서 (PR123-10)	○
	요구 정의 작업 (PR130)	요구 사항 정의 (PR131)	요구 사항 정의서 (PR131-10)	○
		개발 범위 확인 (PR132)	범위 비교표 (PR132-10)	○
			요구 사항 추적표 (PR132-20)	○
		요구 검증 계획 수립 (PR133)	총괄 시험 계획서 (PR133-10)	○

단계 (phase)	세그먼트 (segment)	태스크 (task)	산출물 (product)	필수 구분
분석 단계 (PD100)	사용자 작업 (PD110)	사용자 이벤트 분석 (PD111)	이벤트 정의서 (PD111-10)	○
	프로세스 작업 (PD120)	기능 및 인과 분석 (PD121)	기능 분해도 (PD121-10)	○
			비즈니스 융합도 (PD121-20)	○
		시스템 시험 계획 (PD122)	시스템 시험 계획서 (PD122-10)	○
	데이터 작업 (PD130)	코드 분석 (PD131)	코드 정의서 (PD131-10)	○
설계 단계 (PD200)	사용자 작업 (PD210)	화면 보고서 설계 (PD211)	화면 설계서 (PD211-10)	○
			보고서 설계서 (PD211-20)	○
		인터페이스 설계 (PD212)	인터페이스 설계서 (PD212-10)	○
	프로세스 작업 (PD220)	기능 설계 (PD221)	프로그램 명세서 (PD221-10)	○
			프로그램 논리 설계서 (PD221-20)	○
		통합 시험 계획 (PD222)	통합 시험 계획서 (PD222-10)	○
	데이터 작업 (PD230)	데이터베이스 설계 (PD231)	논리 ERD (PD231-10)	○
			물리 ERD (PD231-20)	○
			테이블 정의서 (PD231-30)	○
		교차 설계 (PD232)	CRUD 매트릭스 (PD232-10)	○
		데이터 설계 (PD233)	데이터 구축 계획서 (PD233-10)	○
구현 단계 (PD300)	사용자 작업 (PD310)	화면 보고서 구현 (PD311)	구현 화면 (PD311-10)	○
			구현 보고서 (PD311-20)	○

K-Method 적용 방안

02

단계 (phase)	세그먼트 (segment)	태스크 (task)	산출물 (product)	필수 구분
구현 단계 (PD300)	프로세스 작업 (PD320)	기능 구현 (PD321)	소스 코드 (PD321-10)	○
	데이터 작업 (PD330)	데이터베이스 구현 (PD331)	물리 DB (PD331-10)	○
	단위 시험 작업 (PD340)	단위 시험 수행 (PD341)	단위 시험 계획 결과서 (PD341-10)	○
			단위 오류 관리서 (PD341-20)	○
시험 단계 (CC100)	통합 시험 작업 (CC110)	통합 시험 수행 (CC111)	통합 시험 결과서 (CC111-10)	○
			통합 오류 관리서 (CC111-20)	○
	시스템 시험 작업 (CC120)	시스템 시험 수행 (CC121)	시스템 시험 결과서 (CC121-10)	○
			시스템 오류 관리서 (CC121-20)	○
전개 단계 (CC200)	기본 전개 작업 (CC210)	전개 수행 (CC211)	전개 계획 결과서 (CC211-10)	○
			데이터 구축 결과서 (CC211-20)	○
		매뉴얼 작성 (CC212)	사용자 매뉴얼 (CC212-10)	○
			운영자 매뉴얼 (CC212-20)	○
		유지 보수 준비 (CC213)	유지 보수 계획서 (CC213-10)	○
	인도 작업 (CC220)	교육 수행 (CC221)	교육 계획 결과서 (CC221-10)	○
		지적 재산권 대응 (CC222)	지적 재산권 검토서 (CC222-10)	○
		인도 수행 (CC223)	개발 완료 보고서 (CC223-10)	○

02
K-Method 적용 방안

2.2.4 제 4 유형 사업 표준 프로세스 필수 산출물

〈표 2-2-4-1〉 제 4 유형 사업 특성

유형 번호	약어	생명 주기	SW 유형	개발 주체	사업 규모	DB 사용	적용빈도
4	고응외소사	고도화	응용 SW	외주	소규모	사용	높음

〈표 2-2-4-2〉 제 4 유형 사업 필수 산출물

단계 (phase)	세그먼트 (segment)	태스크 (task)	산출물 (product)	필수 구분
착수 단계 (PR100)	총괄 준비 작업 (PR110)	수행 계획 수립 (PR111)	사업 수행 계획서 (PR111-10)	○
			방법론 조정 결과서 (PR111-20)	○
		개발 표준 설정 (PR112)	개발 표준 정의서 (PR112-10)	
			산출물 표준 양식 (PR112-20)	
		개발 노구 지성 (PR113)	도구 적용 계획서 (PR113-10)	
	시스템 정의 작업 (PR120)	인터뷰 수행 (PR121)	인터뷰 계획 결과서 (PR121-10)	○
		시스템 분석 (PR122)	현행 시스템 분석서 (PR122-10)	○
		아키텍처 정의 (PR123)	아키텍처 정의서 (PR123-10)	○
	요구 정의 작업 (PR130)	요구 사항 정의 (PR131)	요구 사항 정의서 (PR131-10)	○
		개발 범위 확인 (PR132)	범위 비교표 (PR132-10)	○
			요구 사항 추적표 (PR132-20)	○
		요구 검증 계획 수립 (PR133)	총괄 시험 계획서 (PR133-10)	

단계 (phase)	세그먼트 (segment)	태스크 (task)	산출물 (product)	필수 구분
분석 단계 (PD100)	사용자 작업 (PD110)	사용자 이벤트 분석 (PD111)	이벤트 정의서 (PD111-10)	
	프로세스 작업 (PD120)	기능 및 인과 분석 (PD121)	기능 분해도 (PD121-10)	○
			비즈니스 융합도 (PD121-20)	
		시스템 시험 계획 (PD122)	시스템 시험 계획서 (PD122-10)	
	데이터 작업 (PD130)	코드 분석 (PD131)	코드 정의서 (PD131-10)	
설계 단계 (PD200)	사용자 작업 (PD210)	화면 보고서 설계 (PD211)	화면 설계서 (PD211-10)	○
			보고서 설계서 (PD211-20)	
		인터페이스 설계 (PD212)	인터페이스 설계서 (PD212-10)	
	프로세스 작업 (PD220)	기능 설계 (PD221)	프로그램 명세서 (PD221-10)	○
			프로그램 논리 설계서 (PD221-20)	○
		통합 시험 계획 (PD222)	통합 시험 계획서 (PD222-10)	○
	데이터 작업 (PD230)	데이터베이스 설계 (PD231)	논리 ERD (PD231-10)	○
			물리 ERD (PD231-20)	○
			테이블 정의서 (PD231-30)	○
		교차 설계 (PD232)	CRUD 매트릭스 (PD232-10)	○
		데이터 설계 (PD233)	데이터 구축 계획서 (PD233-10)	
구현 단계 (PD300)	사용자 작업 (PD310)	화면 보고서 구현 (PD311)	구현 화면 (PD311-10)	○
			구현 보고서 (PD311-20)	○

단계 (phase)	세그먼트 (segment)	태스크 (task)	산출물 (product)	필수 구분
구현 단계 (PD300)	프로세스 작업 (PD320)	기능 구현 (PD321)	소스 코드 (PD321-10)	○
	데이터 작업 (PD330)	데이터베이스 구현 (PD331)	물리 DB (PD331-10)	○
	단위 시험 작업 (PD340)	단위 시험 수행 (PD341)	단위 시험 계획 결과서 (PD341-10)	○
			단위 오류 관리서 (PD341-20)	○
시험 단계 (CC100)	통합 시험 작업 (CC110)	통합 시험 수행 (CC111)	통합 시험 결과서 (CC111-10)	○
			통합 오류 관리서 (CC111-20)	○
	시스템 시험 작업 (CC120)	시스템 시험 수행 (CC121)	시스템 시험 결과서 (CC121-10)	
			시스템 오류 관리서 (CC121-20)	
선개 난계 (CC200)	기본 선개 작업 (CC210)	전개 수행 (CC211)	전개 계획 결과서 (CC211-10)	
			데이터 구축 결과서 (CC211-20)	○
		매뉴얼 작성 (CC212)	사용자 매뉴얼 (CC212-10)	○
			운영자 매뉴얼 (CC212-20)	
		유지 보수 준비 (CC213)	유지 보수 계획서 (CC213-10)	○
	인도 작업 (CC220)	교육 수행 (CC221)	교육 계획 결과서 (CC221-10)	○
		지적 재산권 대응 (CC222)	지적 재산권 검토서 (CC222-10)	
		인도 수행 (CC223)	개발 완료 보고서 (CC223-10)	○

K-Method 적용 방안

02

2.2.5 제 5 유형 사업 표준 프로세스 필수 산출물

〈표 2-2-5-1〉 제 5 유형 사업 특성

유형 번호	약어	생명 주기	SW 유형	개발 주체	사업 규모	DB 사용	적용빈도
5	고응외중사	고도화	응용 SW	외주	중규모	사용	중간

〈표 2-2-5-2〉 제 5 유형 사업 필수 산출물

단계 (phase)	세그먼트 (segment)	태스크 (task)	산출물 (product)	필수 구분
착수 단계 (PR100)	총괄 준비 작업 (PR110)	수행 계획 수립 (PR111)	사업 수행 계획서 (PR111-10)	○
			방법론 조정 결과서 (PR111-20)	○
		개발 표준 설정 (PR112)	개발 표준 정의서 (PR112-10)	○
			산출물 표준 양식 (PR112-20)	
		개발 도구 지정 (PR113)	도구 적용 계획서 (PR113-10)	
	시스템 정의 작업 (PR120)	인터뷰 수행 (PR121)	인터뷰 계획 결과서 (PR121-10)	○
		시스템 분석 (PR122)	현행 시스템 분석서 (PR122-10)	○
		아키텍처 정의 (PR123)	아키텍처 정의서 (PR123-10)	○
	요구 정의 작업 (PR130)	요구 사항 정의 (PR131)	요구 사항 정의서 (PR131-10)	○
		개발 범위 확인 (PR132)	범위 비교표 (PR132-10)	○
			요구 사항 추적표 (PR132-20)	○
		요구 검증 계획 수립 (PR133)	총괄 시험 계획서 (PR133-10)	○

단계 (phase)	세그먼트 (segment)	태스크 (task)	산출물 (product)	필수 구분
분석 단계 (PD100)	사용자 작업 (PD110)	사용자 이벤트 분석 (PD111)	이벤트 정의서 (PD111-10)	
	프로세스 작업 (PD120)	기능 및 인과 분석 (PD121)	기능 분해도 (PD121-10)	○
			비즈니스 융합도 (PD121-20)	○
		시스템 시험 계획 (PD122)	시스템 시험 계획서 (PD122-10)	○
	데이터 작업 (PD130)	코드 분석 (PD131)	코드 정의서 (PD131-10)	○
설계 단계 (PD200)	사용자 작업 (PD210)	화면 보고서 설계 (PD211)	화면 설계서 (PD211-10)	○
			보고서 설계서 (PD211-20)	○
		인터페이스 설계 (PD212)	인터페이스 설계서 (PD212-10)	○
	프로세스 작업 (PD220)	기능 설계 (PD221)	프로그램 명세서 (PD221-10)	○
			프로그램 논리 설계서 (PD221-20)	○
		통합 시험 계획 (PD222)	통합 시험 계획서 (PD222-10)	○
	데이터 작업 (PD230)	데이터베이스 설계 (PD231)	논리 ERD (PD231-10)	○
			물리 ERD (PD231-20)	○
			테이블 정의서 (PD231-30)	○
		교차 설계 (PD232)	CRUD 매트릭스 (PD232-10)	○
		데이터 설계 (PD233)	데이터 구축 계획서 (PD233-10)	○
구현 단계 (PD300)	사용자 작업 (PD310)	화면 보고서 구현 (PD311)	구현 화면 (PD311-10)	○
			구현 보고서 (PD311-20)	○

K-Method 적용 방안

02

단계 (phase)	세그먼트 (segment)	태스크 (task)	산출물 (product)	필수 구분
구현 단계 (PD300)	프로세스 작업 (PD320)	기능 구현 (PD321)	소스 코드 (PD321-10)	○
	데이터 작업 (PD330)	데이터베이스 구현 (PD331)	물리 DB (PD331-10)	○
	단위 시험 작업 (PD340)	단위 시험 수행 (PD341)	단위 시험 계획 결과서 (PD341-10)	○
			단위 오류 관리서 (PD341-20)	○
시험 단계 (CC100)	통합 시험 작업 (CC110)	통합 시험 수행 (CC111)	통합 시험 결과서 (CC111-10)	○
			통합 오류 관리서 (CC111-20)	○
	시스템 시험 작업 (CC120)	시스템 시험 수행 (CC121)	시스템 시험 결과서 (CC121-10)	○
			시스템 오류 관리서 (CC121-20)	○
전개 단계 (CC200)	기본 전개 작업 (CC210)	전개 수행 (CC211)	전개 계획 결과서 (CC211-10)	○
			데이터 구축 결과서 (CC211-20)	○
		매뉴얼 작성 (CC212)	사용자 매뉴얼 (CC212-10)	○
			운영자 매뉴얼 (CC212-20)	○
		유지 보수 준비 (CC213)	유지 보수 계획서 (CC213-10)	○
	인도 작업 (CC220)	교육 수행 (CC221)	교육 계획 결과서 (CC221-10)	○
		지적 재산권 대응 (CC222)	지적 재산권 검토서 (CC222-10)	○
		인도 수행 (CC223)	개발 완료 보고서 (CC223-10)	○

2.2.6 제 6 유형 사업 표준 프로세스 필수 산출물

〈표 2-2-6-1〉 제 6 유형 사업 특성

유형 번호	약어	생명 주기	SW 유형	개발 주체	사업 규모	DB 사용	적용빈도
6	고응외대사	고도화	응용 SW	외주	대규모	사용	낮음

〈표 2-2-6-2〉 제 6 유형 사업 필수 산출물

단계 (phase)	세그먼트 (segment)	태스크 (task)	산출물 (product)	필수 구분
착수 단계 (PR100)	총괄 준비 작업 (PR110)	수행 계획 수립 (PR111)	사업 수행 계획서 (PR111-10)	○
			방법론 조정 결과서 (PR111-20)	○
		개발 표준 설정 (PR112)	개발 표준 정의서 (PR112-10)	○
			산출물 표준 양식 (PR112-20)	○
		개발 도구 지정 (PR113)	도구 적용 계획서 (PR113-10)	○
	시스템 정의 작업 (PR120)	인터뷰 수행 (PR121)	인터뷰 계획 결과서 (PR121-10)	○
		시스템 분석 (PR122)	현행 시스템 분석서 (PR122-10)	○
		아키텍처 정의 (PR123)	아키텍처 정의서 (PR123-10)	○
	요구 정의 작업 (PR130)	요구 사항 정의 (PR131)	요구 사항 정의서 (PR131-10)	○
		개발 범위 확인 (PR132)	범위 비교표 (PR132-10)	○
			요구 사항 추적표 (PR132-20)	○
		요구 검증 계획 수립 (PR133)	총괄 시험 계획서 (PR133-10)	○

단계 (phase)	세그먼트 (segment)	태스크 (task)	산출물 (product)	필수 구분
분석 단계 (PD100)	사용자 작업 (PD110)	사용자 이벤트 분석 (PD111)	이벤트 정의서 (PD111-10)	○
	프로세스 작업 (PD120)	기능 및 인과 분석 (PD121)	기능 분해도 (PD121-10)	○
			비즈니스 융합도 (PD121-20)	○
		시스템 시험 계획 (PD122)	시스템 시험 계획서 (PD122-10)	○
	데이터 작업 (PD130)	코드 분석 (PD131)	코드 정의서 (PD131-10)	○
설계 단계 (PD200)	사용자 작업 (PD210)	화면 보고서 설계 (PD211)	화면 설계서 (PD211-10)	○
			보고서 설계서 (PD211-20)	○
		인터페이스 설계 (PD212)	인터페이스 설계서 (PD212-10)	○
	프로세스 작업 (PD220)	기능 설계 (PD221)	프로그램 명세서 (PD221-10)	○
			프로그램 논리 설계서 (PD221-20)	○
		통합 시험 계획 (PD222)	통합 시험 계획서 (PD222-10)	○
	데이터 작업 (PD230)	데이터베이스 설계 (PD231)	논리 ERD (PD231-10)	○
			물리 ERD (PD231-20)	○
			테이블 정의서 (PD231-30)	○
		교차 설계 (PD232)	CRUD 매트릭스 (PD232-10)	○
		데이터 설계 (PD233)	데이터 구축 계획서 (PD233-10)	○
구현 단계 (PD300)	사용자 작업 (PD310)	화면 보고서 구현 (PD311)	구현 화면 (PD311-10)	○
			구현 보고서 (PD311-20)	○

단계 (phase)	세그먼트 (segment)	태스크 (task)	산출물 (product)	필수 구분
구현 단계 (PD300)	프로세스 작업 (PD320)	기능 구현 (PD321)	소스 코드 (PD321-10)	○
	데이터 작업 (PD330)	데이터베이스 구현 (PD331)	물리 DB (PD331-10)	○
	단위 시험 작업 (PD340)	단위 시험 수행 (PD341)	단위 시험 계획 결과서 (PD341-10)	○
			단위 오류 관리서 (PD341-20)	○
시험 단계 (CC100)	통합 시험 작업 (CC110)	통합 시험 수행 (CC111)	통합 시험 결과서 (CC111-10)	○
			통합 오류 관리서 (CC111-20)	○
	시스템 시험 작업 (CC120)	시스템 시험 수행 (CC121)	시스템 시험 결과서 (CC121-10)	○
			시스템 오류 관리서 (CC121-20)	○
전개 단계 (CC200)	기본 전개 작업 (CC210)	전개 수행 (CC211)	전개 계획 결과서 (CC211-10)	○
			데이터 구축 결과서 (CC211-20)	○
		매뉴얼 작성 (CC212)	사용자 매뉴얼 (CC212-10)	○
			운영자 매뉴얼 (CC212-20)	○
		유지 보수 준비 (CC213)	유지 보수 계획서 (CC213-10)	○
	인도 작업 (CC220)	교육 수행 (CC221)	교육 계획 결과서 (CC221-10)	○
		지적 재산권 대응 (CC222)	지적 재산권 검토서 (CC222-10)	○
		인도 수행 (CC223)	개발 완료 보고서 (CC223-10)	○

02
K-Method 적용 방안

2.2.7 제 7 유형 사업 표준 프로세스 필수 산출물

〈표 2-2-7-1〉 제 7 유형 사업 특성

유형 번호	약어	생명 주기	SW 유형	개발 주체	사업 규모	DB 사용	적용빈도
7	신내자소미	신규 개발	내장 SW	자체	소규모	미사용	높음

〈표 2-2-7-2〉 제 7 유형 사업 필수 산출물

단계 (phase)	세그먼트 (segment)	태스크 (task)	산출물 (product)	필수 구분
착수 단계 (PR100)	총괄 준비 작업 (PR110)	수행 계획 수립 (PR111)	사업 수행 계획서 (PR111-10)	○
			방법론 조정 결과서 (PR111-20)	
		개발 표준 설정 (PR112)	개발 표준 정의서 (PR112-10)	
			산출물 표준 양식 (PR112-20)	
		개발 도구 지정 (PR113)	도구 적용 계획서 (PR113-10)	
	시스템 정의 작업 (PR120)	인터뷰 수행 (PR121)	인터뷰 계획 결과서 (PR121-10)	
		시스템 분석 (PR122)	현행 시스템 분석서 (PR122-10)	
		아키텍처 정의 (PR123)	아키텍처 정의서 (PR123-10)	
	요구 정의 작업 (PR130)	요구 사항 정의 (PR131)	요구 사항 정의서 (PR131-10)	○
		개발 범위 확인 (PR132)	범위 비교표 (PR132-10)	
			요구 사항 추적표 (PR132-20)	○
		요구 검증 계획 수립 (PR133)	총괄 시험 계획서 (PR133-10)	

단계 (phase)	세그먼트 (segment)	태스크 (task)	산출물 (product)	필수 구분
분석 단계 (PD100)	사용자 작업 (PD110)	사용자 이벤트 분석 (PD111)	이벤트 정의서 (PD111-10)	
	프로세스 작업 (PD120)	기능 및 인과 분석 (PD121)	기능 분해도 (PD121-10)	○
			비즈니스 융합도 (PD121-20)	
		시스템 시험 계획 (PD122)	시스템 시험 계획서 (PD122-10)	
	데이터 작업 (PD130)	코드 분석 (PD131)	코드 정의서 (PD131-10)	
설계 단계 (PD200)	사용자 작업 (PD210)	화면 보고서 설계 (PD211)	화면 설계서 (PD211-10)	
			보고서 설계서 (PD211-20)	
		인터페이스 설계 (PD212)	인터페이스 설계서 (PD212-10)	
	프로세스 작업 (PD220)	기능 설계 (PD221)	프로그램 명세서 (PD221-10)	○
			프로그램 논리 설계서 (PD221-20)	○
		통합 시험 계획 (PD222)	통합 시험 계획서 (PD222-10)	
	데이터 작업 (PD230)	데이터베이스 설계 (PD231)	논리 ERD (PD231-10)	
			물리 ERD (PD231-20)	
			테이블 정의서 (PD231-30)	
		교차 설계 (PD232)	CRUD 매트릭스 (PD232-10)	
		데이터 설계 (PD233)	데이터 구축 계획서 (PD233-10)	
구현 단계 (PD300)	사용자 작업 (PD310)	화면 보고서 구현 (PD311)	구현 화면 (PD311-10)	
			구현 보고서 (PD311-20)	

K-Method 적용 방안

02

02
K-Method 적용 방안

단계 (phase)	세그먼트 (segment)	태스크 (task)	산출물 (product)	필수 구분
구현 단계 (PD300)	프로세스 작업 (PD320)	기능 구현 (PD321)	소스 코드 (PD321-10)	○
	데이터 작업 (PD330)	데이터베이스 구현 (PD331)	물리 DB (PD331-10)	
	단위 시험 작업 (PD340)	단위 시험 수행 (PD341)	단위 시험 계획 결과서 (PD341-10)	○
			단위 오류 관리서 (PD341-20)	○
시험 단계 (CC100)	통합 시험 작업 (CC110)	통합 시험 수행 (CC111)	통합 시험 결과서 (CC111-10)	
			통합 오류 관리서 (CC111-20)	
	시스템 시험 작업 (CC120)	시스템 시험 수행 (CC121)	시스템 시험 결과서 (CC121-10)	
			시스템 오류 관리서 (CC121-20)	
전개 단계 (CC200)	기본 전개 작업 (CC210)	전개 수행 (CC211)	전개 계획 결과서 (CC211-10)	
			데이터 구축 결과서 (CC211-20)	
		매뉴얼 작성 (CC212)	사용자 매뉴얼 (CC212-10)	○
			운영자 매뉴얼 (CC212-20)	○
		유지 보수 준비 (CC213)	유지 보수 계획서 (CC213-10)	
	인도 작업 (CC220)	교육 수행 (CC221)	교육 계획 결과서 (CC221-10)	
		지적 재산권 대응 (CC222)	지적 재산권 검토서 (CC222-10)	○
		인도 수행 (CC223)	개발 완료 보고서 (CC223-10)	○

2.2.8 제 8 유형 사업 표준 프로세스 필수 산출물

〈표 2-2-8-1〉제 8 유형 사업 특성

유형 번호	약어	생명 주기	SW 유형	개발 주체	사업 규모	DB 사용	적용빈도
8	신내자소사	신규 개발	내장 SW	자체	소규모	사용	낮음

〈표 2-2-8-2〉제 8 유형 사업 필수 산출물

단계 (phase)	세그먼트 (segment)	태스크 (task)	산출물 (product)	필수 구분
착수 단계 (PR100)	총괄 준비 작업 (PR110)	수행 계획 수립 (PR111)	사업 수행 계획서 (PR111-10)	○
			방법론 조정 결과서 (PR111-20)	
		개발 표준 설정 (PR112)	개발 표준 정의서 (PR112-10)	
			산출물 표준 양식 (PR112-20)	
		개발 도구 지정 (PR113)	도구 적용 계획서 (PR113-10)	
	시스템 정의 작업 (PR120)	인터뷰 수행 (PR121)	인터뷰 계획 결과서 (PR121-10)	
		시스템 분석 (PR122)	현행 시스템 분석서 (PR122-10)	
		아키텍처 정의 (PR123)	아키텍처 정의서 (PR123-10)	
	요구 정의 작업 (PR130)	요구 사항 정의 (PR131)	요구 사항 정의서 (PR131-10)	○
		개발 범위 확인 (PR132)	범위 비교표 (PR132-10)	
			요구 사항 추적표 (PR132-20)	○
		요구 검증 계획 수립 (PR133)	총괄 시험 계획서 (PR133-10)	○

02
K-Method 적용 방안

단계 (phase)	세그먼트 (segment)	태스크 (task)	산출물 (product)	필수 구분
분석 단계 (PD100)	사용자 작업 (PD110)	사용자 이벤트 분석 (PD111)	이벤트 정의서 (PD111-10)	
	프로세스 작업 (PD120)	기능 및 인과 분석 (PD121)	기능 분해도 (PD121-10)	○
			비즈니스 융합도 (PD121-20)	
		시스템 시험 계획 (PD122)	시스템 시험 계획서 (PD122-10)	
	데이터 작업 (PD130)	코드 분석 (PD131)	코드 정의서 (PD131-10)	
설계 단계 (PD200)	사용자 작업 (PD210)	화면 보고서 설계 (PD211)	화면 설계서 (PD211-10)	
			보고서 설계서 (PD211-20)	
		인터페이스 설계 (PD212)	인터페이스 설계서 (PD212-10)	
	프로세스 작업 (PD220)	기능 설계 (PD221)	프로그램 명세서 (PD221-10)	○
			프로그램 논리 설계서 (PD221-20)	○
		통합 시험 계획 (PD222)	통합 시험 계획서 (PD222-10)	
	데이터 작업 (PD230)	데이터베이스 설계 (PD231)	논리 ERD (PD231-10)	○
			물리 ERD (PD231-20)	○
			테이블 정의서 (PD231-30)	○
		교차 설계 (PD232)	CRUD 매트릭스 (PD232-10)	○
		데이터 설계 (PD233)	데이터 구축 계획서 (PD233-10)	
구현 단계 (PD300)	사용자 작업 (PD310)	화면 보고서 구현 (PD311)	구현 화면 (PD311-10)	○
			구현 보고서 (PD311-20)	

단계 (phase)	세그먼트 (segment)	태스크 (task)	산출물 (product)	필수 구분
구현 단계 (PD300)	프로세스 작업 (PD320)	기능 구현 (PD321)	소스 코드 (PD321-10)	○
	데이터 작업 (PD330)	데이터베이스 구현 (PD331)	물리 DB (PD331-10)	○
	단위 시험 작업 (PD340)	단위 시험 수행 (PD341)	단위 시험 계획 결과서 (PD341-10)	○
			단위 오류 관리서 (PD341-20)	○
시험 단계 (CC100)	통합 시험 작업 (CC110)	통합 시험 수행 (CC111)	통합 시험 결과서 (CC111-10)	
			통합 오류 관리서 (CC111-20)	
	시스템 시험 작업 (CC120)	시스템 시험 수행 (CC121)	시스템 시험 결과서 (CC121-10)	
			시스템 오류 관리서 (CC121-20)	
전개 단계 (CC200)	기본 전개 작업 (CC210)	전개 수행 (CC211)	전개 계획 결과서 (CC211-10)	
			데이터 구축 결과서 (CC211-20)	○
		매뉴얼 작성 (CC212)	사용자 매뉴얼 (CC212-10)	○
			운영자 매뉴얼 (CC212-20)	○
		유지 보수 준비 (CC213)	유지 보수 계획서 (CC213-10)	
	인도 작업 (CC220)	교육 수행 (CC221)	교육 계획 결과서 (CC221-10)	
		지적 재산권 대응 (CC222)	지적 재산권 검토서 (CC222-10)	○
		인도 수행 (CC223)	개발 완료 보고서 (CC223-10)	○

02
K-Method 적용 방안

2.2.9 제 9 유형 사업 표준 프로세스 필수 산출물

〈표 2-2-9-1〉 제 9 유형 사업 특성

유형 번호	약어	생명 주기	SW 유형	개발 주체	사업 규모	DB 사용	적용빈도
9	고내자소미	고도화	내장 SW	자체	소규모	미사용	높음

〈표 2-2-9-2〉 제 9 유형 사업 필수 산출물

단계 (phase)	세그먼트 (segment)	태스크 (task)	산출물 (product)	필수 구분
착수 단계 (PR100)	총괄 준비 작업 (PR110)	수행 계획 수립 (PR111)	사업 수행 계획서 (PR111-10)	○
			방법론 조정 결과서 (PR111-20)	
		개발 표준 설정 (PR112)	개발 표준 정의서 (PR112-10)	
			산출물 표준 양식 (PR112-20)	
		개발 도구 지정 (PR113)	도구 적용 계획서 (PR113-10)	
	시스템 정의 작업 (PR120)	인터뷰 수행 (PR121)	인터뷰 계획 결과서 (PR121-10)	○
		시스템 분석 (PR122)	현행 시스템 분석서 (PR122-10)	○
		아키텍처 정의 (PR123)	아키텍처 정의서 (PR123-10)	
	요구 정의 작업 (PR130)	요구 사항 정의 (PR131)	요구 사항 정의서 (PR131-10)	○
		개발 범위 확인 (PR132)	범위 비교표 (PR132-10)	
			요구 사항 추적표 (PR132-20)	○
		요구 검증 계획 수립 (PR133)	총괄 시험 계획서 (PR133-10)	

단계 (phase)	세그먼트 (segment)	태스크 (task)	산출물 (product)	필수 구분
분석 단계 (PD100)	사용자 작업 (PD110)	사용자 이벤트 분석 (PD111)	이벤트 정의서 (PD111-10)	
	프로세스 작업 (PD120)	기능 및 인과 분석 (PD121)	기능 분해도 (PD121-10)	○
			비즈니스 융합도 (PD121-20)	
		시스템 시험 계획 (PD122)	시스템 시험 계획서 (PD122-10)	
	데이터 작업 (PD130)	코드 분석 (PD131)	코드 정의서 (PD131-10)	
설계 단계 (PD200)	사용자 작업 (PD210)	화면 보고서 설계 (PD211)	화면 설계서 (PD211-10)	
			보고서 설계서 (PD211-20)	
		인터페이스 설계 (PD212)	인터페이스 설계서 (PD212-10)	
	프로세스 작업 (PD220)	기능 설계 (PD221)	프로그램 명세서 (PD221-10)	○
			프로그램 논리 설계서 (PD221-20)	○
		통합 시험 계획 (PD222)	통합 시험 계획서 (PD222-10)	
	데이터 작업 (PD230)	데이터베이스 설계 (PD231)	논리 ERD (PD231-10)	
			물리 ERD (PD231-20)	
			테이블 정의서 (PD231-30)	
		교차 설계 (PD232)	CRUD 매트릭스 (PD232-10)	
		데이터 설계 (PD233)	데이터 구축 계획서 (PD233-10)	
구현 단계 (PD300)	사용자 작업 (PD310)	화면 보고서 구현 (PD311)	구현 화면 (PD311-10)	
			구현 보고서 (PD311-20)	

K-Method 적용 방안

02

단계 (phase)	세그먼트 (segment)	태스크 (task)	산출물 (product)	필수 구분
구현 단계 (PD300)	프로세스 작업 (PD320)	기능 구현 (PD321)	소스 코드 (PD321-10)	○
	데이터 작업 (PD330)	데이터베이스 구현 (PD331)	물리 DB (PD331-10)	
	단위 시험 작업 (PD340)	단위 시험 수행 (PD341)	단위 시험 계획 결과서 (PD341-10)	○
			단위 오류 관리서 (PD341-20)	○
시험 단계 (CC100)	통합 시험 작업 (CC110)	통합 시험 수행 (CC111)	통합 시험 결과서 (CC111-10)	
			통합 오류 관리서 (CC111-20)	
	시스템 시험 작업 (CC120)	시스템 시험 수행 (CC121)	시스템 시험 결과서 (CC121-10)	
			시스템 오류 관리서 (CC121-20)	
전개 단계 (CC200)	기본 전개 작업 (CC210)	전개 수행 (CC211)	전개 계획 결과서 (CC211-10)	
			데이터 구축 결과서 (CC211-20)	
		매뉴얼 작성 (CC212)	사용자 매뉴얼 (CC212-10)	○
			운영자 매뉴얼 (CC212-20)	○
		유지 보수 준비 (CC213)	유지 보수 계획서 (CC213-10)	
	인도 작업 (CC220)	교육 수행 (CC221)	교육 계획 결과서 (CC221-10)	
		지적 재산권 대응 (CC222)	지적 재산권 검토서 (CC222-10)	○
		인도 수행 (CC223)	개발 완료 보고서 (CC223-10)	○

2.2.10 제 10 유형 사업 표준 프로세스 필수 산출물

〈표 2-2-10-1〉 제 10 유형 사업 특성

유형 번호	약어	생명 주기	SW 유형	개발 주체	사업 규모	DB 사용	적용빈도
10	고내자소사	고도화	내장 SW	자체	소규모	사용	낮음

〈표 2-2-10-2〉 제 10 유형 사업 필수 산출물

단계 (phase)	세그먼트 (segment)	태스크 (task)	산출물 (product)	필수 구분
착수 단계 (PR100)	총괄 준비 작업 (PR110)	수행 계획 수립 (PR111)	사업 수행 계획서 (PR111-10)	○
			방법론 조정 결과서 (PR111-20)	
		개발 표준 설정 (PR112)	개발 표준 정의서 (PR112-10)	
			산출물 표준 양식 (PR112-20)	
		개발 도구 지정 (PR113)	도구 적용 계획서 (PR113-10)	
	시스템 정의 작업 (PR120)	인터뷰 수행 (PR121)	인터뷰 계획 결과서 (PR121-10)	○
		시스템 분석 (PR122)	현행 시스템 분석서 (PR122-10)	○
		아키텍처 정의 (PR123)	아키텍처 정의서 (PR123-10)	
	요구 정의 작업 (PR130)	요구 사항 정의 (PR131)	요구 사항 정의서 (PR131-10)	○
		개발 범위 확인 (PR132)	범위 비교표 (PR132-10)	
			요구 사항 추적표 (PR132-20)	○
		요구 검증 계획 수립 (PR133)	총괄 시험 계획서 (PR133-10)	○

단계 (phase)	세그먼트 (segment)	태스크 (task)	산출물 (product)	필수 구분
분석 단계 (PD100)	사용자 작업 (PD110)	사용자 이벤트 분석 (PD111)	이벤트 정의서 (PD111-10)	
	프로세스 작업 (PD120)	기능 및 인과 분석 (PD121)	기능 분해도 (PD121-10)	○
			비즈니스 융합도 (PD121-20)	
		시스템 시험 계획 (PD122)	시스템 시험 계획서 (PD122-10)	
	데이터 작업 (PD130)	코드 분석 (PD131)	코드 정의서 (PD131-10)	
설계 단계 (PD200)	사용자 작업 (PD210)	화면 보고서 설계 (PD211)	화면 설계서 (PD211-10)	
			보고서 설계서 (PD211-20)	
		인터페이스 설계 (PD212)	인터페이스 설계서 (PD212-10)	
	프로세스 작업 (PD220)	기능 설계 (PD221)	프로그램 명세서 (PD221-10)	○
			프로그램 논리 설계서 (PD221-20)	○
		통합 시험 계획 (PD222)	통합 시험 계획서 (PD222-10)	
	데이터 작업 (PD230)	데이터베이스 설계 (PD231)	논리 ERD (PD231-10)	○
			물리 ERD (PD231-20)	○
			테이블 정의서 (PD231-30)	○
		교차 설계 (PD232)	CRUD 매트릭스 (PD232-10)	○
		데이터 설계 (PD233)	데이터 구축 계획서 (PD233-10)	○
구현 단계 (PD300)	사용자 작업 (PD310)	화면 보고서 구현 (PD311)	구현 화면 (PD311-10)	○
			구현 보고서 (PD311-20)	

단계 (phase)	세그먼트 (segment)	태스크 (task)	산출물 (product)	필수 구분
구현 단계 (PD300)	프로세스 작업 (PD320)	기능 구현 (PD321)	소스 코드 (PD321-10)	○
	데이터 작업 (PD330)	데이터베이스 구현 (PD331)	물리 DB (PD331-10)	○
	단위 시험 작업 (PD340)	단위 시험 수행 (PD341)	단위 시험 계획 결과서 (PD341-10)	○
			단위 오류 관리서 (PD341-20)	○
시험 단계 (CC100)	통합 시험 작업 (CC110)	통합 시험 수행 (CC111)	통합 시험 결과서 (CC111-10)	
			통합 오류 관리서 (CC111-20)	
	시스템 시험 작업 (CC120)	시스템 시험 수행 (CC121)	시스템 시험 결과서 (CC121-10)	
			시스템 오류 관리서 (CC121-20)	
전개 단계 (CC200)	기본 전개 작업 (CC210)	전개 수행 (CC211)	전개 계획 결과서 (CC211-10)	
			데이터 구축 결과서 (CC211-20)	○
		매뉴얼 작성 (CC212)	사용자 매뉴얼 (CC212-10)	○
			운영자 매뉴얼 (CC212-20)	○
		유지 보수 준비 (CC213)	유지 보수 계획서 (CC213-10)	
	인도 작업 (CC220)	교육 수행 (CC221)	교육 계획 결과서 (CC221-10)	
		지적 재산권 대응 (CC222)	지적 재산권 검토서 (CC222-10)	○
		인도 수행 (CC223)	개발 완료 보고서 (CC223-10)	○

K-Method 적용 방안

02

2.3 제약 요건

본 서는 (주)소프트웨어품질기술원에서 내·외부 개발팀을 구성하여 진행한 '새북(SEBOOK : Software Engineering BOOK)' 프로그램 개발에 K-Method를 적용한 사례집이다.

'새북(SEBOOK: Software Engineering BOOK)' 프로그램은 신규 개발, 패키지 SW, 자체 개발, 소규모, DB 미사용의 특징을 가지고 있다.

본 서에서의 사례를 익혀놓으면 이와 비슷한 사업은 물론 다른 사업에서도 어려움 없이 응용하여 적용하는 것이 가능하다.

본 서는 K-Method 산출물 표준을 그대로 사용하는 부분과 본 사업에 맞게 커스터마이징 한 후에 사용하는 부분을 포함하고 있다. 이를 참조하여 다른 사업에 적용하면 효율적인 방법론 적용을 기대할 수 있다.

본 서는 "새북(SEBOOK) SW 개발 사업"에 대한 적용 방법 및 결과이다. 따라서, 모든 사업에 동일하게 적용하기보다는, 해당 사업의 특성을 고려하여 방법론을 조정하고 작성 대상 산출물을 선정하는 것이 바람직하다.

제 3 장

"새북(SEBOOK)
SW 개발 사업" 개요

3.1 개요

3.1.1 사업 개요

본 사업은 동영상과 PDF 문서를 양방향으로 연동시켜 학습할 수 있도록 하는 양방향 스마트 학습 솔루션(bi-directional smart learning solution)인 새북(SEBOOK: Software Engineering BOOK) 프로그램을 패키지(package) 형태로 자체 개발하는 "응용 SW 개발" 유형의 소프트웨어 개발 사업이다.

3.1.2 사업 추진 배경

최근 전 세계적으로 컴퓨터에 탑재한 SW와 세상의 모든 사물을 연계하여 제어할 수 있는 만물 인터넷(IoE: Internet of Everything)이 핫 이슈로 떠오르고 있다. 물론 이것은 용어상의 과장일 수도 있다. 그냥 사물 인터넷(IoT: Internet of Things)이라고만 해도 모든 것을 다 포함한 것이라고 이해해도 된다. 이를 기반으로 소프트웨어 융합 시대로 급속히 진입하고 있다.

소프트웨어 융합(software convergence)이란, 소프트웨어 기술과 이종 기술간의 상승적인 결합(synergistic combination)을 통해 새로운 형태의 제품 또는 서비스를 창출하거나 향상시키는 것을 의미한다.

이러한 사회에 적용할 수 있는 창조적이고 융합적인 인재를 양성하기 위해 소프트웨어 융합 교육을 위한 대책 마련의 중요성이 커지고 있는 추세이다.

4차 산업 혁명 시대를 맞이하여 인공 지능과 융복합 기술이 접목되는 등 매우 복잡하고 다양한 기술의 발전이 이루어지고 있다. 이는 교육 분야에도 중요한 영향을 미치고 있으며, 학습의 획기적인 혁신의 필요성은 더욱 커지고 있다.

날이 갈수록 복잡하고 다양화되어가고 있는 소프트웨어를 중심으로 하는 제반 융합 기술은 습득하기 어려운 단점이 있다. 이러한 단점을 근본적으로 보완하여 효율적이고 효과적인 관점에서 학습 능률을 향상시켜줄 수 있는 교육 및 학습 도구의 필요성이 더욱 강조되고 있다.

동영상과 PDF 등 다양한 학습 콘텐츠를 통합 활용해서 학습 효과를 최대화할 수 있는 도구가 절실히 필요한 이유가 여기에 있다.

최근에는 컴퓨터에 저장된 교육 자료뿐만 아니라 유튜브 등 온라인 상에 등록된 스트리밍 동영상의 쓰임새도 매우 높아지고 있다.

시대적인 환경 변화에 대응이 가능한 사용자 주도형 학습, 진화적 상호 작용, 양방향 자동 제어의 입체적인 시각에서 기술적 혁신을 통한 스마트한 학습 도구의 제작이 필요한 실정이다.

3.1.3 사업 목표 및 전략

3.1.3.1 년도별 사업 성과 목표

"새북(SEBOOK: Software Engineering BOOK) SW 개발 사업"은 「1단계 시제품 개발 및 상용화」, 「2단계 제품 다변화」, 「3단계 판매 시장 확장」의 3단계 목표를 수립하여 진행하고 있다.

년차별로 기능을 추가하여 고도화 할 예정이며, 당해년도(2017년)의 추진 성과 목표는 고품질의 새북 스마트 학습 도구(high-quaility SEBOOK smart learning tool)를 개발하는 것이다.

새북(SEBOOK)의 기획은 2016년도에 시작되었다.

2017년부터 2019년까지의 년차별 추진 성과 목표는 (그림 3-1-3-1)과 같다.

(그림 3-1-3-1) "새북(SEBOOK) SW 개발 사업" 성과 목표

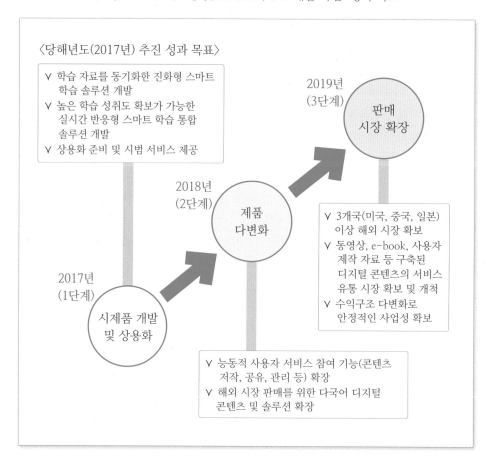

3.1.3.2 추진 전략

"새북(SEBOOK) SW 개발 사업"의 성공적인 완료와 품질 확보를 위한 효과적인 SW 개발 추진 전략은 크게 사용 환경 측면, 서비스 확산 측면, 사용자 편의성 측면, 기능의 완전성 측면, 학습 효과 측면의 5가지로 구분된다.

"새북(SEBOOK) SW 개발 사업"을 위한 5가지 추진 전략은 (그림 3-1-3-2)와 같다.

(그림 3-1-3-2) "새북(SEBOOK) SW 개발 사업" 추진 전략

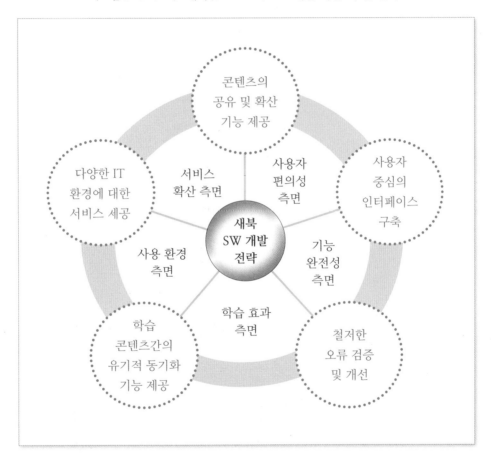

"새북(SEBOOK) SW 개발 사업"은 사용자 편의성 측면에서의 사용자 중심의 인터페이스를 구축하는 전략으로부터 학습 효과 측면의 학습 콘텐츠 간의 유기적 동기화 기능을 제공하는데 이르기까지 5가지의 전략적 목표가 상호 연관성을 갖도록 추진되고 있다.

3.1.4 기대효과

기존에 사용되고 있는 학습 프로그램 대비 새북(SEBOOK)을 학습 현장에 적용할 경우의
기대 효과는 (그림 3-1-4-1)과 같다.

(그림 3-1-4-1) 새북(SEBOOK) 적용 기대 효과

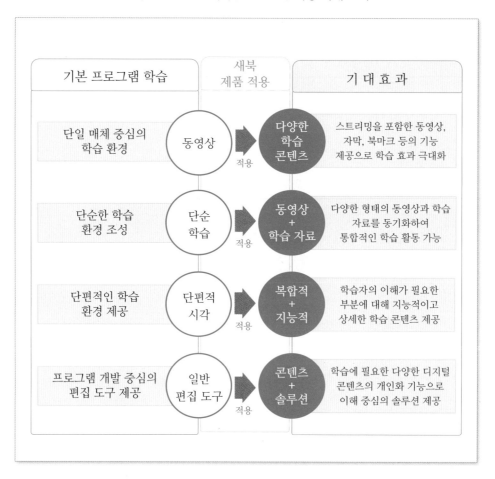

새북(SEBOOK)을 학습 현장에 적용하면, 기존에 단순한 동영상 중심의 학습을 동영상과
학습 자료를 결합한 형태의 다양한 학습 콘텐츠 개발에 적용할 수 있다.

또한 로컬의 동영상 뿐만아니라, 인터넷 상(ex. 유튜브)에 산재되어 있는 동영상도
자유롭게 연결하여 로컬의 학습 자료와 연동시키는 것이 가능하다. 이를 통해, 학습의 폭을
무제한으로 확장할 수 있는 효과를 창출할 수 있다.

새북(SEBOOK)은 로컬부터 인터넷에 이르는 폭넓은 연계를 통해 학습 효과 향상을
지향한다.

3.2 일정 및 범위

3.2.1 사업 추진 일정

"새북(SEBOOK) SW 개발 사업"은 2016년도에 기획을 시작하여 병렬형 SW 개발 방법론인 K-Method를 적용하여 "2017년 1월 9일 ~ 2017년 9월 29일"까지 9개월간에 걸쳐 진행하였다.

3.2.2 사업 범위

"새북(SEBOOK) SW 개발 사업"은 19개의 기능적 요구 사항과 10개의 비기능적 요구 사항으로 구성되어 있다. 자세한 사업 범위는 기능 및 비기능 요구 사항으로 구분하여 〈표 3-2-2-1〉에 제시한 바와 같다.

〈표 3-2-2-1〉 "새북(SEBOOK) SW 개발 사업" 범위표

NO	구분	요구 사항 ID	요구 사항 명칭	상세 내용
1	기능	FD-001	동영상 뷰어 기능	동영상 열기, 출력, 회전 등 뷰어기능을 제공해야 한나.
2	기능	FD-002	동영상 컨트롤 기능	동영상 재생, 일시 정지, 멈춤, 속도 조절, 음량 조절 등의 컨트롤이 가능해야 한다.
3	기능	FD-003	뷰어 컨트롤 기능	동영상 뷰어 화면의 크기 조정, 최소화, 최대화 등의 기능을 제공해야 한다.
4	기능	FD-004	PDF 뷰어 기능	설정된 PDF를 출력하는 기능을 제공해야 한다.
5	기능	FD-005	PDF 싱크 이동 기능	PDF의 목차 정보로 동영상 이동이 가능해야 한다.
6	기능	FD-006	출력 관리 기능	동영상에 대한 자막과 PDF파일의 출력 여부를 설정할 수 있어야 한다.
7	기능	FD-007	북마크 관리 기능	동영상과 싱크된 PDF를 북마크 할 수 있는 기능을 제공해야 한다.
8	기능	FD-008	목차 항목 구성 관리 기능	목차 항목을 등록, 삭제, 변경하는 기능을 제공해야 한다.

NO	구분	요구 사항 ID	요구 사항 명칭	상세 내용
9	기능	FD-009	항목 페이지 자동 설정 기능	시작과 끝 페이지를 입력할 경우 자동으로 항목 페이지가 설정되어야 한다.(항목 페이지는 전체 페이지 수를 넘을 수 없다.)
10	기능	FD-010	문서 연결 설정 관리 기능	구성된 목차 항목과 문서 연결 정보를 관리(등록, 삭제, 변경)하는 기능이 제공되어야 한다.
11	기능	FD-011	목차 페이지 자동 설정 기능	목차 설정에 따라 페이지 수가 자동으로 설정되어야 한다.
12	기능	FD-012	폰트 관리 기능	자막에 사용되는 폰트, 크기, 색상, 배경색 등을 관리하는 기능이 제공되어야 한다.
13	기능	FD-013	화면 출력 관리 기능	동영상과 문서 출력 비율을 3가지 이상 설정할 수 있어야 한다.
14	기능	FD-014	페이지 이동 기능	스크롤 바를 사용하여 동영상 및 PDF 페이지 이동이 가능해야 한다.
15	기능	FD-015	기타 제공 기능	프로그램에서 버튼 등으로 본 사의 홈페이지로 이동하는 기능, 프로그램 정보 제공이 가능해야 한다.
16	기능	FD-016	도움말 제공 기능	프로그램에 대한 상세한 도움말을 제공해야 한다.
17	기능	FD-017	스트리밍 동영상 선택 기능	유튜브 등의 스트리밍 동영상을 미리보고 선택하는 등의 기능이 포함되어야 한다.
18	기능	FD-018	스트리밍 동영상 뷰어 기능	유튜브 등 스트리밍 형식의 동영상을 열기, 미리보기, 출력, 회전 등의 뷰어 기능을 제공해야 한다.
19	기능	FD-019	스트리밍 동영상 컨트롤 기능	유튜브 등 스트리밍 형식의 동영상을 영상 재생, 일시 정지, 멈춤, 속도 조절, 음량 조절 등의 컨트롤이 가능해야 한다.

NO	구분	요구 사항 ID	요구 사항 명칭	상세 내용
20	비기능	ND-001	사용자 편의성	사용자 관점에서 인터페이스를 구현한다. 최대한 웹 접근성 및 표준을 준수하며, 사용자가 쉽게 SW를 사용할 수 있도록 인터페이스를 제공하여야 한다.
21	비기능	NP-001	다수의 프로그램에서 동영상 출력 시 성능 확보	여러 개의 프로그램을 구동해도 동영상 출력 성능에 문제가 없어야 한다.(3개 이상)
22	비기능	NP-002	다양한 윈도우 버전에 대한 프로그램 지원	Windows7 이상 환경에서 프로그램이 정상 작동해야 한다.
23	비기능	NS-001	SW 보안성 확보	SW의 보안성이 확보되도록 프로그램을 설계하고 구현해야 한다. 최대한 시큐어코딩 개발 규칙에 준하여 SW를 개발해야 한다.
24	비기능	NQ-001	표준화된 품질 관리 수행	표준화된 관리 방침을 수립하고 적용함으로써 SW 품질을 지속적으로 관리해야 한다.
25	비기능	NQ-002	품질 관리계획 수립 이행	품질 보증 계획을 수립하여 제시해야 한다. SW 품질 확보를 위하여 구체적인 방안을 제시하고, 품질보증 조직 및 절차 등 구체적인 품질보증방안을 제시해야 한다.
26	비기능	NE-001	사용자 및 관리자에 대한 매뉴얼 제공	프로그램 뷰어만 사용하는 이용자와 모든 기능을 이용하는 이용자를 구분하여 매뉴얼을 제공해야 한다.
27	비기능	NE-002	표준, 보안 등 교육 수행	개발자 등 이해관계자에 대한 표준, 보안 등 교육을 수행해야 한다.
28	비기능	EC-001	온라인 스트리밍 동영상 학습 콘텐츠 제작	온라인 스트리밍 동영상 학습 콘텐츠를 1개 이상 제작 한다.
29	비기능	EC-002	오프라인 동영상 학습 콘텐츠 제작	오프라인 동영상 학습 콘텐츠를 1개 이상 제작 한다.

03. "새북(SEBOOK) SW 개발 사업" 개요

03

3.3 개발 및 운영 환경

3.3.1 하드웨어 및 네트워크 구성도

새북(SEBOOK) 프로그램은 Windows 계열의 운영 체제에서 실행한다. 새북(SEBOOK) 프로그램 개발 및 일반 사용은 일반적으로 사용하는 PC급 HW에서 모두 가능하다.

새북(SEBOOK) 프로그램은 로컬 환경과 인터넷 환경에서 모두 사용이 가능하며, 스트리밍 동영상을 사용하려면 인터넷 환경이 필요하다. 인터넷 상의 동영상은 유튜브에 게시된 동영상을 이용하도록 기획되었다. 새북(SEBOOK) 프로그램의 하드웨어(HW) 및 네트워크(NW) 구성은 (그림 3-3-1-1)과 같다.

(그림 3-3-1-1) 새북(SEBOOK) 프로그램의 HW 및 NW 구성도

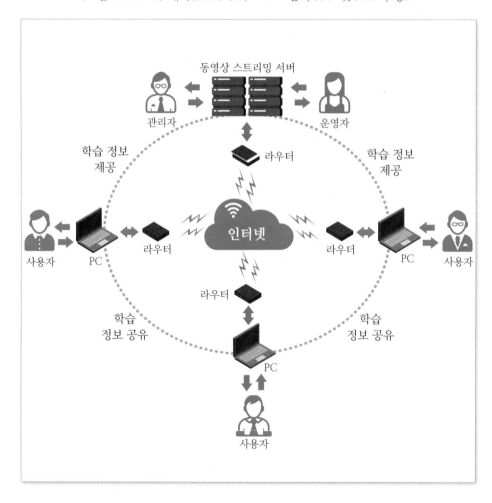

3.3.2 소프트웨어 구성도

새북(SEBOOK) 프로그램은 로컬 환경과 웹(web)환경에서 모두 사용이 가능하고, 학습 자료와 동영상을 동기화해서 학습 효과를 극대화 한다. 그리고 자막, 북마크 기능이 있으며, 학습 자료를 서로 공유할 수 있다.

개발 언어는 비주얼 C++과 Delphi를 사용하였으며, 부분적으로 다양한 라이브러리를 사용하였다.

새북(SEBOOK) 프로그램의 SW 구성은 (그림 3-3-2-1)과 같다.

(그림 3-3-2-1) 새북(SEBOOK) 프로그램의 SW 구성도

새북(SEBOOK) 프로그램의 양방향 동기화 제어 파일(bi-directional sycnchronization control file)은 확장자 명이 smg(sebook media group)이다.

동영상의 코덱(CODEC: CODer-DECoder)으로는 LAVFilters를 사용한다.

코덱이란 특정 데이터 스트림을 코드화(encoding)하거나 코드화된 것을 해석(decoding) 하는 장치나 소프트웨어를 의미한다.

LAVFilters는 오픈 소스(open source)로 된 오디오와 동영상을 통합한 코덱으로서 최고 수준의 품질을 지원하는 코덱이다. LAVFilters는 호환성이 좋고, 설정이 용이하며, 지원 범위가 넓어 널리 사용되고 있다.

3.4 시스템 개발 내용

3.4.1 전체 업무 구성도

새북(SEBOOK) 프로그램의 전체 구성은 동영상 출력, PDF 뷰어, 북마크 관리, 학습 자료 관리, 화면 설정 등으로 이루어져 있다. 인터넷에 연결되어 있는 상태에서는 인터넷에서 서비스되고 있는 유튜브에 게시된 외부의 스트리밍 동영상(streaming video)을 손쉽게 제어할 수 있다.

새북(SEBOOK) 프로그램의 전체 업무 구성은 (그림 3-4-1-1)과 같다.

(그림 3-4-1-1) 새북(SEBOOK) 프로그램 전체 업무 구성도

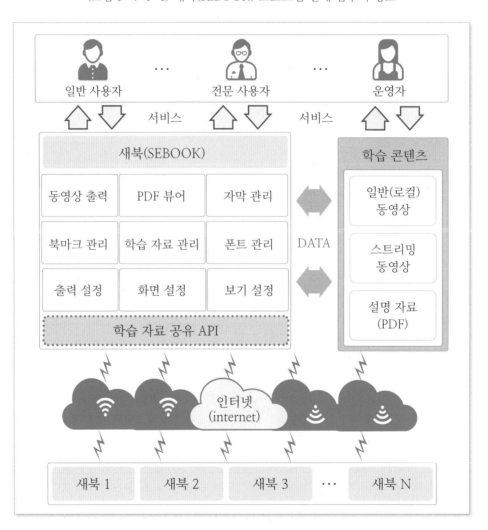

3.4.2 주요 기능

새북(SEBOOK) 프로그램은 일반 및 스트리밍 동영상 재생(normal and streaming video playback), PDF 출력, 북마크(bookmark), 화면 설정(screen setting) 등의 기능을 가지고 있다.

새북(SEBOOK) 프로그램의 기능을 대분류, 중분류, 소분류로 추상화 수준에 따라 단계별로 계층화시켜 구분하면 〈표 3-4-2-1〉과 같다.

〈표 3-4-2-1〉 새북(SEBOOK) 프로그램의 주요 기능

목차 구분			항목 설명
대분류	중분류	소분류	
동영상 출력 [M]	로컬 동영상 [L]	동영상 열기	동영상 열기 기능
		동영상 재생/일시정지	동영상 재생/일시정지 기능
		동영상 멈춤	동영상 멈춤 기능
		동영상 회전	동영상 회전 기능
		동영상 속도 조절	동영상 속도 조절(빠르게, 느리게) 기능
	스트리밍 동영상 [T]	스트리밍 동영상 열기	스트리밍 동영상 열기 기능
		스트리밍 동영상 미리 보기	스트리밍 동영상 미리보기 기능
		스트리밍 동영상 재생/일지정지	스트리밍 동영상 재생/일시정지 기능
		스트리밍 동영상 멈춤	스트리밍 동영상 멈춤 기능
		스트리밍 동영상 회전	스트리밍 동영상 회전 기능
		스트리밍 동영상 속도 조절	스트리밍 동영상 속도 조절(빠르게, 느리게) 기능

03 "새북(SEBOOK) SW 개발 사업" 개요

목차 구분			항목 설명
대분류	중분류	소분류	
PDF 뷰어 [V]	PDF 출력 [P]	–	PDF 출력 기능
	PDF 이동 [O]	–	PDF 이동 기능
자막 [J]	자막 등록 [A]	–	자막 정보 등록 기능
	자막 수정 [M]	–	자막 정보 수정 기능
	자막 삭제 [D]	–	자막 선택/전체 삭제 기능
	폰트 자동 생성 [C]	–	폰트 자동 생성 기능
북마크 [B]	북마크 등록 [C]	–	북마크 등록 기능
	북마크 수정[M]	–	북마크 정보 수정 기능
	북마크 삭제 [D]	–	북마크 선택/전체 삭제 기능
문서 [D]	PDF 관리 [P]	PDF 등록	PDF 등록 기능
		PDF 등록 해제	PDF 등록 해제 기능
	목차 항목 관리 [I]	목차 항목 등록	목차 항목 등록
		목차 항목 수정	목차 항목 정보 수정 기능
		목차 항목 삭제	목차 항목 선택/전체 삭제 기능
		목차 항목 자동 설정	목차 항목 자동 설정 기능
	문서 연결 정보 관리 [L]	문서 연결 정보 등록	문서 연결 정보 등록 기능
		문서 연결 정보 수정	문서 연결 정보 수정 기능
		문서 연결 정보 삭제	문서 연결 정보 선택/전체 삭제 기능
		문서 페이지 자동 설정	문서 페이지 자동 설정 기능
폰트 [F]	폰트 미리보기 [P]	–	폰트 미리보기 기능
	폰트 등록 [C]	–	폰트 등록 기능
	폰트 수정 [M]	–	폰트 수정 기능
	폰트 삭제 [D]	–	폰트 선택/전체 삭제 기능

03
"새북(SEBOOK)
SW 개발 사업" 개요

목차 구분			항목 설명
대분류	중분류	소분류	
화면 [S]	동영상/문서 출력 비율 설정[S]	세로 문서 타입 설정	세로 문서 타입 설정 기능
		가로 문서 타입 설정	가로 문서 타입 설정 기능
		사용자 지정 설정	사용자 지정 비율 설정 기능
보기 설정 [I]	자막 보기 설정 [T]	–	자막 보기 설정 기능
	PDF 보기 설정 [P]	–	PDF 보기 설정 기능
	북마크 보기 설정 [B]	–	북마크 보기 설정 기능
	보기 권한 설정 [R]	–	보기 권한 설정 기능
화면설정 [C]	전체화면 [F]	–	전체화면으로 보기 기능
	화면 최소화 [I]	–	화면 최소화 기능
	화면 최대화 [G]	–	화면 최대화 기능
	화면 닫기 [O]	–	화면 닫기 기능
음향 설정 [U]	음량 크기 조절 [S]	–	음량 크기 조절 기능
	음량 밸런스 설정 [B]	–	음량 밸런스 설정(좌, 우) 기능
기타 [E]	도움말 보기 [V]	–	도움말 보기 기능
	새북 정보 [I]	–	새북 버전 정보 제공 창 출력 기능
	홈페이지 연결 [H]	–	홈페이지 연결 기능 (www.softqt.com)

제 4 장

"새북(SEBOOK) SW 개발 사업" 산출물 작성 준비

4.1 "새북(SEBOOK) SW 개발 사업" 적용 산출물 구성

4.1.1 전체 산출물 구성도

"새북(SEBOOK) SW 개발 사업"은 준비 구간, 병렬 개발 구간, 종료 구간의 3개 구간에 걸쳐 착수 단계, 분석 단계, 설계 단계, 구현 단계, 시험 단계, 전개 단계에 이르는 총 5개 단계의 공정을 거쳐서 사업이 수행되도록 구성되었다.

개발 과정에서 작성되는 전체 산출물에 대한 연관 관계와 구성은 (그림 4-1-1-1)과 같다.

(그림 4-1-1-1) "새북(SEBOOK) SW 개발 사업"의 전체 산출물 연관 구성도

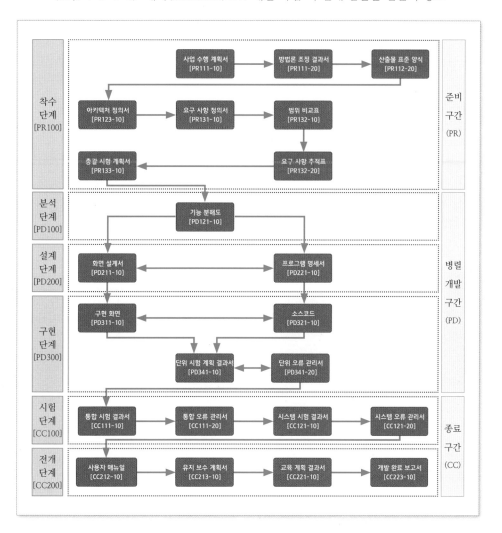

4.1.2 적용 산출물 목록

　　병렬형 SW 개발 방법론 K-Method의 전체 표준 산출물 46본을 대상으로 "새북(SEBOOK) SW 개발 사업"에 맞게 산출물 최적화 작업을 통해 23본의 산출물로 작성 대상을 선정하였다.

　　최대한 산출물의 중복이 발생하지 않도록 고려하였다. 또한, DB를 사용하지 않는 "새북(SEBOOK) SW 개발 사업"의 특성을 고려하여 표준 산출물에서 작성 대상 산출물을 선별하였다. 선정된 대상 산출물에서 일부 표준 양식에서 변경된 사항은 "조정 내용" 항목에 제시하고 있다.

　　일부 "조정 내용"을 포함하여 확정된 적용 산출물 목록은 〈표 4-1-2-1〉과 같다.

〈표 4-1-2-1〉 "새북(SEBOOK) SW 개발 사업" 대상 산출물 구성 목록표

단계 (phase)	세그먼트 (segment)	태스크 (task)	산출물 (product)	적용 여부	조정 내용
착수 단계 (PR100)	총괄 준비 작업 (PR110)	수행 계획 수립 (PR111)	사업 수행 계획서 (PR111-10)	○	
			방법론 조정 결과서 (PR111-20)	○	
		개발 표준 설정 (PR112)	개발 표준 정의서 (PR112-10)	–	
			산출물 표준 양식 (PR112-20)	○	목차 변경
		개발 도구 지정 (PR113)	도구 적용 계획서 (PR113-10)	–	도구 미사용
	시스템 정의 작업 (PR120)	인터뷰 수행 (PR121)	인터뷰 계획 결과서 (PR121-10)	–	
		시스템 분석 (PR122)	현행 시스템 분석서 (PR122-10)	–	신규 개발
		아키텍처 정의 (PR123)	아키텍처 정의서 (PR123-10)	○	목차 변경

단계 (phase)	세그먼트 (segment)	태스크 (task)	산출물 (product)	적용 여부	조정 내용
착수 단계 (PR100)	요구정의 작업 (PR130)	요구 사항 정의 (PR131)	요구 사항 정의서 (PR131-10)	○	항목 변경
		개발범위 확인 (PR132)	범위 비교표 (PR132-10)	○	
			요구 사항 추적표 (PR132-20)	○	
		요구검증계획 수립(PR133)	총괄 시험 계획서 (PR133-10)	○	
분석 단계 (PD100)	사용자 작업 (PD110)	사용자 이벤트 분석(PD111)	이벤트 정의서 (PD111-10)	−	
	프로세스 작업 (PD120)	기능 및 인과 분석(PD121)	기능 분해도 (PD121-10)	○	항목 변경
			비즈니스 융합도 (PD121-20)	−	
		시스템 시험 계획 (PD122)	시스템 시험 계획서 (PD122-10)	−	총괄 시험 계획서로 대체
	데이터 작업 (PD130)	코드 분석 (PD131)	코드 정의서 (PD131-10)	−	DB 미사용
설계 단계 (PD200)	사용자 작업 (PD210)	화면 보고서 설계 (PD211)	화면 설계서 (PD211-10)	○	항목 변경
			보고서 설계서 (PD211-20)	−	
		인터페이스 설계 (PD212)	인터페이스 설계서 (PD212-10)	−	
	프로세스 작업 (PD220)	기능 설계 (PD221)	프로그램 명세서 (PD221-10)	○	항목 변경
			프로그램 논리 설계서(PD221-20)	−	
		통합 시험 계획 (PD222)	통합 시험 계획서 (PD222-10)	−	총괄 시험 계획서로 대체

새북(SEBOOK) SW 개발 사업" 산출물 작성 준비

04

단계 (phase)	세그먼트 (segment)	태스크 (task)	산출물 (product)	필수 구분	조정 내용
설계 단계 (PD200)	데이터 작업 (PD230)	데이터베이스 설계(PD231)	논리 ERD (PD231-10)	-	DB 미사용
			물리 ERD (PD231-20)	-	DB 미사용
			테이블 정의서 (PD231-30)	-	DB 미사용
		교차 설계 (PD232)	CRUD 매트릭스 (PD232-10)	-	DB 미사용
		데이터 설계 (PD233)	데이터 구축 계획서 (PD233-10)	-	DB 미사용
구현 단계 (PD300)	사용자 작업 (PD310)	화면 보고서 구현(PD311)	구현 화면 (PD311-10)	○	
			구현 보고서 (PD311-20)	-	
	프로세스 작업 (PD320)	기능 구현 (PD321)	소스 코드 (PD321-10)	○	
	데이터 작업 (PD330)	데이터베이스 구현(PD331)	물리 DB (PD331-10)	-	DB 미사용
	단위 시험 작업 (PD340)	단위 시험 수행 (PD341)	단위 시험 계획 결과서(PD341-10)	○	목차 및 항목 변경
			단위 오류 관리서 (PD341-20)	○	
시험 단계 (CC100)	통합 시험 작업 (CC110)	통합 시험 수행 (CC111)	통합 시험 결과서 (CC111-10)	○	항목 변경
			통합 오류 관리서 (CC111-20)	○	항목 변경
	시스템 시험 작업 (CC120)	시스템 시험 수행 (CC121)	시스템 시험 결과서 (CC121-10)	○	항목 변경
			시스템 오류 관리서 (CC121-20)	○	항목 변경

04
"새북(SEBOOK)
SW 개발 사업" 산출물 작성 준비

단계 (phase)	세그먼트 (segment)	태스크 (task)	산출물 (product)	필수 구분	조정 내용
전개 단계 (CC200)	기본 전개 작업 (CC210)	전개 수행 (CC211)	전개 계획 결과서 (CC211-10)	–	사용자 매뉴얼로 대체
			데이터 구축 결과서 (CC211-20)	–	DB 미사용
		매뉴얼 작성 (CC212)	사용자 매뉴얼 (CC212-10)	○	목차 변경
			운영자 매뉴얼 (CC212-20)	–	사용자 매뉴얼로 대체
		유지 보수 준비 (CC213)	유지 보수 계획서 (CC213-10)	○	목차 변경
	인도 작업 (CC220)	교육 수행 (CC221)	교육 계획 결과서 (CC221-10)	○	목차 변경
		지적 재산권 대응 (CC222)	지적 재산권 검토서 (CC222-10)	–	
		인도 수행 (CC223)	개발 완료 보고서 (CC223-10)	○	목차 변경

4.1.3 적용 산출물 문서 번호 체계

　　K-Method의 표준 산출물 문서 번호를 "새북(SEBOOK) SW 개발 사업"에도 동일하게 적용한다.

〈산출물 문서 번호 설명〉

　　첫 번째와 두 번째 영문 대문자는 '구간 구분'을 나타낸다.
　　세 번째, 네 번째, 다섯 번째 숫자 3자리는 단계, 세그먼트, 태스크 구분을 나타낸다.
　　여섯 번째, 일곱 번째 숫자 2자리는 순차적인 일련 번호이며, 문서 구분 일련 번호를 나타낸다.

(그림 4-1-3-1) 산출물 문서 번호 부여 규칙 예시

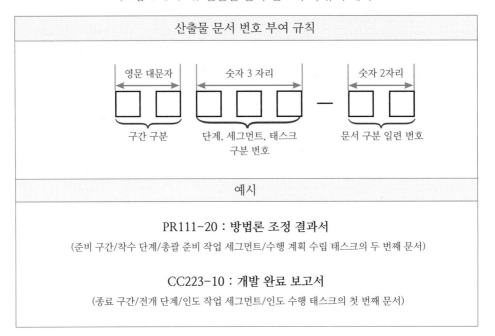

4.2 산출물 작성 준비 및 목록 관리

4.2.1 산출물 작성 준비 작업

"새북(SEBOOK) SW 개발 사업"의 특성에 맞게 K-Method의 조정이 완료되면, 사업의 단계, 세그먼트, 태스크별 적용 산출물이 확정된다.

확정된 프로세스와 산출물을 사업의 시작부터 끝까지 적용하려면 두 가지 준비 작업이 필요하다.

첫 번째, 방법론 조정으로 확정된 본 사업에 필요한 산출물의 양식을 제작한다. 산출물 양식에는 공통적으로 적용되어야 하는 문서 번호, 개정 이력 등을 포함한다.

두 번째, 산출물, 소스 코드 등 성과물의 관리를 위하여 관리 PC에 단계, 세그먼트, 태스크 순서로 디렉토리를 생성한다. 생성된 디렉토리에 각각의 공정에서 작성되어야 하는 산출물 양식을 복사해 넣는다.

(그림 4-2-1-1)은 본 사업에 맞게 K-Method를 조정하고, 조정된 디렉토리 정보를 도식화한 사례이다.

(그림 4-2-1-1) "방법론 조정 디렉토리 구성" 사례

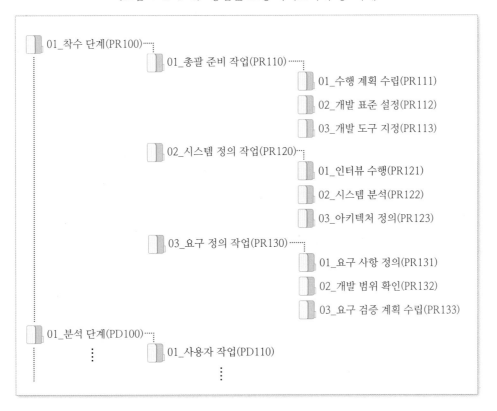

4.2.2 산출물 작성 목록 관리

산출물 관리의 품질을 확보하기 위해서는 문서 전체를 통합적으로 관리하는 것이 필요하다.

K-Method에 포함된 산출물은 아니지만 개발 단계별 성과물 관리를 위하여 산출물 관리 대장을 작성하여 관리하는 것이 필요하다.

산출물 관리 대장은 단계(phase), 세그먼트(segmet), 태스크(task)로 구분하여 작성 대상 산출물을 정의하고 작성자, 진행 구분, 완료 일자 등의 관리 항목을 포함하여 문서를 작성한다.

(그림 4-2-2-1)은 산출물 관리 대장 작성 사례이다.

(그림 4-2-2-1) "산출물 관리 대장" 작성 사례

⟨"새북(SEBOOK) SW 개발 사업" 산출물 관리 대장⟩

NO	단계 (phase)	세그먼트 (segment)	태스크 (task)	산출물 (관리 번호)	작성자	진행 구분	완료 일자	비고
1	착수 단계 (PR100)	총괄 준비 작업 (PR110)	수행 계획 수립 (PR111)	사업 수행 계획서 (PR111-10)	김길동	완료	2017.01.09	
2				방법론 조정 결과서 (PR111-20)	김길동	완료	2017.01.12	
3			개발 표준 설정 (PR112)	산출물 표준 양식 (PR112-20)	김길동	완료	2017.01.19	
4		시스템 정의 작업 (PR120)	아키텍처 정의 (PR123)	아키텍처 정의서 (PR123-10)	정길순	완료	2017.01.30	
5		요구 정의 작업 (PR130)	요구 사항 정의 (PR131)	요구 사항 정의서 (PR131-10)	김길동	완료	2017.02.03	
6			개발 범위 확인 (PR1312	범위 비교표 (PR132-10)	김길동	완료	2017.01.31	
7				요구 사항 추적표 (PR132-20)	정길순	완료	2017.02.06	
8			요구 검증 계획 수립(PR133)	총괄 시험 계획서 (PR133-10)	김길동	완료	2017.02.02	
…	…	…	…	…	…	…	…	…
22	전개 단계 (CC100)	인도 작업 (CC220)	교육 수행 (CC221)	교육 계획 결과서 (CC221-10)	김길동	작성중	-	
23			인도 수행 (CC223)	개발 완료 보고서 (CC223-10)	김길동	작성중	-	

제 5 장

"새북(SEBOOK)
SW 개발 사업" 산출물
작성 사례

5.1 착수 단계[PR100]

"새북(SEBOOK) SW 개발 사업"의 착수 단계[PR100]에서는 8가지 산출물("사업 수행 계획서", "방법론 조정 결과서", "산출물 표준 양식", "아키텍처 정의서", "요구 사항 정의서", "범위 비교표", "요구 사항 추적표", "총괄 시험 계획서")을 작성한다.

착수 단계에서 작성하는 단계별 산출물의 연계 정보와 구성은 (그림 5-1-1-1)과 같다.

(그림 5-1-1-1) 착수 단계[PR100] 산출물 연관 구성도

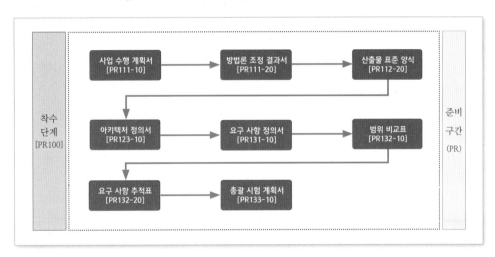

사업 수행 계획서는 사업을 착수하면서 향후 진행할 사업의 전반적인 수행 계획을 작성하는 것이다.

방법론 조정 결과서는 본 사업에 적용할 방법론을 원래의 전체적인 내용과 조정 결과를 매핑시켜 명확히 조정해놓음으로써 일관성 있게 적용하기 위한 것이다.

산출물 표준 양식은 본 사업에 적용하는 모든 산출물을 표준화된 형태로 작성할 수 있도록 표준 양식을 확정하여 탬플릿(template) 형태로 만든 것이다.

아키텍처 정의서는 본 사업에서 구성하고자 하는 시스템의 모습을 전체적으로 정의하여 통합적인 시각으로 쉽게 파악할 수 있도록 하는 것이다.

요구 사항 정의서는 본 사업에서 구현해야 하는 요구 사항을 크게 기능 요구 사항과 비기능 요구 사항으로 구분하여 정의하고 이에 대한 검사 기준을 마련해놓는 것이다.

범위 비교표는 본 사업에서의 사용자 요구 사항을 사업 수행 계획서로부터 요구 사항 정의서까지의 설정 과정을 비교해 놓는 것이다.

요구 사항 추적표는 요구 사항 정의서로부터 이후 단계로의 요구 사항 변화를 추적하는 것이다.

총괄 시험 계획서는 단위, 통합, 시스템 등의 시험 계획을 포괄적으로 수립하는 것이다.

5.1.1 사업 수행 계획서[PR111-10]

5.1.1.1 개요

가. 방법론 상의 위치

세그먼트		태스크		산출물	
PR110	총괄 준비 작업	PR111	수행 계획 수립	PR111-10	사업 수행 계획서

나. 정의

사업 수행 계획서는 사업에 대한 대상, 범위, 일정, 조직 등 사업 완수를 위한 전체 계획 및 방안을 수립하는 문서이다.

사업 수행 계획서는 주로 외주 개발을 행할 때, 제안을 거쳐 계약이 이루어진 후 용역 업체가 작성한다.

자체 개발일 경우에도 보다 명확한 계획을 가지고 효율적으로 진행할 수 있도록 사업 수행 계획서를 작성하는 것이 바람직하다.

다. 목적

본 사업은 새북(SEBOOK) SW 자체 개발 사업이다.

그러므로 PM, PL, 개발자, 품질 담당자 등 본 사업과 관련된 모든 이해관계자들과 SW 개발 일정, 범위, 소요 자원 등의 주요 내용을 공유함으로써 개발을 보다 생산적으로 진행하는 것을 목적으로 한다.

라. 적용 내용

본 사업은 새북(SEBOOK) SW 자체 개발이므로 내부 자체 검토를 통해 결재 라인을 밟아 승인을 얻은 후 확정한다.

새북(SEBOOK) SW와 관련된 시장, 기술 등의 내·외부 환경을 사전에 분석하고, 분석된 결과와 사용자의 요구 사항을 토대로 SW에 대한 기본 기획안을 수립한다.

기본 기획안이 수립되면 수행 조직, 내용, 기간, 범위 등의 자세한 사업 수행 방안을 수립하고 사업 수행 계획서를 작성한다.

사업 수행 계획서는 사업의 유형에 따라 구성 형식과 작성 내용이 부분적으로 달라질 수 있다.

5.1.1.2 작성 사례

가. 주요 항목 작성 사례 설명

목차 구분			항목 설명
대분류	중분류	소분류	
1. 사업 명			사업의 명칭을 기술한다. 〈예시〉 새북(SEBOOK) SW 개발 사업
2. 사업 기간			사업 수행 기간을 년도, 월, 일까지 작성하며, 전체 개월 수를 기술한다. 〈예시〉 2017년 1월 9일~2017년 9월 29일(9개월)
3. 사업 목적	3.1 사업 배경 및 필요성		대상 사업의 이해를 높이기 위하여 추진 배경 및 필요성을 기술한다.
	3.2 사업 목표		사업의 최종 목표와 세부 목표를 기술한다. 연차별 진행 사업의 경우 연차별로 사업의 목표를 제시한다.
	3.3 추진 전략		성공적인 사업 완료를 위한 추진 전략을 기술한다.
4. 사업 구분 및 범위	4.1 사업 구분		K-Method의 사업 구분을 본 사업에 적용하여 기술한다. 〈예시〉 소규모 패키지 SW 신규 자체 개발 사업
	4.2 사업 범위	4.2.1 새북 프로그램 개발	기능적 요구 사항인 새북 프로그램 개발 범위를 기술한다.
		4.2.2 새북 학습 콘텐츠 개발	비기능적 요구 사항인 새북 학습 콘텐츠 개발 범위를 기술한다.
		4.2.3 기타	비기능적 요구 사항인 사용자 편의성, 성능 등 기타 개발 범위를 기술한다.

05

SW 개발 사업 "새북(SEBOOK)
산출물 작성 사례

목차 구분			항목 설명
대분류	중분류	소분류	
5. 사업수행 방안	5.1 SW 개발 방법론	5.1.1 SW 개발 방법론 개요	K-Method의 개요를 기술한다.
		5.1.2 SW 개발 방법론 특징	K-Method의 특징을 기술한다.
		5.1.3 SW 개발 방법론 프레임워크	K-Method의 프레임워크를 기술한다.
		5.1.4 SW 개발 방법론 전체 구성도	K-Method의 전체 구성도를 기술한다.
	5.2 새북 프로그램 개발 방안		1단계 프로그램 실행 환경 분석, 2단계 프로그램 기능 정의 등 새북(SEBOOK) 프로그램 개발 방안을 단계별로 기술한다.
	5.3 새북 학습 콘텐츠 구축 방안		새북 프로그램에서 활용되는 학습 콘텐츠 구축 방안에 대하여 단계별로 기술한다.
	5.4 시험 방안	5.4.1 단위 시험	단위 시험 절차, 일정, 수행 내용을 개략적으로 기술한다.
		5.4.2 통합 시험	통합 시험 절차, 일정, 수행 내용을 개략적으로 기술한다.
		5.4.3 시스템 시험	시스템 시험 절차, 일정, 수행 내용을 개략적으로 기술한다.
6. 개발 및 운영 환경	6.1 하드웨어 및 네트 워크 구성도		새북 프로그램에 대한 하드웨어 및 네트워크 구성을 그림으로 제시한다.

목차 구분			항목 설명
대분류	소분류	소분류	
6. 개발 및 운영 환경	6.2 소프트웨어 구성도		새북 프로그램에 대한 소프트웨어 구성과 아키텍처를 그림으로 제시한다.
	6.3 개발 환경 구성		개발 언어, 개발 장비 등 새북 프로그램을 개발하기 위한 환경, 설정 등의 구성 내용을 기술한다.
7. 사업수행 체계	7.1 사업수행 조직		사업 수행 조직 구성도를 제시한다.
	7.2 업무분장		사업 수행 조직의 업무 분장을 하고, 각 구성원의 책임 및 역할 등을 기술한다.
8. 사업추진 절차			프로그램 개발팀, 콘텐츠 구축팀, 품질 보증팀으로 구분하여 단계별 사업 추진 절차를 상세하게 기술한다.
9. 사업일정	9.1 사업 수행 일정		새북 프로그램 개발, 새북 학습 콘텐츠 구축의 과업 범위에 대한 사업 수행 일정을 단계별로 상세하게 제시한다.
	9.2 참여 인력		참여하는 인력의 소속 기관, 이름, 직위, 참여기간, 참여율 등을 기술한다.
10. 산출물 작성 및 자동화 도구 적용 계획	10.1 산출물 작성 계획		새북(SEBOOK) SW 개발 사업으로 작성되는 산출물 목록과 작성 방안을 기술한다.
	10.2 자동화 도구 적용 계획		자동화 도구를 적용하기 위한 방안을 기술한다.
11. 사업 관리 계획	11.1 보고 계획		정기 보고와 비정비 보고로 구분하여 일간, 주간, 월간, 중간, 종료 보고 등 의사소통 계획을 상세하게 기술한다.

목차 구분			항목 설명
대분류	소분류	소분류	
11. 사업 관리 계획	11.2 품질 보증 계획	11.2.1 품질 보증 조직	사업 총괄 책임자를 주축으로 품질 관리 조직을 제시한다.
		11.2.2 품질 보증 조직 업무 분장	사업 총괄 책임자, 품질 보증 관리 조직의 역할과 책임을 기술한다.
		11.2.3 품질 보증 활동 및 개선 절차	프로젝트 수행 팀과 품질 보증 활동 팀으로 구분하여 품질 개선 절차 및 방법을 제시한다.
		11.2.4 품질 보증 관리 대상	품질 보증 관리 대상에 대하여 기술한다. 〈예시〉 본 사업의 품질 관리 대상은 신규 개발되는 새북 프로그램과 새북에 동기화 되어 서비스 가능한 학습 콘텐츠이다.
	11.3 보안 대책		새북(SEBOOK) SW 개발 사업 수행 과정에서 준수해야 할 보안 요건을 제시하고 구성원들의 책임과 권한을 정의한다.
	11.4 유지 보수 계획	11.4.1 유지 보수 절차	새북 프로그램을 안정적으로 서비스하기 위한 유지 보수 절차를 도식화하여 상세하게 기술한다.
		11.4.2 장애 처리 절차	고객, 유지 보수 팀, 프로그램 개발팀으로 구분하여 장애 처리 절차를 도식화하여 제시한다.
		11.4.3 유지 보수 및 장애 처리 대상	새북 프로그램에 대한 유지 보수와 장애 처리에 대상과 유상 처리 원칙을 기술한다.

목차 구분			항목 설명
대분류	소분류	소분류	
11. 사업 관리 계획	11.5 교육 계획		본 사업에서 수행하는 교육을 기본, 개발자, 유지 보수, 사용자로 구분하여 내용, 대상, 수행 시기 등의 교육 방안을 기술한다.
	11.6 형상 관리 방안	11.6.1 형상 관리 목적	새북(SEBOOK) SW 개발 사업에 대한 형상 관리 목적에 대하여 기술한다.
		11.6.2 적용 범위	새북(SEBOOK) SW 개발 사업에 대한 형상 관리 대상과 범위에 대하여 제시한다. 〈예시〉 본 프로젝트에서 형상관리 대상은 새북 프로그램 소스, 새북 학습 콘텐츠 및 프로젝트 수행 과정에서 작성되는 산출물을 대상으로 한다.
		11.6.3 형상 관리 절차	새북(SEBOOK) SW 개발 사업에 대한 형상 관리 절차를 도식화하여 기술한다.
	11.7 변경 관리 방안	11.7.1 변경 관리 목적	새북(SEBOOK) SW 개발 사업에 대한 변경 관리 목적에 대하여 기술한다. 〈예시〉 새북 프로그램 개발 기간 동안 범위 및 내용에 대한 변경이 발생하면, 변경 절차에 따라 변경 내용을 확인하고 승인하여 이해 관계자들간에 변경 내용에 대한 의견을 일치시키는 것을 목적으로 한다.
		11.7.2 변경 관리 대상	변경 관리를 수행하는 개발 기능, 일정, 예산, 장비 등 주체에 대하여 제시한다.
		11.7.3 변경 관리 절차	새북(SEBOOK) SW 개발 사업에 대한 변경 관리 절차를 도식화하여 기술한다.

나. 작성 예제

▶ "4.2 사업 범위" 작성 방법 설명

사업 수행 계획서에서 제시하는 "사업 범위"는 사업 수행의 결과로 이행되어야 하기 때문에 불필요한 내용은 최대한 배제하고 명확하게 작성해야한다.

공공 사업을 제외한 대부분의 발주자는 요구 사항을 명확하게 제시하지 않는다. 그렇기 때문에, 사업 수행 계획서 작성 전에 가능한 수준까지 발주자의 요구 사항을 확인하여 사업 범위에 포함한다.

사용자의 요구 사항은 프로그램으로 구현되는 기능적 요구 사항과 성능, 보안 등 프로그램으로 구현되지 않는 비기능적 요구 사항으로 구분하여 "사업 범위"를 작성하는 것이 바람직하다.

(그림 5-1-1-2)에 제시된 "4.2 사업 범위"에 대한 작성 예시를 참조하여 사업 수행 계획서의 "사업 범위"에 대한 내용을 작성한다.

(그림 5-1-1-2) "4.2 사업 범위" 작성 사례

4.2 사업 범위

4.2.1 새북 프로그램 개발(기능적 요구 사항)

NO	기능	기능 설명	비고
1	동영상 뷰어 기능	동영상 열기, 출력, 회전 등 뷰어 기능을 제공해야 한다.	
2	동영상 컨트롤 기능	동영상 재생, 일시 정지, 멈춤, 속도 조절, 음량 조절 등의 컨트롤이 가능해야 한다.	
…	…	…	…

4.2.2 새북 학습 콘텐츠 개발(비기능적 요구 사항)

NO	기능	기능 설명	비고
1	온라인 스트리밍 동영상 학습 콘텐츠 제작	온라인 스트리밍 동영상 학습 콘텐츠를 1개 이상 제작 한다.	동영상, 설명자료, 자막 등
2	오프라인 동영상 학습 콘텐츠 제작	오프라인 동영상 학습 콘텐츠를 1개 이상 제작 한다.	동영상, 설명자료, 자막 등
…	…	…	…

▶ "5.2 새북 프로그램 개발 방안" 작성 방법 설명

　"5.2 새북 프로그램 개발 방안"은 프로그램을 성공적으로 구축하기 위하여 "1단계 프로그램 실행 환경 분석"에서 "5단계 프로그램 시험 및 배포"로 구분하여 단계별 수행 방안을 기술한다.

　(그림 5-1-1-3)에 제시된 "5.2 새북 프로그램 개발 방안"에 대한 작성 사례를 참조하여 사업 수행 계획서의 "개발 방안"에 대한 내용을 작성한다.

(그림 5-1-1-3) "5.2 새북 프로그램 개발 방안" 작성 사례

개발 방안을 작성할 때의 핵심 포인트는 개발 방안을 단계적으로 나눠 시각적으로 쉽게 이해할 수 있도록 제시하는 것이다.

　다양한 형태의 방법을 적용할 수 있는데, 본 서에서는 개발 방안을 프로그램 실행 환경 분석, 프로그램 기능 정의, 프로그램 화면 설계, 프로그램 구현을 거쳐 프로그램 시험 및 배포의 5단계로 나눠 새북 프로그램 개발 방안을 제시하는 방법을 적용하였다.

▶ "9.1 사업 수행 일정" 작성 방법 설명

사업 수행 계획서에서 제시하는 "사업 수행 일정"은 적용된 SW 개발 방법론인 K-Method의 프로세스에 준하여 작성한다.

착수 보고, 완료 보고 등 사업의 중요한 이벤트들은 마일드스톤 형식으로 제시할 수 있다. 또한, SW 개발 진행 단계에 따라 작성되는 산출물은 '비고' 등의 항목을 활용하여 기술할 수 있다.

(그림 5-1-1-4)에 제시된 "9.1 사업 수행 일정"에 대한 작성 사례를 참조하여 사업 수행 계획서의 "사업 수행 일정"에 대한 내용을 작성한다.

(그림 5-1-1-4) "9.1 사업 수행 일정" 작성 사례

9. 사업 일정
9.1 사업 수행 일정

수행내용		수행기간									비고
		1	2	3	4	5	6	7	8	9	
1. 새북 프로그램 개발											
착수 단계	총괄 준비 작업	■									
	- 수행 계획 수립	▨									사업 수행 계획서 방법론 조정 결과서
	- 개발 표준 설정	▨									산출물 표준 양식
	시스템 정의 작업		■								
	- 아키텍처 정의		▨								아키텍처 정의서
...	...	...	...	...	...	...	...	...	...	...	...
분석 단계	사용자 작업			■							
	프로세스 작업			■	■						
	- 기능 및 인과 분석			▨							기능 분해도
	- 시스템 시험 계획				▨						
...	...	...	...	...	...	...	...	...	...	...	...
2. 새북 학습 콘텐츠 구축											
분석 단계	학습 환경 콘텐츠 분석		■								
기획 단계	학습 콘텐츠 기획			■							
...	...	...	...	...	...	...	...	...	...	...	...

다. 사업 수행 계획서 주요 ID 체계

해당 사항 없음

5.1.1.3 사업 수행 계획서 관련 산출물 구성

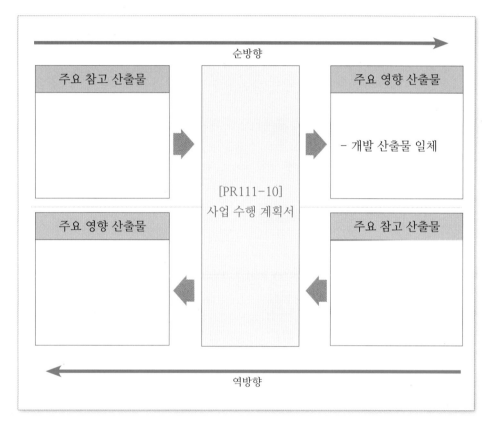

[참고]

외주 SW 개발이 아닌 자체 개발의 경우 제안 요청서, 제안서, 기술 협상서, 과업 내용서의 산출물이 존재하지 않는다. 자체 개발의 경우 자체적으로 분석·조사·기획하여 작성한 기술·환경 분석서, 유사 제품 조사서, 제품 기획서 등이 존재한다. 따라서, 사업 수행 계획서를 작성할 때 참고하여 작성할 수 있다.

단, 본 서에서는 「K-Method 원리」에 없는 주요 참고 산출물, 주요 영향 산출물을 기술하지 않았다.

5.1.2 방법론 조정 결과서[PR111-20]

5.1.2.1 개요

가. 방법론 상의 위치

세그먼트		태스크		산출물	
PR110	총괄 준비 작업	PR111	수행 계획 수립	PR111-20	방법론 조정 결과서

나. 정의

방법론 조정 결과서는 사업의 생명 주기, SW 유형, 개발 주체, 사업 규모, DB 사용 구분 등을 고려하여 K-Method의 프로세스, 산출물 등을 조정하는 문서이다.

방법론 조정 결과서는 사업 수행 계획서에서 제시된 SW 개발 방법론 표준을 기본으로 본 사업의 특성에 맞추어 조정 작업을 수행하면서 작성한다. 그리고 방법론 조정이 완료되면 방법론 조정 결과서에 최종 결과를 기술한다.

다. 목적

"새북(SEBOOK) SW 개발 사업"의 특성에 맞도록 K-Method의 프로세스 및 산출물을 조정하여 사업에 특화시키는 것을 목적으로 한다. 방법론 조정 결과서는 사업의 특성이 반영된 안정적인 단계별 프로세스 수행과 일관성 있는 작업 진행을 위해 필요하다.

라. 적용 내용

"새북(SEBOOK) SW 개발 사업"의 특성(신규 개발, 패키지 SW, 자체 개발, 소규모, DB 미사용)을 고려하여 방법론 조정 작업을 수행하고, 사업 수행 초기에 방법론 조정 작업을 완료해야 한다.

방법론의 세부적인 조정에 있어서는 기본적으로 아래의 세 가지를 고려해야 한다.

첫째, 방법론의 조정은 사업 관리 방법론과 개발 방법론을 구분하여 테일러링 해야 한다.

둘째, 방법론을 조정할 때에는 조정 결과만 나타내서는 안된다. 반드시 조정 전과 조정 후를 대비하는 형태의 매핑표로 만들어야 한다.

셋째, 방법론의 조정 결과에 따른 철저한 적용을 동반해야 한다.

특히, 방법론의 조정 결과로 확립한 프로세스 및 산출물을 반드시 WBS(Work Breakdown Structure)에 반영하여, 프로세스 단계별 작업의 진척 상황 관리가 방법론의 조정 결과와 정확하게 일치하도록 대응하는 것이 중요하다.

5.1.2.2 작성 사례

가. 주요 항목 작성 사례 설명

작성 항목명		항목 설명	작성 구분 (필수/선택)
K-Method 조정 전	단계	K-Method SW 개발 프로세스 상의 단계 명을 기술한다.	필수
	세그먼트	K-Method SW 개발 프로세스 상의 세그먼트 명을 기술한다.	필수
	태스크	K-Method SW 개발 프로세스 상의 태스크 명을 기술한다.	필수
	산출물	해당 태스크가 생성하는 산출물 명을 기술한다.	필수
	산출물 관리 번호	해당 태스크가 생성하는 산출물 관리 번호를 기술한다.	필수
필수 여부		생명 주기, 소프트웨어 유형, 개발 주체, 사업 규모, 데이터베이스 사용 등 프로젝트의 특성에 따른 유형별 필수 산출물을 표시한다. (본 서의 제 2장 K-Method 적용 방안 참조)	필수
적용 여부		해당 태스크와 산출물을 본 사업에 적용할지 여부를 기술한다.	필수
K-Method 조정 후	태스크	특이 사항이 없을 경우 '좌동'으로 표시하고, 조정이 필요한 경우 태스크를 변경하여 기술한다.	필수
	산출물	특이 사항이 없을 경우 '좌동'으로 표시하고, 조정이 필요한 경우 산출물을 변경하여 기술한다.	필수
	산출물 관리 번호	특이 사항이 없을 경우 '좌동'으로 표시하고, 조정이 필요한 경우 산출물 관리 번호를 변경하여 기술한다.	선택
조정 사유		프로세스나 산출물을 조정하거나, 산출물 양식을 변경한 경우 해당 사유를 기술한다.	필수

나. 작성 예제

▶ "1. 방법론 조정 결과" 작성 방법 설명

방법론 조정은 K-Method의 표준 골격을 본 사업에 맞추어 조정하는 작업이다.

방법론 조정을 통하여 설정된 SW 개발 프로세스와 사업 수행으로 작성되는 성과물이 정의되면, 조정된 SW 개발 방법론을 적용하여 사업 시작부터 종료까지 사업을 진행한다.

새북(SEBOOK) SW 개발 사업의 특성을 분석한 결과 준비 구간, 병렬 개발 구간, 종료 구간의 3개 구간에 걸쳐 착수, 분석, 설계, 구축, 시험, 전개 단계를 모두 포함하여 수행하는 것으로 결정하였다.

표준 산출물 46본 중에 불필요한 산출물을 제외하고, 23본의 산출물을 작성하여 사업의 효율이 극대화 되도록 조정하였다.

또한, "조정 사유" 항목에 산출물이 제외된 이유와 표준을 기준으로 변경 내용을 기술하여 근거를 마련하였다.

(그림 5-1-2-1)에 제시된 "1. 방법론 조정 결과"에 대한 작성 사례를 참조하여 방법론 조정 결과서의 내용을 작성한다.

(그림 5-1-2-1) "1. 방법론 조정 결과" 작성 사례

1. 방법론 조정 결과

단계	세그먼트	테스크	산출물	산출물 관리 번호	필수 여부	적용 여부	테스크	산출물	산출물 관리 번호	조정 사유
							K-Method 조정 후			
착수 단계	총괄 준비 작업	수행 계획 수립	사업 수행 계획서	PR111-10	○	○	수행 계획 수립	사업 수행 계획서	PR111-10	
			방법론 조정 결과서	PR111-20	○	○		방법론 조정 결과서	PR111-20	
		개발 표준 설정	개발 표준 정의서	PR112-10		X	개발 표준 설정	개발 표준 정의서	PR112-10	
			산출물 표준 양식	PR112-20	○	○		산출물 표준 양식	PR112-20	목차 변경
		개발 도구 지정	도구 적용 계획서	PR113-10		X	개발 도구 지정	도구 적용 계획서	PR113-10	도구 미사용
	시스템 정의 작업	인터뷰 수행	인터뷰 계획 결과서	PR121-10	○	X	인터뷰 수행	인터뷰 계획 결과서	PR121-10	
		시스템 분석	현행 시스템 분석서	PR122-10		X	시스템 분석	현행 시스템 분석서	PR122-10	신규 개발
		아키텍처 정의	아키텍처 정의서	PR123-10	○	○	아키텍처 정의	아키텍처 정의서	PR123-10	
...	...	...	...	...	...	...	...	...	...	

다. 방법론 조정 결과서 주요 ID 체계

해당 사항 없음

5.1.2.3 방법론 조정 결과서 관련 산출물 구성

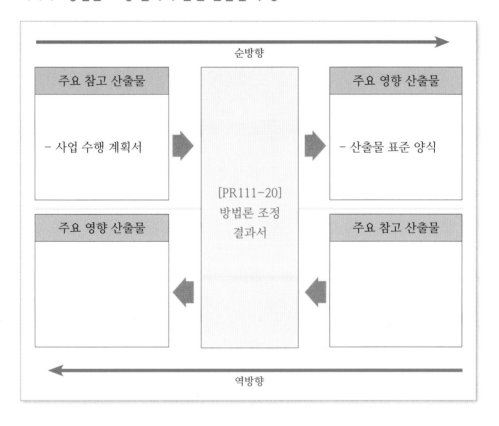

121

5.1.3 산출물 표준 양식[PR112-20]

5.1.3.1 개요

가. 방법론 상의 위치

세그먼트		태스크		산출물	
PR110	총괄 준비 작업	PR112	개발 표준 설정	PR112-20	산출물 표준 양식

나. 정의

산출물 표준 양식은 K-Method 프로세스 수행에 따라 생성하는 다양한 산출물의 표준을 정의한 문서이다.

산출물 표준 양식은 외주 개발, 자체 개발에 관계 없이 소프트웨어의 신규 개발, 고도화, 운영 등의 사업을 진행할 때 표준화된 서식을 사용하기 위한 탬플릿이다.

다. 목적

K-Method의 제반 프로세스를 진행하면서 생성하는 산출물을 서로 다른 개발자가 작업하더라도 표준에 의거하여 모두 같은 형식으로 작성할 수 있도록 하는 것을 목적으로 한다.

외주 개발이던 자체 개발이던 상관 없이 모든 작업자가 동일한 산출물 표준 양식을 사용하도록 한다. 그렇게 하여, 언제 작업 결과를 통합하더라도 쉽게 통합이 이루어질 수 있도록 하는 것을 목적으로 한다.

라. 적용 내용

산출물 이력, 서식, 목차 등 정의된 산출물 표준 양식을 기준으로 "방법론 조정 결과서"에서 정의된 산출물에 적용한다. 그리고 표준 적용이 완료된 산출물 표준 서식 샘플은 SW 개발 방법론 단계별 디렉토리에 구분하여 저장하고 필요 시에 배포한다.

작성된 산출물 표준 서식 샘플을 중심으로 작성 교육을 수행해야 한다. 교육 수행 시에는 이론 20%, 실습 80%의 비율로 실제 문서 작성법에 중점을 두어 교육을 실시한다.

"새북(SEBOOK) SW 개발 사업"의 모든 성과물에 산출물 표준이 적용되도록 철저한 관리가 필요하다. 만일, 표준 양식 변경이 발생한 경우에는 관련된 모든 산출물을 확인하고 일관성을 유지하도록 변경해야 한다.

5.1.3.2 작성 사례

가. 주요 항목 작성 사례 설명

목차 구분			항목 설명
대분류	중분류	소분류	
1. 총칙	1.1 목적		"새북(SEBOOK) SW 개발 사업"의 표준 양식 작성의 목적을 기술한다.
	1.2 적용 범위		"새북(SEBOOK) SW 개발 사업"의 산출물 적용 범위를 기술한다. 〈예시〉 본 문서에 정의된 산출물 표준은 새북(SEBOOK) 프로그램 개발 과정에서 작성되는 모든 산출물에 적용해야 한다.
	1.3 문서 작성 시 고려 사항		사업의 특성에 따른 산출물 작성 시 고려 사항을 기술한다.
2. 산출물 작성 지침	2.1 산출물 구성	2.1.1 개정 이력	산출물의 개정 이력 작성 방법을 기술한다.
		2.1.2 목차	산출물의 목차 작성 지침을 정하여 기술한다.
		2.1.3 본문 및 별첨	본문 및 별첨 작성 지침을 기술한다.
	2.2 산출물 설정	2.2.1 서식 설정	산출물의 서식 유형별 폰트의 종류, 크기, 스타일 등 서식 유형을 지정하여 기술한다.
		2.2.2 산출물 일반 설정	쪽의 여백(위쪽,아래쪽,왼쪽,오른쪽 등), 레이아웃(머리글, 바닥글) 설정 기준 및 방법을 정하여 기술한다.
	2.3 산출물 작성	2.3.1 항목 번호 및 본문	항목 번호 및 본문 작성 지침을 정하여 기술한다.
		2.3.2 표	표의 캡션, 헤더 설정, 음영 등 표 작성 기준을 정하여 기술한다.
		2.3.3 그림	그림 정보를 나타내는 기본 서식을 정하여 기술한다.

목차 구분			항목 설명
대분류	중분류	소분류	
2. 산출물 작성 지침	2.3 산출물 작성	2.3.4 영문의 사용	영문 표기 기준을 정하여 기술한다.
		2.3.5 날짜의 표현	날짜 표기 기준을 정하여 기술한다. 〈예시〉 "2017.01.01"
3. 문서 작성 지침	3.1 문서 작성		문서의 작성 방법에 대해 기술한다.
	3.2 용지 및 제본		용지 크기, 제본 방법 등의 기준을 정하여 기술 한다.
	3.3 문서 저장 및 인도		문서 저장 및 인도 기준을 정하여 기술한다.
	3.4 산출물 작성 도구		문서 유형별로 문서 작성 도구를 정하여 기술 한다.
4. 산출물 관리	4.1 용어 정의		산출물 관리와 관련한 용어를 정의한다.
	4.2 역할과 책임		산출물 관리와 관련하여 담당자의 역할과 책임을 명시한다.
	4.3 산출물 관리 절차	4.3.1 산출물 관리 절차	계획, 실행, 검토 및 승인, 보관/제출 단계로 구분한 산출물 관리 절차 흐름을 도식화하여 나타낸다.
		4.3.2 산출물 관리 절차별 수행 내용	계획, 실행, 검토 및 승인, 보관/제출 단계에 대한 상세한 수행 내용을 기술한다.
5. 작성 대상 산출물	5.1 작성 대상 산출물 개요		작성 대상인 산출물의 개요를 기술한다.
	5.2 단계별 작성 산출물		개발 공정 단계별로 작성해야 할 산출물에 대해 기술한다.
#.별첨	작성 대상 산출물 표준 서식		작성 대상 산출물의 표준 서식을 별첨하여 제공한다.

나. 작성 예제

▶ "2.1 산출물 구성" 작성 방법 설명

산출물 표준 양식에서 제시하는 "2.1 산출물 구성"은 표지, 개정 이력, 목차, 본문 등 작성되는 산출물의 구성 항목을 정의한다.

(그림 5-1-3-1)에 제시된 "2.1 산출물 구성"에 대한 작성 사례를 참조하여 산출물 표준 양식의 "산출물 구성"에 대한 내용을 작성한다.

(그림 5-1-3-1) "2.1 산출물 구성" 작성 사례

2. 산출물 작성 지침
2.1 산출물 구성

구분	쪽 번호	내용	비고
표지	쪽 번호 없음	• 사업명, 문서명, 문서 번호, 단계명, 버전(필수) • 검토자, 승인자, 검토 일자, 승인 일자, 단계 코드 등(선택)	
개정 이력	1 부터 시작	• 문서의 최종 버전 변경 이력을 마지막 줄에 첨가	
목차	개정 이력에 이어서 쪽 번호 추가	• "붙임"이 있는 경우 부록의 목차도 포함하여 기술 단, 본문 내용이 단일한 내용(주제)이거나 목록 형태 등의 경우 생략 가능(예: 엑셀 문서 등)	
본문	목차에 이어서 쪽 번호 추가	• 본문 내용 작성	
붙임	본문에 이어서 or 1부터 다시 시작	• 분량이 적을 경우는 쪽번호를 이어서 본문에 추가 • 분량이 많을 경우는 쪽번호를 1부터 다시 시작	

2.1.1 개정 이력

산출물의 버전이 변경되는 경우에는 하기의 개정 이력에 버전, 변경일, 변경 사유, 변경 내용, 작성자, 승인자 등을 기술하여 관리한다.

개 정 이 력

NO	버전	변경일	변경 사유	변경 내용	작성자	승인자
1	1.0	xxxx.xx.xx	최초 작성	최초 작성함	홍길동	김길동
-						

▶ "4.3.2 산출물 관리 절차별 수행 내용" 작성 방법 설명

산출물 표준 양식에서 제시하는 "4.3.2 산출물 관리 절차별 수행 내용"은 계획, 실행, 검토 및 승인, 보관/제출 단계로 구성된 절차에 대한 상세한 설명을 제공한다.

(그림 5-1-3-2)에 제시된 "4.3.2 산출물 관리 절차별 수행 내용"에 대한 작성 사례를 참조하여 산출물 표준 양식의 "산출물 관리 절차별 수행 내용"에 대한 내용을 작성한다.

(그림 5-1-3-2) "4.3.2 산출물 관리 절차별 수행 내용" 작성 사례

4.3.2 산출물 관리 절차별 수행 내용

관리 절차	수행 내용	비고
계획	• 문서는 프로젝트 착수 단계에 산출 문서 목록을 작성하고 그 기준에 따라 문서의 산출을 계획한다. • PM이 산출 문서 목록에 의해 기본 방침을 정하고 그 방침에 따라 품질 관리 담당자와 문서 관리 담당자가 협의하여 관리 산출 문서와 개발 산출 문서의 표준을 확정한다	
실행	• 표준 문서에 의거하여 프로젝트 팀 구성원들은 프로젝트 수행 단계에서 관리 산출 문서 및 개발 산출 문서를 작성하고, 초안을 산출 문서 폴더에 등록한다. • 문서 관리 담당자, 품질 관리 담당자, PM 등 문서 검토의 책임이 있는 관계자들의 변경 요청 사항은 관련 절차 및 지침에 의해 문서 산출물에 반영되어야 하며, 검토 및 승인 관리 절차를 다시 거쳐야 한다	
검토/승인	• 문서 관리 담당자와 품질 관리 담당자는 작성된 문서가 문서 관리 절차 및 지침을 준수하고 있는 지 검토한 후 시정해야 할 사항의 변경을 요청하고, 절차 및 지침에 준하는 문서는 PM의 승인을 요청한다.	
…	…	…

다. 산출물 표준 양식 주요 ID 체계

해당 사항 없음

5.1.3.3 산출물 표준 양식 관련 산출물 구성

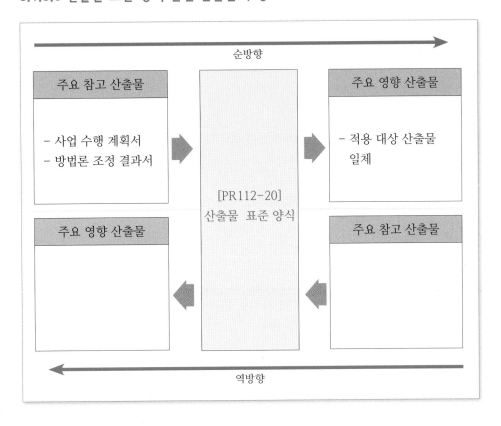

5.1.4 아키텍처 정의서[PR123-10]

5.1.4.1 개요

가. 방법론 상의 위치

세그먼트		태스크		산출물	
PR120	시스템 정의 작업	PR123	아키텍처 정의	PR123-10	아키텍처 정의서

나. 정의

아키텍처 정의서는 현행 시스템 분석 정보, 정보시스템 환경, 요구 사항 등의 정보를 새롭게 구축하는 시스템에 반영하여 HW, SW 구성은 물론 연계에 이르기까지 전체적인 구조를 정의하는 문서이다.

아키텍처 정의서는 새로 구축하거나 고도화하는 소프트웨어를 아키텍처 차원에서 파악할 수 있도록 하는 문서이다.

다. 목적

아키텍처 정의서의 주요 목적을 세 가지로 정리하면 다음과 같다.

첫 번째는 사용자와 시스템 분석가의 긴밀한 협의를 근거로 구축 정보시스템을 구체화하는 것이다.

두 번째는 개발 기간, 개발 방식, 요구 사항, 필요 기능 등 구축 시스템을 정확하게 정의함으로써 정보 시스템 구축 시에 방향성을 입체적인 시각에서 명확하게 확립하는 것이다.

세 번째는 새롭게 개발하는 시스템에 대한 HW, SW, NW 등의 상세 구성 정의를 바탕으로 구축함으로써 시스템의 확장성, 보안성, 내구성을 확보하는 것이다.

라. 적용 내용

신규로 개발하는 새북(SEBOOK) 프로그램이 실행되는 NW 환경과 SW 및 HW 구조를 중심으로 목표 아키텍처를 구성한다. 성능, 제약 조건 등 사용자의 비기능적 요구 사항을 명시하고 구현 방법을 제시한다.

개발 기간에 발생 가능한 돌발 상황을 고려하여 시스템 백업과 복원 방법을 정의한다. 또한, 지속적인 시스템 보안성이 확보되도록 기술적, 관리적, 물리적 보안 방안을 수립하고 제시한다.

5.1.4.2 작성 사례

가. 주요 항목 작성 사례 설명

목차 구분			항목 설명
대분류	중분류	소분류	
1. 개요	1.1 목적		시스템 아키텍처 정의에 대한 목적을 기술한다.
	1.2 적용 범위		시스템 아키텍처의 적용 범위를 기술한다. 〈예시〉 내·외부 환경을 고려한 목표 아키텍처 구성을 새북 프로그램의 화면 및 프로그램 설계에 반영한다. 그리고 새북 프로그램과의 내·외부 연계와 사용자 인터페이스를 구현하는데 참고 자료로 활용한다.
2. 시스템 아키텍처 요구 사항 및 구현 방안			사용자가 요구한 시스템 아키텍처 관련 비기능 요구 사항을 기술한다. 그리고 목표 시스템 아키텍처를 구현하기 위한 싱세 빙안을 기술한다.
3. 시스템 아키텍처 구성			신규 시스템에 대한 목표 시스템 전체 구성도를 기술한다.
4. 시스템 아키텍처 구성요소 (SW, HW, NW)	4.1 SW	4.1.1 SW 개요 및 구성도	신규 개발되는 SW의 개요와 전체 구성도를 기술한다.
		4.1.2 SW 상세 구성 내용	신규 개발되는 SW의 상세 내용과 SW 아키텍처 구조를 기술한다.
	4.2 HW 및 NW	4.2.1 HW 및 NW 개요 및 구성도	해당 시스템의 HW 및 NW 구성도를 기술한다.
		4.2.2 HW 및 NW 상세 구성 내용	개발 시스템에 포함되는 모든 HW 및 NW의 상세 구성 내용을 기술한다.

목차 구분			항목 설명
대분류	중분류	소분류	
5. 시스템 보안 및 백업	5.1 시스템 보안	5.1.1 시스템 보안 개요 및 구성	신규 시스템과 구축 과정의 보안성을 확보하기 위한 물리적, 기술적, 관리적 보안 준수 내용과 전체 구성을 제시한다.
		5.1.2 시스템 보안 대상	시스템 보안 준수 대상을 정의한다. 〈예시〉 시스템 보안 대상은 새북 프로그램 소스와 개발 작업장, 프로젝트 진행 과정에서 생성된 성과물을 대상으로 한다.
		5.1.3 시스템 보안 적용 방안	시스템 보안 적용 방안을 기술한다.
	5.2 백업 및 복구	5.2.1 백업 및 복구 대상	소스, 산출물 등 백업 및 복구 대상을 기술한다. 〈예시〉 백업 및 복구 대상은 새북 프로그램 소스, 단계별 산출물, 제작한 학습 콘텐츠이며, 각각 대상의 특성을 참고하여 백업과 복구 방안을 수립하고 이행한다.
		5.2.2 백업 정책	백업 주기, 방법 등 백업 정책을 제시한다.
		5.2.2 백업 및 복구 절차	백업 및 복구 대상에 대한 백업 절차와 복구 절차를 도식화하고 자세한 설명을 기술한다.
6. 제약 사항			목표 시스템 아키텍처를 구축하는데 장애가 되는 위험 요소나 제약 사항을 기술한다. 〈예시〉 본 문서에서 정의된 아키텍처는 새북 프로그램에 적용되며, 학습 콘텐츠 제작 과업에는 적용되지 않는다. 그리고 프로젝트의 진행 과정에 SW, HW, NW 아키텍처의 구성이 변경될 경우 반드시 아키텍처 정의서에 반영해야 한다.

나. 작성 예제

▶ "2. 시스템 아키텍처 요구 사항 및 구현 방안" 작성 방법 설명

"2. 시스템 아키텍처 요구 사항 및 구현 방안"은 성능, 품질, 보안 등 사용자의 비기능적 요구 사항 중에 시스템 아키텍처와 관련된 요구 사항을 정의하고 구현하는 방안에 대한 상세한 설명을 제공한다.

(그림 5-1-4-1)에 제시된 "2. 시스템 아키텍처 요구 사항 및 구현 방안"에 대한 작성 사례를 참조하여 아키텍처 정의서의 "시스템 아키텍처 요구 사항 및 구현 방안"에 대한 내용을 작성한다.

(그림 5-1-4-1) "2. 시스템 아키텍처 요구 사항 및 구현 방안" 작성 사례

2. 시스템 아키텍처 요구 사항 및 구현 방안

사용자의 비기능적 요구 사항 중에 새북(SEBOOK) 프로그램 아키텍처와 관련된 비기능적 요구 사항과 구현 방안은 아래의 표와 같다. 단, 프로젝트의 진행 중에 아키텍처와 관련된 비기능적 요구 사항이 추가될 수 있다.

NO	구분	상세 구분	요구 사항 ID	요구 사항 명칭	관련 여부	구현 방안	비고
1	비기능	개발	ND-001	사용자 편의성	–	대상아님	
2	비기능	성능	NP-001	다수의 프로그램에서 동영상 출력 시 성능 확보	○	병렬로 프로그램이 실행될 수 있도록 구현	
3	비기능	성능	NP-002	다양한 윈도우 버전에 대한 프로그램 지원	○	다양한 윈도우 버전에서 실행이 가능하도록 프로그램 제작 및 최소 사양 및 최적 사항 제시	
4	비기능	보안	NS-001	SW 보안성 확보	○	프로젝트 과정 및 결과물에 대한 보안성 확보 방안 수립 및 적용	
5	비기능	품질	NQ-001	표준화된 품질 관리 수행	–	대상아님	
…	…	…	…	…	…	…	…

▶ "4.2.2 HW 및 NW 상세 구성 내용" 작성 방법 설명

"4.2.2 HW 및 NW 상세 구성 내용"은 프로그램을 실제로 개발하고 운용하는데 필요한 하드웨어(HW)와 네트워크(NW)에 대한 상세 내용을 표 형태로 기술한다.

하드웨어(HW)와 네트워크(NW)는 최소한 충족해야 하는 사항을 기준으로 하며 초과 사양을 허용한다.

(그림 5-1-4-2)에 제시된 "4.2.2 HW 및 NW 상세 구성 내용"에 대한 작성 사례를 참조하여 아키텍처 정의서의 "HW 및 NW 상세 구성 내용"에 대한 내용을 작성한다.

(그림 5-1-4-2) "4.2.2 HW 및 NW 상세 구성 내용" 작성 사례

4.2.2 HW 및 NW 상세 구성 내용

개발 PC, 인터넷 회선 등 새북(SEBOOK) 프로그램에 대한 상세 HW 및 NW 상세 구성은 아래의 표와 같다.

구 분	분 류	사 양	비 고
HW	개발 PC	- O S: Windows 7 Home edition - CPU: Intel Core i5-3470 3.2GHz - RAM: 4G - HDD: 500G - Adapter: 랜카드(유/무선)	
	사용 PC	- O S: Windows 7 이상 - CPU: Intel Core i3 이상 - RAM: 2G - HDD: 100G - Adapter: 랜카드(유/무선)	
NW	NW 기기	- 라우터 - 일반 공유기 등	
	인터넷 회선	- ADSL 등	
	…		

▶ "5.2.2 백업 정책" 작성 방법 설명

"5.2.2 백업 정책"은 SW 개발 사업으로 제작되는 프로그램, 프로그램 소스, 산출물, 콘텐츠 등의 성과물을 대상으로 백업 방법, 주기 등의 정책을 수립하고 정의한다.

백업(backup)이란 만일의 사태에 대비하여, 현재 작성하고 있는 내역을 다른 곳에 복사해 놓는 것을 의미한다.

복구(recovery)란 예기치 않은 사태로 인해 현재의 작업 내용에 문제가 발생할 경우 백업해 놓았던 내역을 복구하는 활동을 의미한다.

(그림 5-1-4-3)에 제시된 "5.2.2 백업 정책"에 대한 작성 사례를 참조하여 아키텍처 정의서의 "백업 정책"에 대한 내용을 작성한다.

(그림 5-1-4-3) "5.2.2 백업 정책"에 대한 작성 사례

5.2.2 백업 정책

프로그램 소스, 산출물, 학습 콘텐츠에 대한 백업 방법, 주기 등의 백업 정책은 아래의 표와 같다.

백업 대상	방 법	백업 주기	보관 주기	비고
프로그램 소스	개발 진행 중인 소스를 복사해서 별도의 저장 장치에 백업한다.	매일 오후 6시	6개월	소스에 대한 철저한 형상 관리가 필요함.
산출물	K-Method의 프로세스 단계별로 작성된 산출물을 별도의 저장 장치에 백업한다.	매주 금요일	2개월	산출물의 버전 관리가 필요함.
학습 콘텐츠	스트리밍 형식은 해당 주소만 백업하고 제작한 학습 콘텐츠는 모두 별도의 저장 장치에 백업한다.	매주 금요일	1개월	대용량 콘텐츠가 존재하므로 저장 장치의 용량 확보가 필요함.
…	…			

다. 아키텍처 정의서 주요 ID 체계

"새북(SEBOOK) SW 개발 사업"의 아키텍처 정의서는 비기능적 요구 사항을 식별하는 요구 사항 ID체계를 가지며 사업의 특성에 맞추어 변경하거나 새롭게 정의할 수 있다.

▶ 요구 사항 ID 체계 정의 및 예시

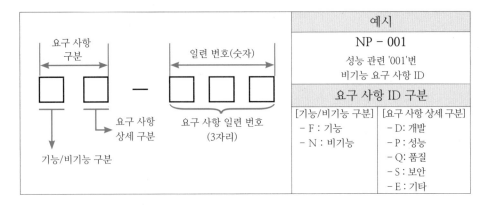

5.1.4.3 아키텍처 정의서 관련 산출물 구성

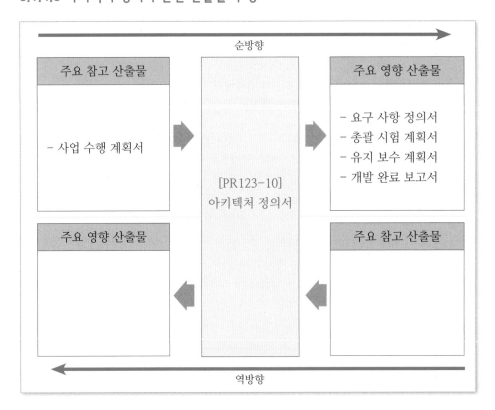

5.1.5 요구 사항 정의서[PR131-10]

5.1.5.1 개요

가. 방법론 상의 위치

세그먼트		태스크		산출물	
PR130	요구 정의 작업	PR131	요구 사항 정의	PR131-10	요구 사항 정의서

나. 정의

요구 사항 정의서는 사용자의 기능, 비기능 요구 사항을 취합하여 정의하는 문서이다.
기능 요구 사항은 프로그램 기능으로 구현하는 요구 사항을 의미한다.
비기능 요구 사항은 성능, 보안, 표준 등 기능 요구 사항을 제외한 모든 요구 사항을 의미한다.

다. 목적

요구 사항 정의서를 작성하는 목적은 제안 요청서, 제안서, 기술 협상서, 과업 내용서, 사업 수행 계획서 등의 공식적인 문서와 회의록 등에서 파악한 사용자의 기능 및 비기능 요구 사항을 모두 도출하여 명확하게 정의하는 것이다.

사용자의 요구 사항을 모두 충족하여야 사업을 성공적으로 완수할 수 있다. 따라서, 요구 사항 정의서는 최종적으로 사용자의 요구 사항을 반영하여 소프트웨어 개발을 완료하였는지 여부를 확인할 수 있다. 이처럼, 사업의 성공 여부를 판별하는 매우 중요한 문서로서의 목적을 가지고 있다.

라. 적용 내용

사업 초기에는 사용자의 요구 사항을 다양한 방법으로 도출시켜 최대한 정확하게 찾아내는 것이 중요하다. 이들 요구 사항을 분류(classification)하고 정제(refinement)하여 각 요구 사항의 상세화 수준을 나눠 정의할 필요가 있다. 이를 기반으로 사용자 요구 사항의 추적 및 관리를 용이하게 할 수 있다.

본 사업의 경우 동영상 출력, 학습 자료 관리 등 새북(SEBOOK) 프로그램의 구축 내용은 모두 기능적 요구 사항으로 도출하였다. 또한, 새북 학습 콘텐츠 구축과 보안, 성능 등은 비기능적 요구 사항으로 정의하였다.

사용자 요구 사항의 정의가 상호 애매모호하게 이루어지면, 사업의 커다란 위험 요소로 작용할 수 있다. 따라서 사업 초기에 명확하게 정의하고 합의해야 한다.

5.1.5.2 작성 사례

가. 주요 항목 작성 사례 설명

▶ 요구 사항 목록

작성 항목명	항목 설명	작성 구분 (필수/선택)
NO	일련 번호를 작성한다.	필수
요구 사항 구분 (기능/비기능)	사용자가 제시한 요구 사항을 기능 및 비기능으로 구분하여 기술한다. 기능 및 비기능 요구 사항의 개념은 아래의 정의를 참조한다. [기능 요구 사항] 새북 프로그램 구현 기능을 모두 포함한다. [비기능 요구 사항] 새북 학습 콘텐츠, 성능, 보안, 품질, 기타 등 기능적 요구 사항을 제외한 모든 요구 사항을 포함한다.	필수
상세 구분	개발, 성능, 품질, 보안, 기타 등 기능 및 비기능 요구 사항을 세심하게 관리하기 위하여 요구 사항 구분을 더 상세하게 분류하기 위한 구분이다.	필수
요구 사항 ID	사용자의 요구 사항을 식별하기 위해 숫자나 문자 등으로 구성한 요구 사항 ID를 기술한다.	필수
요구 사항 명	기능 및 비기능 요구 사항 내용을 짧게 요약한 이름을 기술한다.	필수
수용 여부	사용자의 요구 사항 수용 여부를 기술한다. 만일 수용 여부 항목이 없을 경우, 기술한 요구 사항을 전부 수용한 것으로 간주한다. [수용 여부 구분] - 수용: 요구 사항을 이행함 - 보류: 요구 사항의 이행을 잠시 멈춤 - 거부: 요구 사항을 제외함	선택
비고	요구 사항 정의와 연관이 있는 기타 특기 사항을 기술한다.	선택

▶ 요구 사항 정의

작성 항목명	항목 설명	작성 구분 (필수/선택)
NO	일련 번호를 작성한다.	필수
요구 사항 구분	사용자가 제시한 요구 사항을 기능 및 비기능으로 구분하여 기술한다.	필수
근거 ID	정의한 요구 사항에 대한 근거 ID를 기술하며, 범위 비교표의 항목과 정합성을 유지해야 한다. [근거 ID 구분] 제안 요청서: RF, 제안서: RE, 기술 협상서 : TA, 사업 수행 계획서: BP, 과업 내용서: OD, 요구 사항 정의서 :MD	필수
상세 구분	개발, 성능, 품질, 보안, 기타 등 기능 및 비기능 요구 사항을 세심하게 관리하기 위하여 요구 사항 구분을 더 상세하게 분류하기 위한 구분이다.	필수
요구 사항 ID	사용자의 요구 사항을 식별하기 위해 숫자나 문자 등으로 구성한 요구 사항 ID를 기술한다.	필수
요구 사항 명	기능 및 비기능 요구 사항 내용을 짧게 요약한 이름을 기술한다.	필수
요구 사항 내용	사용자의 기능 및 비기능 요구 사항이 포함하고 있는 내용을 이해하기 쉽고 자세하게 기술한다.	필수
우선 순위	요구 사항의 우선 순위를 상, 중, 하로 구분하여 제시한다.	선택
수용 여부	사용자의 요구 사항 수용 여부를 기술한다. 만일 수용 여부 항목이 없을 경우, 기술한 요구 사항을 전부 수용한 것으로 간주한다. [수용 여부 구분] - 수용: 요구 사항을 이행함 - 보류: 요구 사항의 이행을 잠시 멈춤 - 거부: 요구 사항을 제외함	선택
비고	요구 사항 정의와 연관이 있는 기타 특기 사항을 기술한다.	선택

▶ 검사 기준

작성 항목명	항목 설명	작성 구분 (필수/선택)
NO	일련 번호를 작성한다.	필수
요구 사항 구분	사용자가 제시한 요구 사항을 기능 및 비기능으로 구분하여 기술한다.	필수
상세 구분	개발, 성능, 품질, 보안, 기타 등 기능 및 비기능 요구 사항을 세심하게 관리하기 위하여 요구 사항 구분을 더 상세하게 분류하기 위한 구분이다.	선택
요구 사항 ID	사용자의 요구 사항을 식별하기 위해 숫자나 문자 등으로 구성한 요구 사항 ID를 기술한다.	필수
요구 사항 명	기능 및 비기능 요구 사항 내용을 짧게 요약한 이름을 기술한다.	필수
검사 방법	요구 사항의 이행 여부를 명확하게 확인할 수 있는 검사 방법을 구체적으로 기술한다.	필수
예상 결과	요구 사항을 성공적으로 수행했을 때 확인할 수 있는 예상 결과를 명확하게 기술한다.	필수
판정 기준	요구 사항을 성공적으로 수행했는지 여부를 명확하게 판정할 수 있는 기준을 제시한다.	필수

나. 작성 예제

▶ "1. 요구 사항 목록" 작성 방법 설명

"1. 요구 사항 목록"은 사용자의 기능 및 비기능 요구 사항의 식별이 쉽도록 해야 한다. 이를 위해, 구분, 상세 구분, 요구 사항 ID, 요구 사항 명 등의 항목을 포함하여 목록 형식으로 작성한다.

요구 사항 목록에는 불필요한 내역의 포함을 최소화하고 요구 사항을 전체적으로 식별할 수 있도록 하는데 필요한 정보 중심으로만 구성해야 한다.

(그림 5-1-5-1)에 제시된 "1. 요구 사항 목록"에 대한 작성 사례를 참조하여 요구 사항 정의서의 "요구 사항 목록"에 대한 내용을 작성한다.

(그림 5-1-5-1) "1. 요구 사항 목록" 작성 사례

1. 요구 사항 목록

NO	요구 사항 구분	상세 구분	요구 사항 ID	요구 사항 명	수용 여부	비고
1	기능	개발	FD-001	동영상 뷰어 기능	수용	
2	기능	개발	FD-002	동영상 컨트롤 기능	수용	
3	기능	개발	FD-003	뷰어 컨트롤 기능	수용	
4	기능	개발	FD-004	PDF 뷰어 기능	수용	
5	기능	개발	FD-005	PDF 싱크 이동 기능	수용	
6	기능	개발	FD-006	출력 관리 기능	수용	
7	기능	개발	FD-007	북마크 관리 기능	수용	
8	기능	개발	FD-008	목차 항목 구성 관리 기능	수용	
9	기능	개발	FD-009	항목 페이지 자동 설정 기능	수용	
10	기능	개발	FD-010	문서 연결 설정 관리 기능	수용	
11	기능	개발	FD-011	목차 페이지 자동 설정 기능	수용	
12	기능	개발	FD-012	폰트 관리 기능	수용	
13	기능	개발	FD-013	화면 출력 관리 기능	수용	
14	기능	개발	FD-014	페이지 이동 기능	수용	
15	기능	개발	FD-015	기타 제공 기능	수용	
16	기능	개발	FD-016	도움말 제공 기능	수용	
…	…	…	…	…	…	…
27	비기능	기타	NE-002	표준, 보안 등 교육 수행	수용	
28	비기능	콘텐츠	EC-001	온라인 스트리밍 동영상 학습 콘텐츠 제작	수용	추가 요구 사항
29	비기능	콘텐츠	EC-002	오프라인 동영상 학습 콘텐츠 제작	수용	추가 요구 사항

▶ "2. 요구 사항 정의" 작성 방법 설명

"2. 요구 사항 정의"는 사용자의 기능, 비기능 요구 사항을 취합하여 정의한다.

자체 개발이라 할지라도 내부의 협의에 의한 요구 사항 자체까지 사용자 요구 사항으로 보는 시각은 동일하다.

(그림 5-1-5-2)에 제시된 "2. 요구 사항 정의"에 대한 작성 사례를 참조하여 요구 사항 정의서의 "요구 사항 정의"에 대한 내용을 작성한다.

(그림 5-1-5-2) "2. 요구 사항 정의" 작성 사례

2. 요구 사항 정의

[범례] 구분(기능[F]/비기능[N]), 상세 구분(개발[D]/성능[P]/품질[Q]/보안[S]/기타[E]), 우선 순위(상/중/하), 수용 여부(수용/보류/거부)

NO	요구 사항 구분	근거ID	상세 구분	요구 사항 ID	요구 사항 명	요구 사항 내용	우선 순위	수용 여부	비고
1	기능	BP-001	개발	FD-001	동영상 뷰어 기능	동영상 열기, 출력, 회전 등 뷰어 기능을 제공해야 한다.	상	수용	
2	기능	BP-002	개발	FD-002	동영상 컨트롤 기능	동영상 재생, 일시 정지, 멈춤, 속도 조절, 음량 조절 등의 컨트롤이 가능해야 한다.	상	수용	
3	기능	BP-003	개발	FD-003	뷰어 컨트롤 기능	동영상 뷰어 화면의 크기 변환, 최소화, 최대화 등의 기능이 제공해야 한다.	상	수용	
4	기능	BP-004	개발	FD-004	PDF 뷰어 기능	설정된 PDF를 출력하는 기능을 제공해야 한다.	상	수용	
5	기능	BP-005	개발	FD-005	PDF 싱크 이동 기능	PDF의 목차 정보로 동영상 이동 가능해야 한다.	상	수용	
6	기능	BP-006	개발	FD-006	출력 관리 기능	동영상에 대한 자막과 PDF 파일의 출력 여부를 설정할 수 있어야 한다.	상	수용	
…	…	…	…	…	…		…	…	…
27	비기능	BP-019	기타	NE-002	표준, 보안 등 교육 수행	개발자 등 이해관계자에 대한 표준, 보안 등 교육을 수행해야 한다.	중	수용	
28	비기능	MD-003	콘텐츠	EC-001	온라인 스트리밍 동영상 학습 콘텐츠 제작	온라인 스트리밍 동영상 학습 콘텐츠를 1개 이상 제작 한다.	중	수용	
29	비기능	MD-003	콘텐츠	EC-002	오프라인 동영상 학습 콘텐츠 제작	오프라인 동영상 학습 콘텐츠를 1개 이상 제작 한다.	중	수용	

▶ "3. 검사 기준" 작성 방법 설명

"3. 검사 기준"은 사용자 요구 사항이 정상적으로 완료되었는지 확인하기 위하여 작성한다. 검사 방법, 예상 결과, 판정 기준 등의 항목을 포함한다. 또한, 요구 사항이 제대로 이행되었는지 여부를 검수할 때 명확하게 검사할 수 있도록 기준을 제시한다.

(그림 5-1-5-3)에 제시된 "3. 검사 기준"에 대한 작성 사례를 참조하여 요구 사항 정의서의 "검사 기준"에 대한 내용을 작성한다.

(그림 5-1-5-3) "3. 검사 기준" 작성 사례

3. 검사 기준

[범례] 구분(기능[F]/비기능[N]), 상세 구분(개발[D]/성능[P]/품질[Q]/보안[S]/기타[E]), 우선 순위(상/중/하), 수용 여부(수용/보류/거부)

NO	요구 사항 구분	상세 구분	요구 사항 ID	요구 사항 명	검사 방법	예상 결과	판정 기준
1	기능	개발	FD-001	동영상 뷰어 기능	요구 기능이 정상적으로 동작하는지 시험 수행	정상 작동	단위, 통합 시험에서 오류가 발생하지 않으면 통과
2	기능	개발	FD-002	동영상 컨트롤 기능	요구 기능이 정상적으로 동작하는지 시험 수행	정상 작동	단위, 통합 시험에서 오류가 발생하지 않으면 통과
3	기능	개발	FD-003	뷰어 컨트롤 기능	요구 기능이 정상적으로 동작하는지 시험 수행	정상 작동	단위, 통합 시험에서 오류가 발생하지 않으면 통과
4	기능	개발	FD-004	PDF 뷰어 기능	요구 기능이 정상적으로 동작하는지 시험 수행	정상 작동	단위, 통합 시험에서 오류가 발생하지 않으면 통과
5	기능	개발	FD-005	PDF 싱크 이동 기능	요구 기능이 정상적으로 동작하는지 시험 수행	정상 작동	단위, 통합 시험에서 오류가 발생하지 않으면 통과
6	기능	개발	FD-006	출력 관리 기능	요구 기능이 정상적으로 동작하는지 시험 수행	정상 작동	단위, 통합 시험에서 오류가 발생하지 않으면 통과
…	…	…	…	…	…		…
27	비기능	기타	NE-002	표준, 보안 등 교육 수행	표준, 보안 등에 대한 교육 계획을 수립하고 이행하였는지 확인	교육 수행	수립된 교육 계획을 이행하였으면 통과
28	비기능	콘텐츠	EC-001	온라인 스트리밍 동영상 학습 콘텐츠 제작	온라인 스트리밍 형식의 동영상 학습 자료를 제작하였는지 확인	학습 자료 제작	프로그램에서 학습이 가능한 온라인 스트리밍 형식의 동영상 학습 자료를 제작하였으면 통과
29	비기능	콘텐츠	EC-002	오프라인 동영상 학습 콘텐츠 제작	오프라인 형식의 동영상 학습 자료를 제작하였는지 확인	학습 자료 제작	프로그램에서 학습이 가능한 오프라인 형식의 동영상 학습 자료를 제작하였으면 통과

다. 요구 사항 정의서 주요 ID 체계

　"새북(SEBOOK) SW 개발 사업"의 요구 사항 정의서는 요구 사항의 근거를 식별할 수 있는 근거 ID와 사용자 요구 사항 식별을 위한 요구 사항 ID 체계를 가지며 사업의 특성에 맞추어 변경하거나 새롭게 정의할 수 있다.

▶ 근거 ID 체계 정의 및 예시

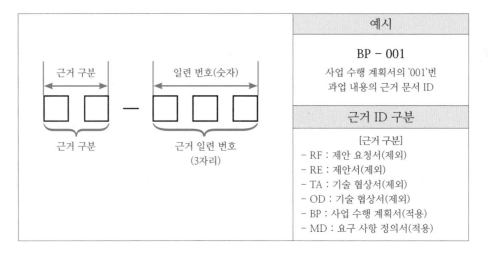

▶ 요구 사항 ID 체계 정의 및 예시

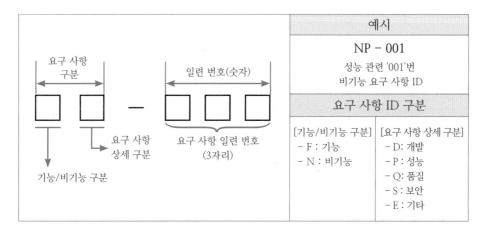

5.1.5.3 요구 사항 정의서 관련 산출물 구성

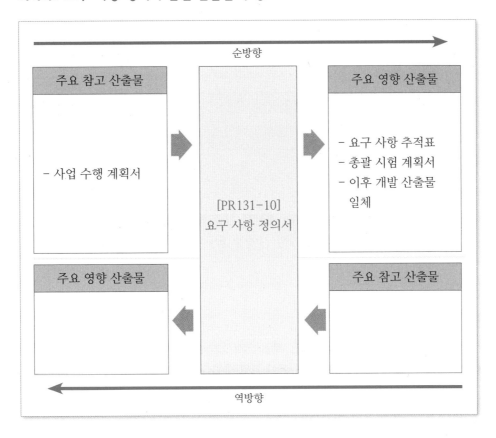

5.1.6 범위 비교표[PR132-10]

5.1.6.1 개요

가. 방법론 상의 위치

세그먼트		태스크		산출물	
PR130	요구 정의 작업	PR132	개발 범위 확인	PR132-10	범위 비교표

나. 정의

　범위 비교표는 제안 요청서로부터 제안서, 기술 협상서, 과업 내용서, 사업 수행 계획서, 요구 사항 정의서에 이르기까지의 사용자 요구 사항의 설정 과정을 비교 확인하는 문서이다.

다. 목적

　범위 비교표를 작성하는 목적은 제안 요청서, 제안서, 기술 협상서, 과업 내용서, 사업 수행 계획서, 요구 사항 정의서 등에서 과업 범위를 누락함이 없이 명시하고 있는지 비교 확인하는 것이다.

　범위 비교표를 통하여 과업의 누락 여부를 주관 기관과 용역 업체 간에 상호 확인하여 안정적으로 사업을 추진할 수 있도록 하는 것을 목적으로 한다.

　다만, 새북(SEBOOK) SW 개발 사업은 자체 개발이다. 따라서, 개발팀과 기획팀과의 사이에 정보를 공유하면서 내부적으로 범위를 확인하는 용도로 사용한다.

라. 적용 내용

　"새북(SEBOOK) SW 개발 사업"은 자체적으로 개발하는 사업이다. 그러므로, 제안 요청서, 제안서, 기술 협상서, 과업 내용서 항목은 비워두고, 실제적으로 사업의 범위가 포함되는 사업 수행 계획서 항목부터 작성한다.

　제안 요청서, 제안서, 기술 협상서, 과업 내용서 등의 항목을 작성하지 않는데에도 해당 컬럼을 삭제하지 않고 비워두는 이유는 이들 항목을 작성하지 않더라도 서식에서는 해당 열의 제목을 그대로 두어 해당 패턴을 기억해두었다가 다른 사업에 적용할 때 패턴을 재사용할 수 있기 때문이다. 이처럼 서식의 표준 일관성을 유지하는 것은 중요한 의미를 가진다.

5.1.6.2 작성 사례

가. 주요 항목 작성 사례 설명

작성 항목명	항목 설명	작성 구분 (필수/선택)
NO	일련 번호를 작성한다.	필수
제안 요청서(RFP)	본 사업은 자체 개발 사업이므로 작성하지 않는다.	선택
제안서	본 사업은 자체 개발 사업이므로 작성하지 않는다.	선택
기술 협상서	본 사업은 자체 개발 사업이므로 작성하지 않는다.	선택
과업 내용서	본 사업은 자체 개발 사업이므로 작성하지 않는다.	선택
사업 수행 계획시	제품이 기획된 후 본격적인 사업 수행을 위해 용역 업체가 작성하거나, 자체 개발일 경우에는 자체 개발 조직이 작성한 사업 수행 계획서의 해당 페이지를 요구 사항별로 기입한다.	필수
요구 사항 정의서	사업 수행을 통해 완수해야 할 요구 사항을 기능과 비기능으로 나눠 작성하는 요구 사항 정의서의 해당 페이지를 요구 사항별로 기입한다.	필수
요구 사항 구분	각 요구 사항별 구분(기능, 비기능)을 기술한다.	필수
요구 사항 ID	사업 수행 계획서 등 근거 문서에서 제시한 사용자의 요구 사항을 식별하기 위해 숫자나 문자 등으로 구성한 요구 사항 ID를 기술한다.	필수
요구 사항 명	사용자 요구 사항을 짧게 요약한 이름을 기술한다.	필수
비고	범위 비교와 관련이 있는 특기 사항을 기술한다.	선택

나. 작성 예제

▶ "1. 범위 비교표" 작성 방법 설명

　범위 비교표는 초기 범위의 설정 내역을 명확하게 비교·확인하기 위한 것이다. "1. 범위 비교표"는 사용자 요구 사항 근거에 대한 내용을 기술한다.

　본 사업에서는 "사업 수행 계획서" 항목부터 작성한다. 사업 수행 계획서 작성 시점 이후 새롭게 정의된 요구 사항은 "요구 사항 정의서" 항목에 근거 여부를 표시('○')하고, "비고" 항목에 '추가'라고 기술한다.

　(그림 5-1-6-1)에 제시된 "1. 범위 비교표"에 대한 작성 사례를 참조하여 범위 비교표에 대한 내용을 작성한다.

(그림 5-1-6-1) "1. 범위 비교표" 작성 사례

1. 범위 비교표

NO	제안 요청서	제안서	기술 협상서	과업 내용서	사업 수행 계획서	요구 사항 정의서	요구 사항 구분	요구 사항 ID	요구 사항 명	비고
					○		기능	FD-001	동영상 뷰어 기능	
					○		기능	FD-002	동영상 컨트롤 기능	
					○		기능	FD-003	뷰어 컨트롤 기능	
					○		기능	FD-004	PDF 뷰어 기능	
					○		기능	FD-005	PDF 싱크 이동 기능	
…	…	…	…	…	…	…	…	…	…	…
					○		비기능	NE-002	표준, 보안 등 교육 수행	
						○	비기능	NC-001	온라인 스트리밍 동영상 학습 콘텐츠 제작	추가
						○	비기능	NC-002	오프라인 동영상 학습 콘텐츠 제작	추가

〈근거 구분〉

- 제안 요청서(RF): 제안 요청서 상에서 설정한 범위
- 제안서(RE): 제안서 상에서 설정한 범위
- 기술 협상서(TA): 기술 협상 시에 설정한 범위
- 과업 내용서[과업 지시서, 과업 내역서](OD): 계약 시에 설정한 범위
- 사업 수행 계획서(BP): 사업 수행 계획 수립 시에 설정한 범위
- 요구 사항 정의서(MD): 기본 요구 사항과 추가된 요구 사항

다. 범위 비교표 주요 ID 체계

　"새북(SEBOOK) SW 개발 사업"의 범위 비교표에는 사용자 요구 사항 식별을 위한 요구 사항 ID 체계를 가지며 사업의 특성에 맞추어 변경하거나 새롭게 정의할 수 있다.

▶ 요구 사항 ID 체계 정의 및 예시

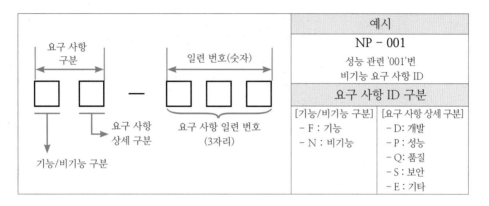

5.1.6.3 범위 비교표 관련 산출물 구성

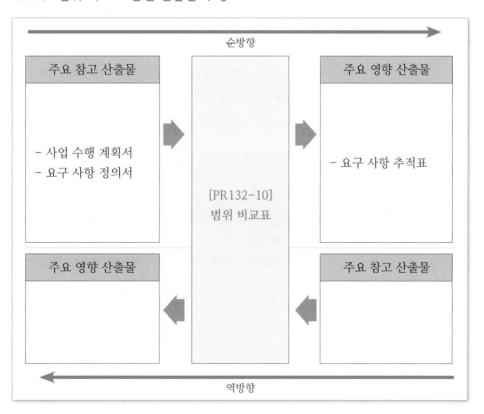

5.1.7 요구 사항 추적표[PR132-20]

5.1.7.1 개요

가. 방법론 상의 위치

세그먼트		태스크		산출물	
PR130	요구 사항 작업	PR132	개발 범위 확인	PR132-20	요구 사항 추적표

나. 정의

요구 사항 추적표는 공정 단계별 매핑을 통해 사용자 요구 사항이 정확하게 구현되고 있는지 추적하는 문서이다.

아울러, 요구 사항 추적표는 요구 정의를 한 시점부터 시험 단계까지를 매핑하여 단계별로 추적하는 문서이다

다. 목적

사용자의 기능 및 비기능 요구 사항이 K-Method의 개발 단계별로 정확하게 구축되고 있는지 추적하여 확인하는 것을 목적으로 한다.

특히, 최초의 요구 사항이 차례로 공정 단계를 거치면서 최종 단계에 이르기까지 어떻게 단계적 정제화(stepwise refinement)되어가는가를 세부적으로 추적하는 것을 목적으로 한다.

라. 적용 내용

본 사업에 대한 기능적 요구 사항 추적은 분석 단계에서는 기능 ID, 설계 단계에서는 화면 ID, 프로그램 ID, 구현 단계에서는 단위 시험 ID , 시험 단계에서는 통합 시험 ID를 기준으로 정의된 요구 사항을 추적한다.

만일, 기능적 요구 사항 추적에 사용되는 단계별 ID가 삭제 또는 생성되면, 반드시 요구 사항 추적표에도 반영하여 단계별 ID의 정합성이 유지되어야 한다.

보안, 품질, 성능 등 비기능 요구 사항의 경우에는 대부분 적용 또는 충족 여부만 확인하거나 일부 변경이 발생했을 경우에만 추적을 한다. 그렇기 때문에 단계별 추적 ID를 사용하지 않는다. 대신 상세 내용과 관련 증빙 자료를 활용하여 요구 사항을 추적한다.

이처럼 기능적 요구 사항의 추적과 비기능적 요구 사항의 추적은 서로 다른 양식을 사용하여 대응한다.

5.1.7.2 작성 사례

가. 주요 항목 작성 사례 설명

▶ 기능 요구 사항

작성 항목명		항목 설명	작성 구분 (필수/선택)
NO		일련 번호를 작성한다.	필수
요구 사항 ID		사용자의 기능 요구 사항을 식별하는 숫자나 문자 등으로 구성한 식별 체계를 기술한다.	필수
요구 사항 명		기능 요구 사항 내용을 짧게 요약한 이름을 기술한다.	필수
분석 단계	기능 ID	해당 기능 요구 사항을 구현하는 기능 단위를 식별하는 숫자나 문자 등 식별 체계를 기술한다. [기능 ID 예시] : "ML-011"	필수
설계 단계	화면 ID	해당 기능 요구 사항을 구현하는 개발 화면을 식별하는 숫자나 문자 등으로 구성한 식별 체계를 기술한다. [화면 ID 예시] : "SB-200"	필수
	프로그램 ID	해당 기능 요구 사항을 구현하는 프로그램을 식별하는 숫자나 문자 등으로 구성한 식별 체계를 기술한다. [프로그램 ID 예시] : "ML-011-01"	필수
구현 단계	단위 시험 ID	해당 기능 요구 사항으로 구현한 기능의 단위 시험을 위한 숫자나 문자 등으로 구성한 식별 체계를 기술한다. [단위 시험 ID 예시] : "ML-011-01-A01"	필수
시험 단계	통합 시험 ID	해당 기능 요구 사항으로 구현한 기능의 통합 시험을 위한 숫자나 문자 등으로 구성한 식별 체계를 기술한다. [통합 시험 ID 예시] : "DW-001"	필수
비고		요구 사항 추적과 관련이 있는 특기 사항을 기술한다.	선택

▶ 비기능 요구 사항

작성 항목명	항목 설명	작성 구분 (필수/선택)
NO	일련 번호를 작성한다.	필수
요구 사항 ID	사용자의 비기능 요구 사항을 식별하는 숫자나 문자 등으로 구성한 식별 체계를 기술한다.	필수
요구 사항 명	성능, 보안 등 비기능 요구 사항 내용을 짧게 요약한 이름을 기술한다.	필수
작업 내용	사용자의 비기능 요구 사항을 실현하기 위한 작업, 내용 등을 기술한다. [예시] 프로그램 개발 관련 소스, 산출물 등을 품질관리 표준에 의하여 관리하고 생성함	필수
관련증빙 자료	비기능 요구 사항의 시스템 반영 여부 확인을 위한 근거 및 증빙 자료를 기술한다. [예시] 품질 관리 관련 문서	필수
완료 구분	요구 사항을 '완료'하였는지 아직 '진행중'인지 구분하여 입력한다. [완료 구분] - 진행: 요구 사항이 현재 진행 중임 - 완료: 요구 사항의 내용이 완전히 이행됨 - 보류: 요구 사항 이행을 잠시 중지함	필수
상세 내용	사용자의 비기능 요구 사항에 대한 상세한 내용을 기술한다. [예시] 사업자는 표준화된 관리방침을 수립하고 적용함으로써 SW 품질을 지속적으로 관리해야 한다.	선택

나. 작성 예제

▶ "1. 기능 요구 사항 " 작성 방법 설명

"1. 기능 요구 사항"은 요구 사항 정의서에 명시된 요구 사항을 기준으로 작성한다.

요구 사항이 신규로 추가된 경우에는, 요구 사항 ID를 새로 부여하여 요구 사항 정의서에 등록한다. 또한, 요구 사항이 기능일 경우에는 요구 사항 추적표에 새롭게 기능 요구 사항 항목으로 추가한다.

(그림 5-1-7-1)에 제시된 "1. 기능 요구 사항"에 대한 작성 사례를 참조하여 요구 사항 추적표의 "기능 요구 사항"에 대한 내용을 작성한다.

(그림 5-1-7-1) "1. 기능 요구 사항" 작성 사례

1. 기능 요구 사항

NO	요구 사항 ID	요구 사항 명	분석 단계 기능 ID	설개 단계 화면 ID	설개 단계 프로그램 ID	구현 단계 단위 시험 ID	시험 단계 통합시험 ID	비 고
1	FD-001	농영상 뷰어 기능	ML-011	SB-200	ML-011-01	ML-011-01-A01	PA-001	
2						ML-011-01-B01	PA 001	
3						ML-011-01-C01	PA-001	
4						ML-011-01-D01	PA-001	
5						ML-011-01-E01	PA-001	
6						ML-011-01-F01	PA-001	
7	FD-002	동영상 컨트롤 기능	ML-012	SB-100	ML-012-01	ML-012-01-A01	PA-001	
8						ML-012-01-B01	PA-001	
9						ML-012-01-C01	PA-001	
10						ML-012-01-D01	PA-001	
11						ML-012-01-E01	PA-001	
12						ML-012-01-F01	PA-001	
13	FD-002	동영상 컨트롤 기능	ML-013	SB-100	ML-013-01	ML-013-01-A02	PA-001	
...	...	...	...	...	...	...	...	...

▶ "2. 비기능 요구 사항" 작성 방법 설명

"2. 비기능 요구 사항"은 요구 사항 정의서에 명시된 요구 사항을 기준으로 작성한다.

요구 사항이 신규로 추가된 경우에는, 요구 사항 ID를 새로 부여하여 요구 사항 정의서에 등록한다. 또한, 해당 요구 사항이 비기능일 경우에는 요구 사항 추적표의 비기능 요구 사항 항목으로 추가한다.

(그림 5-1-7-2)에 제시된 "2. 비기능 요구 사항"에 대한 작성 사례를 참조하여 요구 사항 추적표의 "비기능 요구 사항"에 대한 내용을 작성한다.

(그림 5-1-7-2) "2. 비기능 요구 사항" 작성 사례

2. 비기능 요구 사항

NO	요구 사항 ID	요구 사항 명	작업 내용	관련 증빙 자료	완료 구분	상세내용
1	ND-001	사용자 편의성	새북 화면, 버튼, 기능 등을 사용자 입장에서 설계하고 구축함	개발 화면	완료	사용자 관점에서의 인터페이스를 구현한다. 최대한 웹 접근성 및 표준을 준수하며, 최대한 사용자가 쉽게 SW를 사용할 수 있도록 인터페이스가 제공되어야 한다.
2	NP-001	다수의 프로그램에서 동영상 출력 시 성능 확보	여러 개의 프로그램에서 실행이 가능하도록 개발함	개발 SW, 시스템 시험 결과서	완료	여러 개의 프로그램을 구동해도 동영상 출력 성능에 문제가 없어야 한다.(3개 이상)
3	NP-002	다양한 윈도우 버전에 대한 프로그램 지원	Windows7 이상의 다양한 환경에서 실행이 가능하도록 개발함	개발 SW, 시스템 시험 결과서	완료	Windows7 이상 환경에서 프로그램이 정상 작동해야 한다.
4	NS-001	SW 보안성 확보	SW 보안 지침을 최대한 반영하여 프로그램을 개발함	개발 소스, 시스템 시험 결과서	완료	SW의 보안성이 확보되도록 프로그램을 설계하고 구현하여야 한다. 최대한 시큐어 코딩 개발 규칙에 준하여 SW를 개발한다.
5	NQ-001	표준화된 관리품질 관리 수행	프로그램 개발 관련 소스, 산출물 등을 품질 관리 표준에 의하여 관리하고 생성함	품질 관리	완료	사업자는 표준화된 관리 방침을 수립하고 적용함으로써 SW 품질을 지속적으로 관리해야 한다.
...		...	...	...		...
10	EC-002	오프라인 동영상 학습 콘텐츠 제작	오프라인 방식의 동영상을 대상으로 학습 자료, 자막, 북마크 등을 포함한 학습 콘텐츠를 동기화 하고 제작함	학습 콘텐츠	완료	오프라인 동영상 학습 콘텐츠를 1개 이상 제작 한다.

다. 요구 사항 추적표 주요 ID 체계

"새북(SEBOOK) SW 개발 사업"의 요구 사항 추적표에서 사용하는 요구 사항 ID, 기능 ID, 화면 ID, 프로그램 ID, 단위 시험 ID, 통합시험 ID 체계는 아래와 같다. 사업의 특성에 맞추어 변경하거나 새롭게 정의할 수 있다.

▶ 요구 사항 ID 체계 정의 및 예시

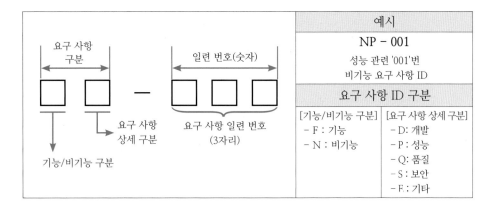

▶ 기능 ID 체계 정의 및 예시

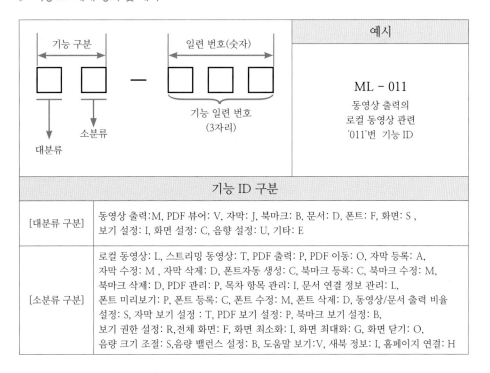

▶ 화면 ID 체계 정의 및 예시

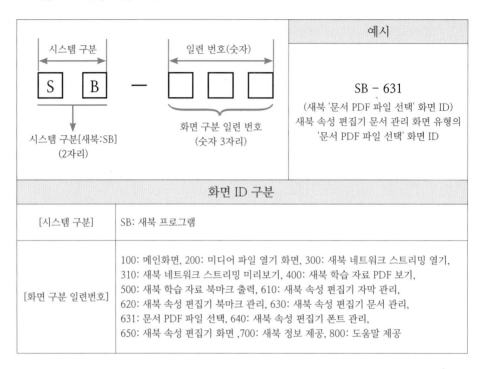

예시
SB – 631
(새북 '문서 PDF 파일 선택' 화면 ID) 새북 속성 편집기 문서 관리 화면 유형의 '문서 PDF 파일 선택' 화면 ID

화면 ID 구분	
[시스템 구분]	SB: 새북 프로그램
[화면 구분 일련번호]	100: 메인화면, 200: 미디어 파일 열기 화면, 300: 새북 네트워크 스트리밍 열기, 310: 새북 네트워크 스트리밍 미리보기, 400: 새북 학습 자료 PDF 보기, 500: 새북 학습 자료 북마크 출력, 610: 새북 속성 편집기 자막 관리, 620: 새북 속성 편집기 북마크 관리, 630: 새북 속성 편집기 문서 관리, 631: 문서 PDF 파일 선택, 640: 새북 속성 편집기 폰트 관리, 650: 새북 속성 편집기 화면 ,700: 새북 정보 제공, 800: 도움말 제공

▶ 프로그램 ID 체계 정의 및 예시

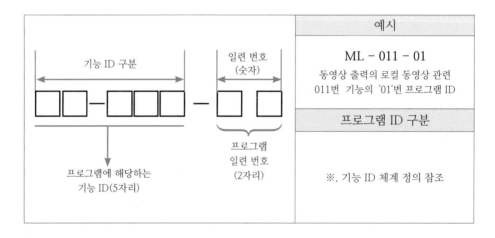

예시
ML – 011 – 01
동영상 출력의 로컬 동영상 관련 011번 기능의 '01'번 프로그램 ID

프로그램 ID 구분
※. 기능 ID 체계 정의 참조

▶ 단위 시험 ID 체계 정의 및 예시

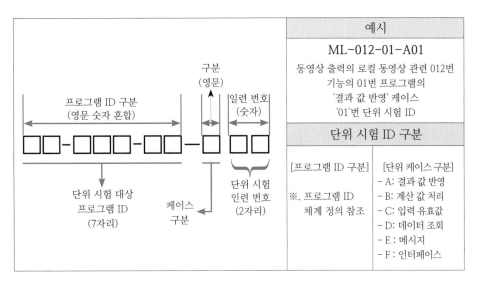

▶ 통합 시험 ID 체계 정의 및 예시

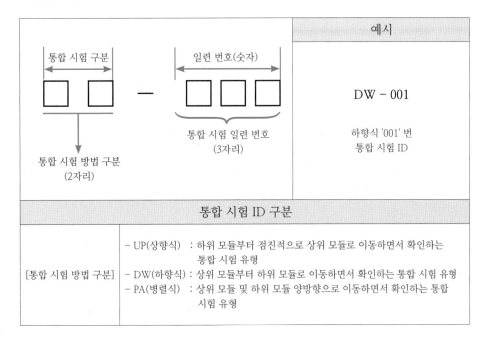

5.1.7.3 요구 사항 추적표 관련 산출물 구성

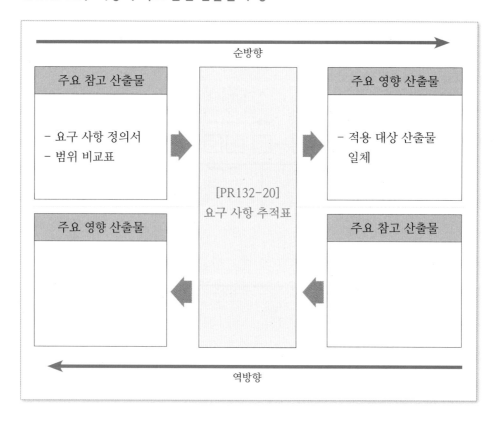

5.1.8 총괄 시험 계획서[PR133-10]

5.1.8.1 개요

가. 방법론 상의 위치

세그먼트		태스크		산출물	
PR130	요구 정의 작업	PR133	요구 검증 계획 수립	PR133-20	총괄 시험 계획서

나. 정의

총괄 시험 계획서는 개발 SW 시스템에 대한 단위 시험(unit test), 통합 시험(integration test), 시스템 시험(system test) 등 모든 시험 활동에 대한 통합적인 계획을 수립하는 문서이다.

통상적으로 총괄 시험 계획서는 단위 시험, 통합 시험, 시스템 시험 등 구체적인 목적별 시험 계획서를 작성하기 전에 전체적인 차원에서 개략적인 시험 계획을 만들어 보는 것이다.

다. 목적

사업 수행 결과물에 대한 단계별 시험을 실시하기 위하여 필요한 시험 방법, 소요 자원, 일정 등 총괄적인 시험 계획을 수립하여, 전체적인 시험 활동의 목표와 방향을 제시하는 것이 목적이다.

사업의 일정을 고려하여 단위, 통합, 시스템 등 시험 계획을 조율하여 시험 일정의 중복이나, 시험의 중단을 방지하는데 목적이 있다.

라. 적용 내용

총괄 시험 계획서에는 기본 적인 시험 환경, 조직, 전략, 목표, 시험 대상 및 범위를 제시한다.

본 사업에서는 별도로 통합 및 시스템 시험 계획을 수립하지 않고, 단위 시험, 통합 시험, 시스템 시험을 포함하여 통합적인 관점에서의 총괄 시험 계획을 수립한다.

그렇기 때문에 총괄 시험 계획서에 단위, 통합, 시스템 시험에 대한 전략, 시험 절차 및 방법, 주요 점검 사항, 완료 기준 등을 자세하게 기술한다.

5.1.8.2 작성 사례

가. 주요 항목 작성 사례 설명

목차 구분			항목 설명
대분류	중분류	소분류	
1. 총괄 시험 개요	1.1 목적		총괄 시험 계획의 목적을 기술한다.
	1.2 시험 환경	1.2.1 하드웨어 및 네트워크 구성	단위, 통합, 시스템 시험에 대한 하드웨어 및 네트워크 구성을 제시한다.
		1.2.2 소프트웨어 구성	단위, 통합, 시스템 시험에 대한 소프트웨어 구성을 제시한다.
		1.2.3 가정 및 제약 사항	시험 수행 시에 알아야 할 가정 및 제약 사항을 기술한다.
	1.3 시험 조직 및 역할	1.3.1 시험 조직도	단위, 통합, 시스템 시험을 담당하는 조직의 구성도를 제시한다.
		1.3.2 시험 조직별 역할 및 책임	구성된 시험 조직 별로 부여된 역할과 책임을 기술한다.
2. 시험 전략 및 목표	2.1 시험 유형	2.1.1 시스템 기능 검증	화면 설계에 따라 형상화된 프로그램 기능 검증을 위한 주요 사항을 기술한다. 〈예시〉 화면 설계에 따라 형상화된 프레임 안에 프로그램 명세서(사양서)에 정의된 기능이 정확하게 구현되고 동작하는지 확인한다. 그리고 아래에 제시하는 고려사항을 참조하여 시스템의 기능에 대한 검증을 수행한다.
		2.1.2 사용자 인터페이스 시험	사용자와 시스템의 상호작용에 문제가 없는지 중점적으로 시험하기 위한 주요 항목을 제시한다.
		2.1.3 데이터 무결성 검증	프로그램이 사용하는 데이터의 무결성, 일관성, 정합성 등을 검증하기 위한 주요 항목을 기술한다.

목차 구분			항목 설명
대분류	중분류	소분류	
2. 시험 전략 및 목표	2.1 시험 유형	2.1.4 성능 및 스트레스 시험	사용자가 요구하는 프로그램 성능을 확보하기 위한 주요 시험 항목을 제시한다.
	2.2 시험 케이스 도출 전략		완전한 시험 케이스 도출을 위한 제반 전략을 구체적으로 기술한다.
	2.3 단계별 시험 수행 전략		단위, 통합, 시스템 시험으로 구분하여 수행 방법, 수행 인력 등 시험 전략을 제시한다.
	2.4 시험 목표 및 시험 데이터 구축	2.4.1 시험 목표	단위, 통합, 시스템 시험으로 구분하여 시험 범위, 결함 조치율 등의 시험 목표를 설정하고 제시한다.
		2.4.2 시험 데이터 구축	단위, 통합, 시스템 시험 별로 필요한 시험 데이터 구축 방안과 정량적인 데이터 량을 기술한다. 〈예시〉 "새북(SEBOOK) SW 개발 사업"의 시험 대상 시스템은 개발 PC와 서비스 PC로 구분되며, 개발 PC와 서비스 PC는 동일한 사양으로 시험한다. 아래는 시험 대상 시스템의 구성을 제시한다.
3. 시험 대상 및 범위	3.1 시험 대상 시스템		시험 대상으로 정한 시스템을 구체적으로 기술한다.
	3.2 시험 범위		사용자 요구 사항을 중심으로 단계별 시험 범위를 구체적으로 기술한다.
4. 단계별 시험 실행 계획	4.1 단위 시험	4.1.1 단위 시험 전략	단위 시험 활동에 대한 전략을 제시한다. 〈예시〉 단위 시험은 프로젝트 팀에서 자체적으로 수행을 한다. 개발되는 시스템의 특성을 고려하여 업무별로 분리하여 하나의 화면이 독립적인 단위로 그 기능을 적절히 수행하는가에 시험의 중점을 둔다.

"새북(SEBOOK) SW 개발 사업" 산출물 작성 사례　05

목차 구분			항목 설명
대분류	중분류	소분류	
4. 단계별 시험 실행 계획	4.1 단위 시험	4.1.2 단위 시험 절차 및 방법	단위 시험 계획 수립, 환경 구축, 오류 분석 및 개선 등 단위 시험 절차와 제시된 절차에 대한 수행 내역과 평가 항목을 기술한다.
		4.1.3 주요 점검 사항 및 점검 도구	단위 시험의 주요 점검 사항이나 고려 사항을 기술하고, 단위 시험에 사용되는 점검 도구가 있다면, 도구 명, 사용 목적 등을 제시한다.
		4.1.4 진척 관리 및 완료 기준	단위 시험의 진척율(%), 단위 결함 수, 단위 시험 완료 기준의 산출 방법, 완료 기준을 제시한다.
	4.2 통합 시험	4.2.1 통합 시험 전략	통합 시험 활동에 대한 전략을 제시한다.
		4.2.2 통합 시험 절차 및 방법	통합 시험 계획 수립, 환경 구축, 오류 분석 및 개선 등 통합 시험 절차와 제시된 절차에 대한 수행 내역과 평가 항목을 기술한다.
		4.2.3 주요 점검 사항 및 점검 도구	통합 시험의 주요 점검 사항이나 고려 사항을 기술하고, 통합 시험에 사용되는 점검 도구가 있다면, 도구 명, 사용 목적 등을 제시한다.
		4.2.4 진척 관리 및 완료 기준	통합 시험의 진척율(%), 통합 결함 수 산출 방법, 통합 시험 완료 기준을 제시한다.
	4.3 시스템 시험	4.3.1 시스템 시험 전략	시스템 시험 활동에 대한 전략을 제시한다.
		4.3.2 시스템 시험 절차 및 방법	시스템 시험 계획 수립, 환경 구축, 오류 분석 및 개선 등 시스템 시험 절차와 제시된 절차에 대한 수행 내역과 평가 항목을 기술한다.

목차 구분			항목 설명
대분류	중분류	소분류	
4. 단계별 시험 실행 계획	4.3 시스템 시험	4.3.3 주요 점검 항목 및 점검 도구	시스템 시험의 주요 점검 사항이나 고려 사항을 기술하고, 시스템 시험에 사용되는 점검 도구가 있다면, 도구 명, 사용 목적 등을 제시한다.
		4.3.4 진척 관리 및 완료 기준	시스템 시험의 진척율(%), 시스템 결함 수 산출 방법, 시스템 시험 완료 기준을 제시한다.
5. 총괄 시험 계획	5.1 총괄 시험 절차		시험 조직과 시험 구분 별로 총괄적인 시험 절차를 기술한다.
	5.2 단계별 시험 일정	5.2.1 단위 시험 일정	단위 시험 항목, 일정, 담당자 등 단위 시험 계획을 기술한다.
		5.2.2 통합 시험 일정	통합 시험 항목, 일정, 담당자 등 통합 시험 계획을 기술한다.
		5.2.3 시스템 시험 일정	시스템 시험 항목, 일정, 담당자 등 시스템 시험 계획을 기술한다.
6. 시험 관리 활동	6.1 결함 관리	6.1.1 결함 관리 절차	시험 그룹, PM, 프로그램 개발팀 등으로 구분하여 결함 관리 절차를 도식화하여 기술한다.
		6.1.2 결함 개선 방법	단계별 시험에서 발생한 결함들에 대한 개선 방법을 제시한다. 〈예시〉 단계별 시험 활동에서 확인되는 결함을 효율적으로 제거하고 동일한 결함이 계속 발생하지 않도록 아래에 제시하는 내용을 참조하여 결함을 개선한다.
	6.2 위험 및 이슈 관리		단계별 시험 활동 수행 시에 발생한 위험이나 이슈에 대하여 기술한다. 〈예시〉 단계별 시험활동 수행 시에 발생한 위험이나 이슈는 위험/이슈 보고서를 작성하여 신속하게 처리될 수 있도록 보고한다.
	6.3 시험 산출물 관리		관리 번호 등 단계별 시험 활동에서 사용되는 산출물에 대한 정보를 기술한다.

나. 작성 예제

▶ "2.1.1 시스템 기능 검증" 작성 방법 설명

"2.1.1 시스템 기능 검증"은 단위 시험 단계에서 개발된 프로그램을 입력 값(input value), 메시지 처리(message handling), 로직(logic) 등의 기본 기능을 검증하는 방법을 정의한다.

시스템 기능 검증에는 두 가지 측면에서의 접근 방법이 있다. 하나는 확인(verification)이고, 다른 하나는 검증(validation)이다.

확인(verification)은 소프트웨어 시스템을 올바르게 만들고 있는가에 대한 검증이다. 즉, 'Are we building the product right?'라는 물음에 대한 시험을 통한 검증이다. 이것은 개발하고 있는 소프트웨어 제품이 요구하고 있는 명세를 정확하게 충족하고 있는가를 검증하는 것이다.

검증(validation)은 올바른 제품을 만들고 있는가에 대한 검증이다. 즉, 'Are we building the right product?'라는 물음에 대한 시험을 통한 검증이다. 이것은 개발자가 생각한 제품의 내역이 실제로 고객이 원하는 것과 일치하는지를 검증하는 것이다.

(그림 5-1-8-1)에 제시된 "2.1.1 시스템 기능 검증(system function verification)"에 대한 작성 사례를 참조하여 총괄 시험 계획서의 "시스템 시험 검증"에 대한 내용을 작성한다.

(그림 5-1-8-1) "2.1.1 시스템 기능 검증" 작성 사례

---

2. 시험 전략 및 목표
2.1 시험 유형

2.1.1 시스템 기능 검증(system function verification)

화면 설계에 따라 형상화된 프레임 안에 프로그램 명세서(사양서)에 정의된 기능이 정확하게 구현되고 동작하는지 확인한다.

아래에 제시하는 고려사항을 참조하여 시스템 기능에 대한 검증을 수행한다.

- 입력 값의 검증과 적합한 결과 값이 반영되는지 확인.

  즉, 사용 가능한 데이터를 넣었을 때 기대되는 결과가 나오는지, 사용하기 부적합한 데이터를 넣었을 때 적절한 에러나 경고 메시지가 디스플레이 되는지 확인.
- 상황에 따라 올바른 메시지 또는 메시지 창이 출력되는지 여부 확인
- 입력되어 저장된 데이터가 올바르게 검색되는지 검증
- 요구 사항 정의서에 있는 모든 기능이 정의된 대로 구현되었는지 검증
- 구현된 기능이 설계 문서에 설계된 대로 구현되었는지 검증 등

▶ "2.3 단계별 시험 수행 전략" 작성 방법 설명

"2.3 단계별 시험 수행 전략"은 단위, 통합, 시스템 시험을 안정적이고 효과적으로 수행하기 위하여 시험 환경, 시험 방법, 수행 인력 등을 포함한 단계별 시험 수행 전략을 제시한다.

(그림 5-1-8-2)에 제시된 "2.3 단계별 시험 수행 전략"에 대한 작성 사례를 참조하여 총괄 시험 계획서의 "단계별 수행 시험 전략"에 대한 내용을 작성한다.

(그림 5-1-8-2) "2. 3 단계별 시험 수행 전략" 작성 사례

2.3 단계별 시험 수행 전략

"새북(SEBOOK) SW 개발 사업"은 사용자 요구 사항 만족과 시스템의 품질 보증 확보가 가능하도록 단위, 통합, 시스템 시험을 수행하며, 유형별 수행 방법과 주요 수행자는 다음과 같다.

시험 단계	수행 방법	수행 인력	시험 환경	비 고
단위 시험	요구 사항 정의서, 프로그램 명세서를 참고하여 단위 시험 케이스를 도출하고 각 케이스 별로 예상 되는 결함 유형 및 형태를 결정한다. 그리고 모듈에 대한 인터페이스 및 오류 처리에 대한 시험을 수행한다.	PL, 개발자	개발 환경	1차 검증 PL, 2차 검증 품질 관리 담당자
통합 시험	요구 사항 정의서와 프로세스 흐름도 등의 산출물을 기반으로 시험 시나리오를 작성하고, 시나리오에 근거한 통합 시험 케이스를 작성한다.	PM, PL, 개발자	개발 환경	1차 검증 PL, 2차 검증 품질 관리 담당자
시스템 시험	통합 시험이 완료된 주요 기능을 검증하고 부하, 성능, 볼륨, 구성 시험 등의 비기능 요구 사항을 시험한다. 또한 시험 도구를 사용하며 시스템 중 성능에 영향을 주는 업무를 대상으로 시험을 수행한다.	PL, PM, 전문 인력	유사 환경 Or 운영 환경	1차 검증 PL, 2차 검증 품질 관리 담당자

▶ "3.2 시험 범위" 작성 방법 설명

"3.2 시험 범위"는 단계별 시험(단위, 통합, 시스템) 범위를 제시한다.

사용자의 기능 요구 사항 및 비기능 요구 사항이 모두 누락 없이 시험될 수 있도록 범위를 설정한다.

"새북(SEBOOK) SW 개발 사업"의 단위 및 통합 시험 범위는 전체 개발 프로그램의 기능 요구 사항이며, 시스템 시험 범위는 비기능 요구 사항을 선별하여 범위를 설정한다.

(그림 5-1-8-3)에 제시된 "3.2 시험 범위"에 대한 작성 사례를 참조하여 총괄 시험 계획서의 "시험 범위"에 대한 내용을 작성한다.

(그림 5-1-8-3) "3.2 시험 범위" 작성 사례

3.2 시험 범위

시험 대상	시험 범위			요구 사항	
	대분류	중분류	소분류	구분	요구 사항 ID
단위, 통합	동영상 출력	로컬 동영상	동영상 열기	기능	FD-001
단위, 통합			동영상 재생/일시정지	기능	FD-002
단위, 통합			동영상 멈춤	기능	FD-002
단위, 통합			동영상 회전	기능	FD-002
단위, 통합			동영상 속도 조절	기능	FD-002
…	…	…	…	…	…
시스템	사용자 편의성			비기능	ND-001
시스템	동영상 출력 성능 확보			비기능	NP-001
시스템	학습 콘텐츠 제작	온라인 학습 콘텐츠 제작		비기능	EC-001
시스템		오프라인 학습 콘텐츠 제작		비기능	EC-002

164

▶ "4.2.4 진척 관리 및 완료 기준" 작성 방법 설명

"4.2.4 진척 관리 및 완료 기준" 범위를 제시한다.

통합 시험(integration test)에 대한 진척율(%)과 통합 결함 수의 산출 방법을 제시하고 통합 결함 수를 기준으로 통합 시험 완료 기준을 제시한다.

통합 시험의 진척 관리는 일반 사업 관리에서 WBS(Work Breakdown Structure)를 이용하는데, 통합 시험 계획서에서는 조금 더 세부적으로 관리한다. 그러나 총괄 시험 계획서 수준에서는 개략적인 수준의 일정으로 제시하면 된다.

(그림 5-1-8-4)에 제시된 "4.2.4 진척 관리 및 완료 기준"에 대한 작성 사례를 참조하여 총괄 시험 계획서의 "진척 관리 및 완료 기준"에 대한 내용을 작성한다.

(그림 5-1-8-4) "4.2.4 진척 관리 및 완료 기준" 작성 사례

4.2.4 진척 관리 및 완료 기준

통합 시험의 진척 관리를 위해 단계별 진척율 및 결함 수를 관리하고, 각 통합 시험의 특성에 따라 진척율을 측정한다.

통합 결함 수가 "0.04"이하가 될 때 통합 시험을 완료하고 시스템 시험을 수행 한다.

통합 시험의 진척율(%)과 단위 결함 수를 산출하는 방법과 통합 시험 완료 기준은 아래의 표와 같다.

구 분	산 출 방 법	비 고
진척율(%)	$\dfrac{\text{수행된 통합 시험 케이스 수}}{\text{전체 통합 시험 케이스 수}} \times 100$	
통합 결함 수	통합 시험 케이스 당 발생 결함 수	
통합 시험 완료 기준	통합 결함 수 <= 0.04	

다. 총괄 시험 계획서 주요 ID 체계

"새북(SEBOOK) SW 개발 사업"의 총괄 시험 계획서에서 사용하는 요구 사항 ID, 단위 시험 ID, 통합 시험 ID, 시스템 시험 ID 체계는 아래와 같다. 사업의 특성에 맞추어 변경하거나 새롭게 정의할 수 있다.

▶ 요구 사항 ID 체계 정의 및 예시

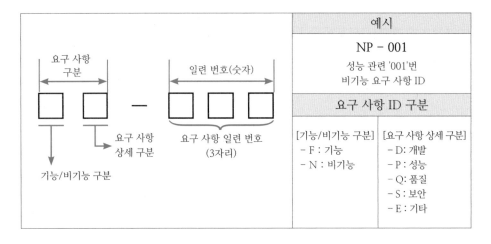

▶ 단위 시험 ID 체계 정의 및 예시

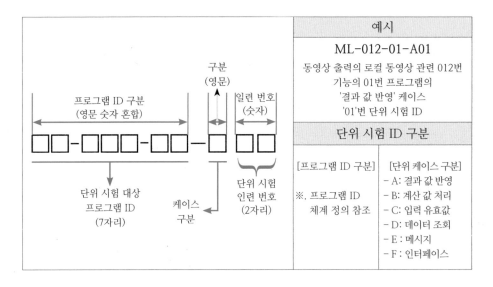

▶ 통합 시험 ID 체계 정의 및 예시

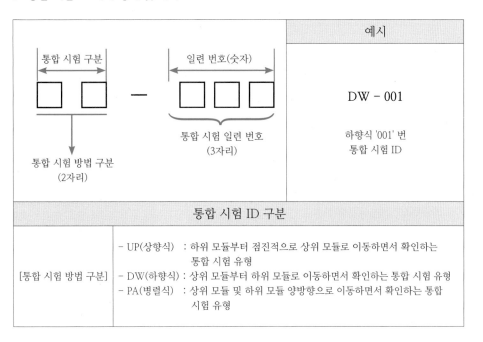

▶ 시스템 시험 ID 체계 정의 및 예시

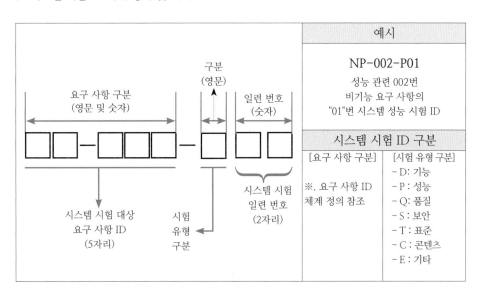

5.1.8.3 총괄 시험 계획서 관련 산출물 구성

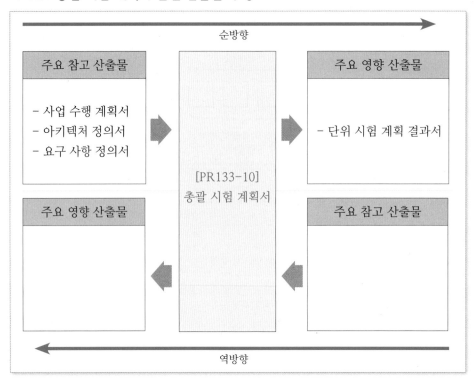

5.2 분석 단계[PD100]

"새북(SEBOOK) SW 개발 사업"은 데이터베이스가 사용되지 않기 때문에 분석 단계[PD100]에서 "데이터 작업"에 대한 성과물을 제작하지 않는다.

"새북(SEBOOK) SW 개발 사업"은 고객이 요구하는 SI(System Integration) 방식의 SW 개발이 아니라 SW 기획을 통한 자체 개발 방식이다. 따라서, 분석 단계의 "사용자 작업" 성과물을 포함하지 않는다.

"새북(SEBOOK) SW 개발 사업"의 분석 단계[PD100]에서는 "기능 분해도" 산출물이 작성된다. SW 개발 단계별 산출물 간의 연계 정보와 구성은 (그림 5-2-1-1)과 같다.

(그림 5-2-1-1) 분석 단계[PD100] 산출물 연관 구성도

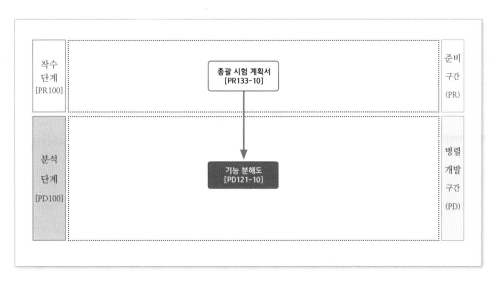

새북(SEBOOK)은 동영상과 학습 자료와의 상호 연계를 통해 양방향 동기 제어를 수행하여 학습 효율 및 효과를 극대화하기 위한 목적으로 개발하는 프로그램이다.

새북(SEBOOK)은 데이터베이스를 사용하지 않는 소프트웨어이기 때문에, 데이터 모델링은 행하지 않는다.

따라서 분석 단계에서는 기능 분해도를 중심으로 기능을 분할하여 모델링을 진행한다.

요구 사항 정의서에서 기능 요구 사항을 이미 정의했기 때문에 기능 분해도는 어렵지 않게 작성할 수 있다.

다만, 요구 사항 정의서에서 큰 기능을 중심으로 정의했다면, 기능 분해도는 이것을 좀 더 세분화하여 설계하기 용이한 형태로 추상화 수준을 단계화하여 구성하는 점이 다르다고 볼 수 있다.

5.2.1 기능 분해도[PD121-10]

5.2.1.1 개요

가. 방법론 상의 위치

세그먼트		태스크		산출물	
PD120	프로세스 작업	PD121	기능 및 인과 분석	PD121-10	기능 분해도

나. 정의

기능 분해도는 시스템으로 구축하는 업무 기능을 도식화하여 정의하는 문서이다.

기능 분해도의 기본은 단계적 정제화(stepwise refinement)이다. 여기에는 추상화(abstraction)와 구체화(specialization)의 관계를 포함한다. 기능 분해를 통해 추상적이었던 요구 사항을 세분화하는 것이 가능해진다.

다. 목적

업무 프로세스가 포함하고 있는 많은 기능을 작게 나누어 프로그램으로 쉽게 구현할 수 있게 하는 것이 목적이다.

예를 들어, '등교한다'라는 큰 기능을 '아침에 일어난다', '등교 준비를 한다', '집을 나선다', '버스를 타고 이동한다', '학교에 도착한다' 등과 같이 5개의 작은 기능으로 나눴다고 하자. 이것이 바로 기능 분해이다. 이처럼, 기능 분해는 큰 기능을 작게 나눠서 보다 통제하기 쉽고 구현하기 쉽도록 하는 것을 목적으로 한다.

라. 적용 내용

본 사업에서는 새북(SEBOOK) SW의 기능을 메뉴 형태로 나누어 구조화 작업을 수행한다.

보통 기능 분해도는 트리 구조를 옆으로 누인 형태인 목파생 구조로 많이 나타낸다.

기능 분할 작업을 수행할 때는 대상 시스템의 특성, 가용 자원, 관리 수준 등을 고려하여 알맞은 크기로 나누어야 한다. 본 사업의 경우에는 대분류, 중분류, 소분류로 구분하여 50가지 기능으로 나누어 분할 작업을 수행하였다.

목파생 구조는 자동화 도구인 새틀(SETL: Software Engineering TooL)로 쉽게 표현할 수 있다. 또한, 설계와 구현까지 연계가 가능하다.

5.2.1.2 작성 사례

가. 주요 항목 작성 사례 설명

▶ 기능 목록

작성 항목명	항목 설명	작성 구분 (필수/선택)
NO	일련 번호를 작성한다.	선택
요구 사항 ID	사용자의 요구 사항을 식별하는 숫자나 문자 등으로 구성한 식별 체계를 기술한다. 요구 사항 ID는 요구 사항 정의서, 요구 사항 추적표 등과 ID의 정합성을 확보하여야 한다.	필수
기능 ID	기능에 대한 숫자나 문자 등으로 구성한 식별 체계를 기술한다.	필수
기능 명	기능의 내용을 짧게 요약하여 명칭을 기술한다.	필수
비고	기능 분해와 관련이 있는 특기 사항을 기술한다. 본 사업에서는 해당 기능의 레벨을 명기한다. [레벨 구분] - 1레벨: 대분류에 속하는 기능 - 2레벨: 중분류에 속하는 기능 - 3레벨: 소분류에 속하는 기능	선택

▶ 기능 정의

작성 항목명	항목 설명	작성 구분 (필수/선택)
대분류	기능 분류 중 대분류를 기술한다.	필수
중분류	기능 분류 중 중분류를 기술한다.	필수
소분류	기능 분류 중 소분류를 기술한다. 일반적으로 대중소 3분류이나 경우에 따라 5개 단계까지 분류할 수 있다. 그 이상은 권고하지 않는다.	선택
기능 ID	기능에 대한 숫자나 문자 등으로 구성한 식별 체계를 기술한다.	필수
기능 명	기능의 내용을 짧게 요약하여 명칭을 기술한다. 기능의 명칭은 가장 하위 중심으로 기술한다.	선택
레벨	기능의 깊이 수준을 기술한다. [레벨 구분] - 1레벨: 대분류에 속하는 기능 - 2레벨: 중분류에 속하는 기능 - 3레벨: 소분류에 속하는 기능	선택

나. 작성 예제

▶ "1. 기능 목록" 작성 방법 설명

"1. 기능 목록"은 프로그램의 기능 식별이 쉽도록 요구 사항 ID, 요구 사항 명, 기능 ID, 기능 명 등의 항목을 포함하여 목록 형식으로 작성한다.

비고 항목에는 해당 기능의 레벨을 기술한다. 기능 목록(function list)에도 항상 요구 사항 ID를 매핑시켜 요구 사항의 반영 내역을 비교 확인할 수 있도록 해야 한다.

(그림 5-2-1-2)에 제시된 "1. 기능 목록"에 대한 작성 사례를 참조하여 기능 분해도의 "기능 목록"에 대한 내용을 작성한다.

(그림 5-2-1-2) "1. 기능 목록" 작성 사례

1. 기능 목록

NO	요구 사항 ID	기능 ID	기능 명	비고
1	FD-001	ML-011	동영상 열기	3레벨
2	FD-002	ML-012	동영상 재생/일시 정지	3레벨
3	FD-002	ML-013	동영상 멈춤	3레벨
4	FD-002	ML-014	동영상 회전	3레벨
5	FD-002	ML-015	동영상 속도 조절	3레벨
6	PD-018	MT-021	스트리밍 동영상 열기	3레벨
7	FD-018	MT-022	스트리밍 동영상 미리보기	3레벨
8	FD-018	MT-023	스트리밍 동영상 재생/일시 정지	3레벨
9	PD-019	MT-024	스트리밍 동영상 멈춤	3레벨
10	PD-019	MT-025	스트리밍 동영상 회전	3레벨
11	PD-019	MT-026	스트리밍 동영상 속도 조절	3레벨
12	FD-004	VP-011	PDF 출력	2레벨
13	PD-014	VP-021	PDF 이동	2레벨
14	PD-008	JA-011	자막 등록	2레벨
15	PD-008	JM-021	자막 수정	2레벨
16	PD-008	JD-031	자막 삭제	2레벨
17	PD-012	JC-041	폰트 자동 생성	2레벨
18	PD-007	BC-011	북마크 등록	2레벨
19	PD-007	BM-021	북마크 수정	2레벨
20	PD-007	BD-031	북마크 삭제	2레벨
21	PD-004	DP-011	PDF 등록	3레벨
…	…	…	…	…

▶ "2. 기능 정의" 작성 방법 설명

"2. 기능 정의"는 새북(SEBOOK) 프로그램 기능을 대분류, 중분류, 소분류로 구분하여 기능 ID, 기능 명을 작성한다.

기능 요구 사항의 단계별 추적을 위하여 요구 사항 ID를 각각의 기능마다 빠짐없이 입력한다.

(그림 5-2-1-3)에 제시된 "2. 기능 정의"에 대한 작성 사례를 참조하여 기능 분해도의 "기능 정의"에 대한 내용을 작성한다.

(그림 5-2-1-3) "2. 기능 정의" 작성 사례

2. 기능 정의

대분류[ID]	중분류[ID]	소분류	기능 ID	기능 명	요구 사항 ID	레벨
동렬상 출력 [M]	로컬 동영상[L]	동영상 열기	ML-011	동영상 열기	FD-001	3레벨
		동영상 재생/일시 정지	ML-012	동영상 재생/ 일시 정지	FD-001	3레벨
		동영상 멈춤	ML-013	동영상 멈춤	FD-002	3레벨
		동영상 회전	ML-014	동영상 회전	FD-002	3레벨
		동영상 속도 조절	ML-015	동영상 속도 조절	FD-002	3레벨
	스트리밍 동영상[T]	스트리밍 동영상 열기	MT-021	스트리밍 동영상 열기	PD-017	3레벨
		스트리밍 동영상 미리보기	MT-022	스트리밍 동영상 미리보기	PD-018	3레벨
		스트리밍 동영상 재생/일시 정지	MT-023	스트리밍 동영상 재생/일시 정지	PD-018	3레벨
		스트리밍 동영상 멈춤	MT-024	스트리밍 동영상 멈춤	PD-019	3레벨
		스트리밍 동영상 회전	MT-025	스트리밍 동영상 회전	PD-019	3레벨
		스트리밍 동영상 속도 조절	MT-026	스트리밍 동영상 속도 조절	PD-019	3레벨
...	...	...	...			...
기타[E]	도움말 보기[V]		EV-011	도움말 보기	FD-016	2레벨
	새북 정보[I]		EI-021	홈페이지 연결	FD-015	2레벨
	홈페이지 연결[H]		EH-031	홈페이지 연결	FD-015	2레벨

다. 기능 분해도 주요 ID 체계

"새북(SEBOOK) SW 개발 사업"의 기능 분해도에서 사용하는 요구 사항 ID, 기능 ID 체계는 아래와 같다. 사업의 특성에 맞추어 변경하거나 새롭게 정의할 수 있다.

▶ 요구 사항 ID 체계 정의 및 예시

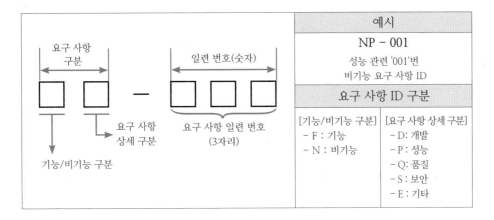

▶ 기능 ID 체계 정의 및 예시

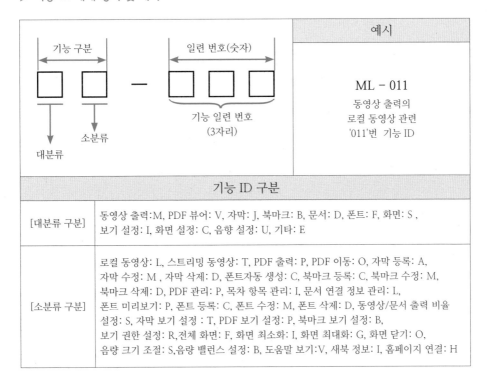

5.2.1.3 기능 분해도 관련 산출물 구성

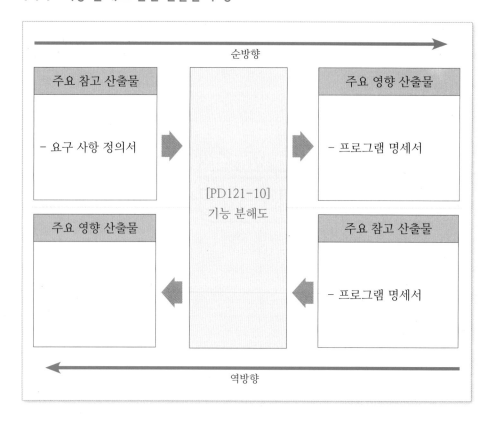

5.3 설계 단계[PD200]

"새북(SEBOOK) SW 개발 사업"은 데이터베이스를 사용하지 않기 때문에 분석 단계와 마찬가지로 설계 단계[PD200]에서도 "데이터 작업"에 대한 성과물을 제작하지 않는다.

"새북(SEBOOK) SW 개발 사업"에서는 K-Method의 테일러링 결과로 설계 단계 [PD200]에서 작성되는 11종류의 표준 산출물 중에 "화면 설계서"와 "프로그램 명세서" 2종류의 산출물을 작성한다.

설계 단계[PD200]의 산출물은 "병렬 개발 구간"에 포함되어 분석 단계와 매우 밀접한 연관 관계가 있다.

분석 단계의 산출물 관계를 포함하여 설계 단계 산출물 간의 연계 정보와 구성은 (그림 5-3-1-1)과 같다.

(그림 5-3-1-1) 설계 단계[PD200] 산출물 연관 구성도

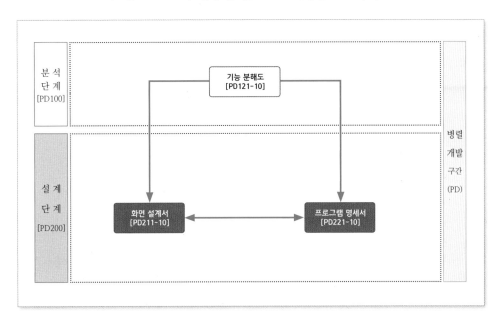

새북(SEBOOK)은 데이터베이스를 사용하지 않는 소프트웨어이기 때문에, 설계 단계에서도 데이터 모델링은 진행하지 않는다.

설계 단계에서는 화면 설계서와 프로그램 명세서를 중심으로 설계 작업을 진행하여 산출물을 만든다.

이때, 프로그램 명세서에서 프로그램의 논리적인 상세 설계는 제외된다.

5.3.1 화면 설계서[PD211-10]

5.3.1.1 개요

가. 방법론 상의 위치

세그먼트		태스크		산출물	
PD210	사용자 작업	PD211	화면 보고서 설계	PD211-10	화면 설계서

나. 정의

화면 설계서는 프로그램으로 구현하는 SW 시스템의 화면을 설계하는 문서이다.

대규모 소프트웨어 개발 사업에서는 화면 설계서를 작성하기 전에 이벤트 정의서를 먼저 만들어야 한다. 그러나 중·소규모에서는 화면 설계서가 사용자 모델의 중심을 형성한다.

다. 목적

화면 설계서를 작성하는 두 가지 목적은 다음과 같다.

첫 번째 목적은 개발팀 내의 UI 디자이너, 설계자, 프로그래머 간에 구축하려는 프로그램에서 사용자 인터페이스를 검증한다. 개발자는 화면 설계서와 프로그램 명세서를 기준으로 프로그램을 구현한다.

두 번째 목적은 화면 설계서를 통해 실제 사용할 화면에 대해 사용자의 의견을 반영할 수 있도록 검토하고자 하는 것이다.

라. 적용 내용

새북(SEBOOK) 프로그램의 화면 설계는 메인 화면, 미디어 파일 열기 화면, 새북 속성 편집기 화면 등 총 14개의 화면으로 구성된다.

화면 설계서에는 버튼, 입력 박스, 뷰어, 스크롤 바 등 다양한 기능의 오브젝트들이 포함되며, 각각의 오브젝트에 번호를 부여하여 관리하고 설명한다.

본 사업은 데이터베이스를 사용하지 않기 때문에 화면 설계서 안에 화면과 관련된 프로그램 ID는 포함되어 작성하지만, 관련 테이블은 표시하지 않는다. 이점이 특이점이다.

데이터베이스를 사용하는 프로그램에서 화면과 관련한 테이블을 표시할 경우에는 테이블 ID는 물리적인 수준의 ID만 기술해도 큰 문제가 없다.

5.3.1.2 작성 사례

가. 주요 항목 작성 사례 설명

▶ 화면 목록

작성 항목명	항목 설명	작성 구분 (필수/선택)
NO	일련 번호를 작성한다.	필수
요구 사항 ID	사용자의 요구 사항을 식별하는 숫자나 문자 등으로 구성한 식별 체계를 기술한다. 요구 사항 정의서, 기능 분해도 등의 성과물과 요구 사항 ID의 정합성을 확보해야 한다.	필수
화면 ID	화면을 구분하는 숫자나 문자 등으로 구성한 식별 체계를 기술한다.	필수
화면 명	개발 화면에 대한 내용을 짧게 요약하여 명칭을 기술한다.	필수
비고	화면 설계와 관련이 있는 특기 사항을 기술한다.	선택

▶ 화면 설계서

작성 항목명	항목 설명	작성 구분 (필수/선택)
시스템 명	업무 기능 대상 시스템의 이름을 기술한다. 본 사업은 서브 시스템이 없고 단일 시스템으로만 존재하므로 "새북(SEBOOK)"이라고 시스템 명을 입력한다. 〈예시〉 "새북(SEBOOK)"	필수

작성 항목명	항목 설명	작성 구분 (필수/선택)
요구 사항 ID	사용자의 요구 사항을 식별하는 숫자나 문자 등으로 구성한 식별 체계를 기술한다. 요구 사항 정의서, 기능 분해도 등의 성과물과 요구 사항 ID의 정합성을 확보해야 한다. 〈예시〉 "FD-002"	필수
화면 ID	화면을 구분하는 숫자나 문자 등으로 구성한 식별 체계를 기술한다. 〈예시〉 "SB-100"	필수
화면 명	개발 화면에 대한 내용을 짧게 요약하여 명칭을 기술한다. 〈예시〉 "새북 네트워크 스트리밍 미리보기"	필수
관련 테이블 명	화면과 관련이 있는 테이블 명을 기술하지만 본 사업은 DB를 사용하지 않기 때문에 아무것도 입력하지 않는다.	선택
화면 설명	대상 화면에 대한 대상 업무, 특징, 고려 사항 등의 내용을 이해하기 쉽고 자세하게 기술한다. 〈예시〉 "로컬 및 스트리밍 동영상을 열기 위하여 관련 파일을 선택하는 화면"	필수
화면 설계	화면의 레이아웃을 결정하고 제어 객체, 목록, 상세 내용 등 화면을 구성하고 설계한다. 최근에는 화면 설계 도구가 발달하여 화면 편집 도구를 사용하는 경우가 많다. 이런 경우에는 도구를 사용하여 편집한 화면을 캡처한 후 화면 설계 내역으로 나타낼 수 있다. 그리고 설명이 필요한 오브젝트는 번호를 부여하여 관리한다.	필수
제어 객체 명	컨트롤 박스, 텍스트 박스, 콤보 박스, 그리드 등 제어 객체를 구분하는 숫자나 문자 등으로 구성한 식별 체계를 말한다. 〈예시〉 "(1)주소 입력 텍스트 박스"	선택

작성 항목명	항목 설명	작성 구분 (필수/선택)
이벤트 ID	해당 화면과 관련 있는 이벤트 ID를 기술한다. 이벤트 ID를 독립적으로 기술하는 것을 원칙으로 한다. 이벤트 명의 경우 시스템에 따라 결정되어 있는 종속적인 명칭이다. 따라서 시스템에 종속적이지 않게 이벤트를 표시해 주고자할 때는 이벤트 명 대신 이벤트 ID를 쓸 수 있다. 그러나 어떠한 경우에도 이벤트의 성격을 명확히 파악할 수 있도록 해야 한다. 〈예시〉 "SB-300-CSTB-01"	필수
이벤트 설명	해당 이벤트에 대한 간략한 설명을 기술한다. 필요 시 이벤트가 발생할 경우에 호출하는 함수(메소드)를 병행하여 기술할 수 있다. 〈예시〉 "스트리밍 동영상을 얻기 위해 동영상이 존재하는 URL의 주소를 입력 받는 기능"	필수
연결 프로그램 ID	이벤트가 발생할 때 연결이 이루어지는 프로그램이 있을 경우 해당 프로그램 ID를 기술한다. 연결이 이루어지는 프로그램이 없을 경우에는 공란으로 비워둔다. 〈예시〉 "MT-021-01"	필수
연결 화면 ID	이벤트가 발생할 때 연결이 이루어지는 화면이 있을 경우 해당 화면 ID를 기술한다. 연결이 이루어지는 화면이 없을 경우에는 공란으로 비워둔다. 〈예시〉 "SB-310"	필수
연결 보고서 ID	이벤트가 발생할 때 연결이 이루어지는 보고서가 있을 경우 해당 보고서 ID를 기술한다. 본 사업에서는 연결이 이루어지는 보고서가 없기 때문에 공란으로 비워둔다.	필수

나. 작성 예제

▶ "1. 화면 목록" 작성 방법 설명

　"1. 화면 목록"은 프로그램의 화면을 쉽게 식별할 수 있도록 요구 사항 ID, 화면 ID, 화면명 등의 항목을 포함하여 목록 형식으로 작성한다.

　비고 항목에는 설계 화면과 관련된 특이 사항이 있을 경우, 해당 내용을 입력한다.

　화면 목록의 경우 반드시 요구 사항 ID를 매핑시켜 요구 사항의 화면 설계에의 반영 내역을 확인할 수 있도록 해야 한다.

　(그림 5-3-1-2)에 제시된 "1. 화면 목록"에 대한 작성 사례를 참조하여 화면 설계서의 "화면 목록"에 대한 내용을 작성한다.

(그림 5-3-1-2) "1. 화면 목록" 작성 사례

1. 화면 목록

NO	요구 사항 ID	화면 ID	화면 명	비 고
1	FD-002, FD-018, PD-019, PD-008, PD-005, PD-007, FD-002, PD-019, FD-015	SB-100	새북 메인 화면	
2	FD-001	SB-200	미디어 파일 열기	
3	PD-017	SB-300	새북 네트워크 스트리밍 열기	
4	FD-018	SB-310	새북 네트워크 스트리밍 미리보기	
5	FD-004	SB-400	새북 학습 자료 PDF 보기	
6	PD-014	SB-500	새북 학습 자료 북마크 출력	
7	PD-008, PD-012	SB-610	새북 속성 편집기 자막 관리	
8	PD-007	SB-620	새북 속성 편집기 북마크 관리	
9	PD-008, PD-009, PD-010, PD-011	SB-630	새북 속성 편집기 문서 관리	
10	PD-004	SB-631	문서 PDF 파일 선택	
11	PD-012	SB-640	새북 속성 편집기 폰트 관리	
12	PD-013	SB-650	새북 속성 편집기 화면	
13	SB-700	SB-700	새북 정보 제공	
14	FD-016	SB-800	도움말 제공	

▶ "2. 화면 설계" 작성 방법 설명

"2. 화면 설계"는 프로그램의 구현하는 화면에 대한 설계 정보를 제공한다. 화면 1개 당 1개의 화면 설계를 작성한다.

"2. 화면 설계"에는 화면 ID, 화면 명, 제어객체 명, 이벤트 ID 등을 포함하여 작성한다.

기능 요구 사항의 단계별 추적을 위하여 각각의 화면마다 요구 사항 ID를 빠짐없이 입력한다.

(그림 5-3-1-3)에 제시된 "2. 화면 설계서"에 대한 작성 사례를 참조하여 화면 설계서의 "화면 설계서"에 대한 내용을 작성한다.

(그림 5-3-1-3) "2. 화면 설계서" 작성 사례

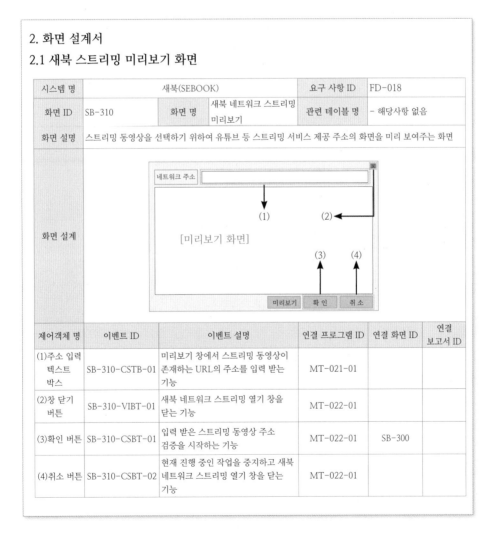

2. 화면 설계서
2.1 새북 스트리밍 미리보기 화면

시스템 명	새북(SEBOOK)		요구 사항 ID	FD-018
화면 ID	SB-310	화면 명	새북 네트워크 스트리밍 미리보기	관련 테이블 명	– 해당사항 없음
화면 설명	스트리밍 동영상을 선택하기 위하여 유튜브 등 스트리밍 서비스 제공 주소의 화면을 미리 보여주는 화면

제어객체 명	이벤트 ID	이벤트 설명	연결 프로그램 ID	연결 화면 ID	연결 보고서 ID
(1)주소 입력 텍스트 박스	SB-310-CSTB-01	미리보기 창에서 스트리밍 동영상이 존재하는 URL의 주소를 입력 받는 기능	MT-021-01		
(2)창 닫기 버튼	SB-310-VIBT-01	새북 네트워크 스트리밍 열기 창을 닫는 기능	MT-022-01		
(3)확인 버튼	SB-310-CSBT-01	입력 받은 스트리밍 동영상 주소 검증을 시작하는 기능	MT-022-01	SB-300	
(4)취소 버튼	SB-310-CSBT-02	현재 진행 중인 작업을 중지하고 새북 네트워크 스트리밍 열기 창을 닫는 기능	MT-022-01		

다. 화면 설계서 주요 ID 체계

"새북(SEBOOK) SW 개발 사업"의 화면 설계서에서 사용하는 요구 사항 ID, 화면 ID, 이벤트 ID, 프로그램 ID 체계는 아래와 같다. 사업의 특성에 맞추어 변경하거나 새롭게 정의할 수 있다.

▶ 요구 사항 ID 체계 정의 및 예시

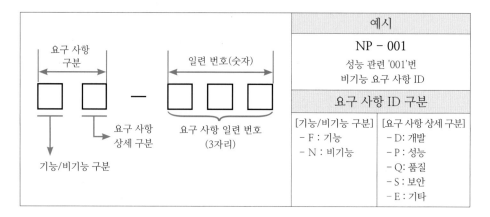

▶ 화면 ID 체계 정의 및 예시

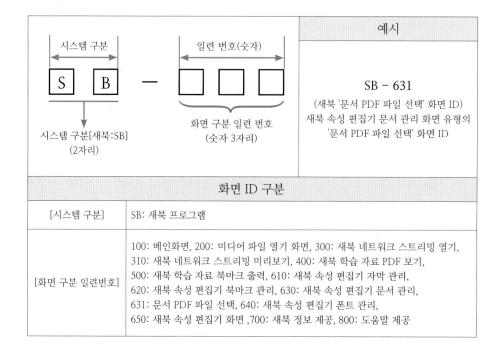

화면 ID 구분	
[시스템 구분]	SB: 새북 프로그램
[화면 구분 일련번호]	100: 메인화면, 200: 미디어 파일 열기 화면, 300: 새북 네트워크 스트리밍 열기, 310: 새북 네트워크 스트리밍 미리보기, 400: 새북 학습 자료 PDF 보기, 500: 새북 학습 자료 북마크 출력, 610: 새북 속성 편집기 자막 관리, 620: 새북 속성 편집기 북마크 관리, 630: 새북 속성 편집기 문서 관리, 631: 문서 PDF 파일 선택, 640: 새북 속성 편집기 폰트 관리, 650: 새북 속성 편집기 화면 ,700: 새북 정보 제공, 800: 도움말 제공

▶ 이벤트 ID 체계 정의 및 예시

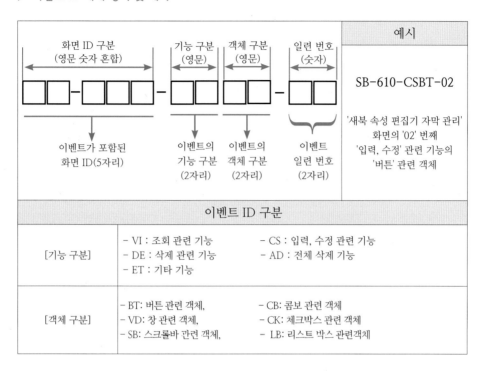

▶ 프로그램 ID 체계 정의 및 예시

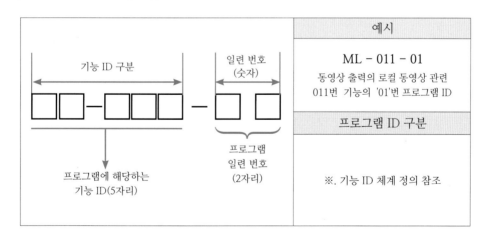

5.3.1.3 화면 설계서 관련 산출물 구성

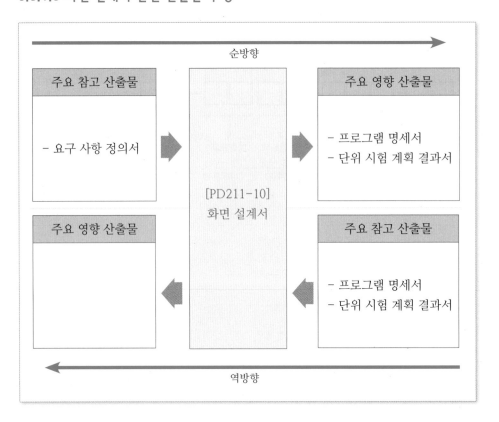

5.3.2 프로그램 명세서[PD221-10]

5.3.2.1 개요

가. 방법론 상의 위치

세그먼트		태스크		산출물	
PD220	프로세스 작업	PD221	가능 설계	PD221-10	프로그램 명세서

나. 정의

　프로그램 명세서는 개발 언어로 SW 시스템을 구현하기 위하여 내부의 구성 프로그램들을 저장하고 설계하는 문서이다.

다. 목적

　프로그램 명세서는 구축하는 SW 시스템의 기능 요구 사항을 프로그램으로 구현하는 세부 명세를 기술하는 것을 목적으로 한다. 보통 세부 명세는 상세 로직을 제외한 SQL문까지의 명세를 포함한다. 하지만, 본 사업에서는 데이터베이스를 사용하지 않기 때문에 생략한다.

라. 적용 내용

　"새북(SEBOOK) SW 개발 사업"으로 개발되는 프로그램은 상용 프로그램이다. 그러므로 보안 및 저작권 문제로 상세한 "프로그램 처리 로직"과 "구성 함수(메소드)"는 본 서에서 생략한다. 다만, 프로그램 명세서의 이해도를 높이기 위해서는 "프로그램 처리 로직"의 작성 예가 필요할 것으로 판단되어, "작성 예제"에서는 프로그램 처리 로직과 구성 함수를 일부 포함하여 제시하였다.

　프로그램 명세서에는 프로그램 처리 로직, 구성 함수(메소드), 프로그램 ID, 프로그램 설명, 관련 화면 ID, 관련 함수 등의 항목을 해당 프로그램에 준하여 작성하였다.

　단, 본 사업은 데이터베이스를 사용하지 않기때문에 프로그램이 테이블에 대해 행하는 CRUD(Create Read Update Delete)를 명확하게 파악할 수 있도록 하는 SQL 로직(logic)은 제외한다.

5.3.2.2 작성 사례

가. 주요 항목 작성 사례 설명

▶ <u>프로그램 목록</u>

작성 항목명	항목 설명	작성 구분 (필수/선택)
NO	일련 번호를 작성한다.	필수
요구 사항 ID	사용자의 요구 사항을 식별하는 숫자나 문자 등으로 구성한 식별 체계를 기술한다. 요구 사항 정의서, 기능 분해도 등의 성과물과 요구 사항 ID의 정합성을 확보해야 한다. 〈예시〉 "PD-012"	필수
프로그램 ID	프로그램을 구분하는 숫자나 문자 등으로 구성한 식별 체계를 기술한다. 〈예시〉 "JC-041-01"	필수
프로그램 명	프로그램 로직에 대한 내용을 짧게 요약하여 알기 쉬운 명칭으로 기술한다. 〈예시〉 "폰트 자동 생성 기능"	필수
비고	프로그램 명세와 관련이 있는 특기 사항을 기술한다.	선택

▶ 프로그램 명세서

작성 항목명	항목 설명	작성 구분 (필수/선택)
시스템 명	업무 기능 대상 시스템의 이름을 기술한다. 만일, 서브 시스템이 있다면 시스템을 구분하여 기술한다. 〈예시〉 "새북(SEBOOK)"	필수
요구 사항 ID	사용자의 요구 사항을 식별하는 숫자나 문자 등으로 구성한 식별 체계를 기술한다. 요구 사항 정의서, 기능 분해도 등의 성과물과 요구 사항 ID의 정합성을 확보해야 한다. 〈예시〉 "FD-001"	필수
프로그램 ID	프로그램을 구분하는 숫자나 문자 등으로 구성한 식별 체계를 기술한다. 〈예시〉 "ML-011-01"	필수
프로그램 명	프로그램 로직에 대한 내용을 짧게 요약하여 알기 쉬운 명칭으로 기술한다. 〈예시〉 "동영상 파일 열기 기능"	필수
관련 테이블 명	해당 프로그램이 읽기, 쓰기, 갱신, 삭제하는 테이블 명을 입력한다. 본 사업에서는 제외한다. 〈예시〉 "해당 사항 없음"	필수
프로그램 설명	선후 프로그램과의 관계, 프로그램 절차 등 개발 대상 프로그램에 대하여 이해하기 쉽고 자세하게 기술한다. 〈예시〉 "저장된 동영상 파일을 새북 프로그램에 로딩하는 기능의 프로그램 "	필수

작성 항목명	항목 설명	작성 구분 (필수/선택)
프로그램 처리 로직	프로그램의 처리 로직을 주로 SQL 문을 중심으로 기술하고, 상세 로직은 주로 절차 정도를 기술하는 수준에서 나타낸다. 만일 프로그램의 소스 코드와 1:1로 대응할 수 있는 수준의 로직을 원할 경우에는 '프로그램 로직 설계서'를 작성한다. 본 서에서는 보안 및 저작권 문제로 상세한 내용은 작성하지 않으며, "작성 예제"에 일부만 제시한다.	필수
구성 함수(메소드)	해당 프로그램이 포함하고 있는 함수명을 입력한다. 본 서에서는 보안 및 저작권 문제로 상세한 내용은 작성하지 않으며, "작성 예제"에 일부만 제시한다.	필수
관련 함수(메소드)	해당 프로그램과 연관되어 있는 함수명을 입력한다. 〈예시〉 - 동영상 재생/일시 정지 기능[ML-012-01] - 동영상 멈춤 기능[ML-013-01] - 동영상 좌·우 회전 기능 [ML-014-01] - 동영상 속도 조정 기능[ML-015-01]	선택
관련 화면 ID	해당 프로그램에 연계된 화면 ID를 입력한다. 〈예시〉 "미디어 파일 열기[SB-200]"	필수
관련 보고서 ID	해당 프로그램에 연계된 보고서 ID를 입력한다. 본 사업에서는 보고서가 없으므로 작성하지 않는다.	필수
비고	해당 프로그램 명세와 관련이 있는 특기 사항을 기술한다. 〈예시〉 동영상 플레이 속도 범위는 최소 50%에서 최대 150%까지 설정 가능	선택

나. 작성 예제

▶ "1. 프로그램 목록" 작성 방법 설명

"1. 프로그램 목록"은 프로그램의 전체 내용을 쉽게 식별할 수 있도록 요구 사항 ID, 프로그램 ID, 프로그램 명 등의 항목을 포함하여 목록 형식으로 작성한다.

비고 항목에는 설계 프로그램과 관련된 특이 사항이 있을 경우, 해당 내용을 입력한다.

(그림 5-3-2-1)에 제시된 "1. 프로그램 목록"에 대한 작성 사례를 참조하여 프로그램 명세서의 "프로그램 목록"에 대한 내용을 작성한다.

(그림 5-3-2-1) "1. 프로그램 목록" 작성 사례

1. 프로그램 목록

NO	요구 사항 ID	프로그램 ID	프로그램 명	비 고
1	FD-001	ML-011-01	동영상 파일 열기 기능	
2	FD-002	ML-012-01	동영상 재생/일시 정지 기능	
3	FD-002	ML-013-01	동영상 멈춤 기능	
4	FD-002	ML-014-01	동영상 좌·우 회전 기능	
5	FD-002	ML-015-01	동영상 속도 조절 기능	
6	PD-017	MT-021-01	스트리밍 동영상 열기 기능	
7	FD-018	MT-022-01	스트리밍 동영상 미리보기 기능	
8	FD-018	MT-023-01	스트리밍 동영상 재생/일시 정지 기능	
9	PD-019	MT-024-01	스트리밍 동영상 멈춤 기능	
10	PD-019	MT-025-01	스트리밍 동영상 좌·우 회전 기능	
11	PD-019	MT-026-01	스트리밍 동영상 속도 조정 기능	
12	FD-004	VP-011-01	PDF 출력 기능	
13	PD-014	VP-021-01	PDF 북마크로 이동 기능	
14	PD-008	JA-011-01	등록 자막 조회 기능	
15	PD-008	JA-011-02	신규 자막 등록 기능	
16	PD-008	JM-021-01	자막 수정 기능	
17	PD-008	JD-031-01	자막 항목 삭제 기능	
18	PD-008	JD-031-02	등록 자막 전체 삭제 기능	
…	…	…	…	…

▶ "2. 프로그램 명세서" 작성 방법 설명

　"2. 프로그램 명세서"는 프로그램의 구현하는 기능의 상세 설계 정보를 제공한다. 화면 1개 당 여러 개의 프로그램 명세를 작성할 수 있다.

　프로그램 명세와 관련된 주요 세부적인 정보는 프로그램 ID, 프로그램 명, 프로그램 설명, 관련 함수, 관련 화면 ID 등이며, 먼저 명세 항목을 구성하고 상세한 프로그램 명세 내용을 작성한다.

　단, 본 서에서는 보안 및 저작권 문제로 "프로그램 처리 로직"과 "구성 함수(메소드)"는 일부만 제시한다.

　(그림 5-3-2-2)에 제시된 "2. 프로그램 명세서"에 대한 작성 사례를 참조하여 프로그램 명세서의 "프로그램 명세서"에 대한 내용을 작성한다.

(그림 5-3-2-2) "2. 프로그램 명세서" 작성 사례

2. 프로그램 명세서
2.1 새북 스트리밍 미리보기 화면

시스템 명	새북(SEBOOK)		요구 사항 ID	PD-017
프로그램 ID	MT-021-01	프로그램 명	스트리밍 동영상 열기 기능	관련 테이블 명	- 해당사항 없음

프로그램 설명	스트리밍 방식의 동영상 파일을 새북 프로그램에 로딩하는 기능의 프로그램

프로그램 처리 로직

(1) 프로그램 처리 절차

① 파일 선택 → ② 파일 오픈 → ③ 미리보기

(2) 처리 절차 설명
　① 출력할 스트리밍 동영상 파일을 선택한다.
　② 선택된 스트리밍 동영상 파일을 출력이 가능하게 오픈한다.
　③ 스트리밍 동영상 파일 헤더를 전달하여 미리보기를 수행한다.

(3) 입력/출력 정보

메소드	입력 값	출력 값	비고
Streaming_File_Load()	File_Info	File_Hendlde	
Striming_Preview_Load()	File_Hendlde	Streming_Data	

(3) 관련 SQL 문
- 해당 사항 없음

구성 함수(메소드)
- Streaming_File_Load()
- Striming_Preview_Load()

관련 함수(프로그램)
- 스트리밍 동영상 미리보기 기능 [MT-022-01]
- 스트리밍 동영상 재생/일시 정지 기능 [MT-023-01]
- 스트리밍 동영상 멈춤 기능 [MT-024-01]
- 스트리밍 동영상 좌·우 회전 기능 [MT-025-01]
- 스트리밍 동영상 속도 조정 기능 [MT-026-01]

관련 화면 ID
새북 네트워크 스트리밍 열기 [SB-300]

관련 보고서 ID

비고

다. 프로그램 명세서 주요 ID 체계

"새북(SEBOOK) SW 개발 사업"의 프로그램 명세서에서 사용하는 요구 사항 ID, 화면 ID, 프로그램 ID 체계는 아래와 같다. 사업의 특성에 맞추어 변경하거나 새롭게 정의할 수 있다.

▶ 요구 사항 ID 체계 정의 및 예시

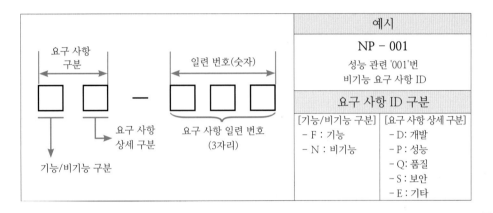

▶ 화면 ID 체계 정의 및 예시

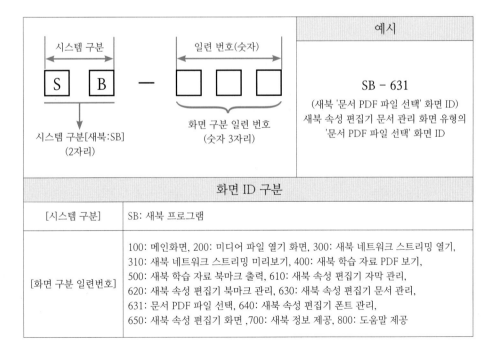

▶ 프로그램 ID 체계 정의 및 예시

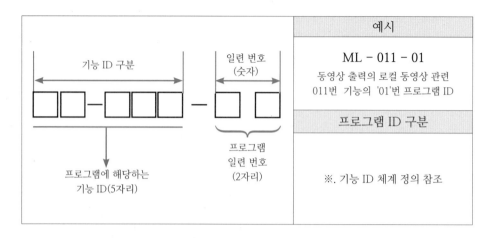

5.3.2.3 프로그램 명세서 관련 산출물 구성

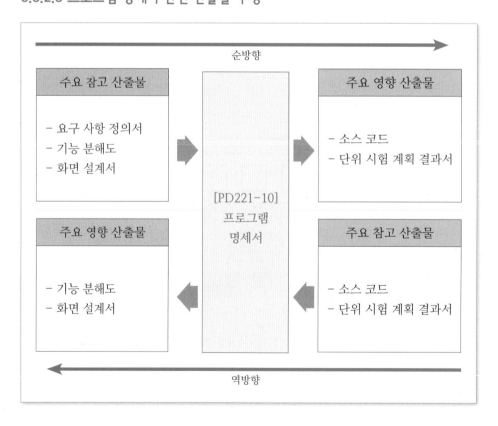

5.4 구현 단계[PD300]

　"새북(SEBOOK) SW 개발 사업"은 데이터베이스가 사용되지 않기 때문에 분석/설계 단계와 마찬가지로 구현 단계[PD300]에서도 "데이터 작업"에 대한 성과물은 제작하지 않는다.

　"새북(SEBOOK) SW 개발 사업"에서는 K-Method의 테일러링 결과로 구현 단계 [PD300]에서 작성되는 6종류의 표준 산출물 중에 "구현 화면", 소스 코드", "단위 시험 계획 결과서", "단위 오류 관리서" 4 종류의 산출물을 작성한다.

　구현 단계[PD300]의 산출물은 "병렬 개발 구간"에 포함되어 분석/설계 단계와 매우 밀접한 연관 관계가 있다.

　분석/설계 단계의 산출물 관계를 포함하여 구현 단계 산출물 간의 연계 정보와 구성은 (그림 5-4-1-1)과 같다.

(그림 5-4-1-1) 구현 단계[PD300] 산출물 연관 구성도

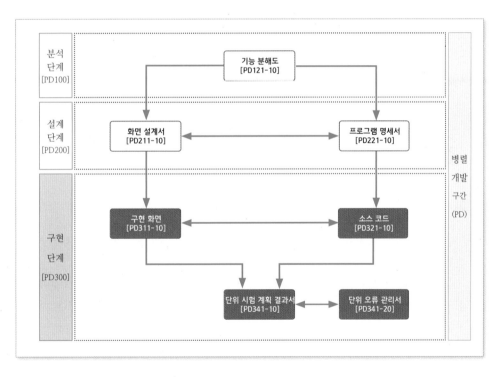

　"새북(SEBOOK) SW 개발 사업"의 구현 단계[PD300]에서는 물리적으로 구현되는 구현 화면과 실제로 구현한 프로그램 소스 코드를 포함한다. 아울러 단위 시험을 수행하므로, 단위 시험 계획 결과서와 단위 오류 관리서를 작성한다.

5.4.1 구현 화면[PD311-10]

5.4.1.1 개요

가. 방법론 상의 위치

세그먼트		태스크		산출물	
PD310	사용자 작업	PD311	화면 보고서 구현	PD311-10	구현 화면

나. 정의

구현 화면은 물리적으로 구현한 SW 시스템의 화면이다.

구현 화면은 PC 화면, 스마트폰 화면, 태플릿의 화면 등 여러가지 형태로 나타날 수 있다. 어떤 경우에는 전광 싸인 보드 형태의 점등 방식으로 나타날 수도 있다. 어떠한 방식이든지 프로그램으로 구현된 모든 화면을 포함한다.

다. 목적

SW 시스템에 사용하는 사용자 인터페이스(UI: User Interface)를 물리적으로 구현하는 것을 목적으로 한다.

즉, 오프라인(off-line) 매체 형태의 물리적인 구현(physical implementation)을 위한 것이 아니라, 온라인(on-line) 매체 형태의 물리적인 구현을 지향함을 의미한다.

라. 적용 내용

구현 단계에서는 새북(SEBOOK) 프로그램 설계에 준하여 화면을 구현한다. 구현이 완료된 화면은 단위 시험을 통해 정상적으로 구현되었는지 여부를 확인한다.

K-Method에서는 단위 기능들을 연결하여 통합적인 형태의 시험을 하는 것이라도 전체 통합 시험이 아닌 경우, 부분적인 통합 시험은 모두 단위 시험으로 간주한다. 따라서 부분 통합 시험과 전체 통합 시험을 혼동하지 않도록 유의해야 한다.

단위 및 부분 통합 시험은 단위 시험으로 간주한다는 사실을 염두에 두고 프로그램 시험을 수행하여 지속적으로 개선하는 것이 중요하다.

5.4.1.2 작성 사례

가. 주요 항목 작성 사례 설명

해당 사항 없음

나. 작성 예제

해당 사항 없음

다. 구현 화면 주요 ID 체계

해당 사항 없음

5.4.1.3 구현 화면 관련 산출물 구성

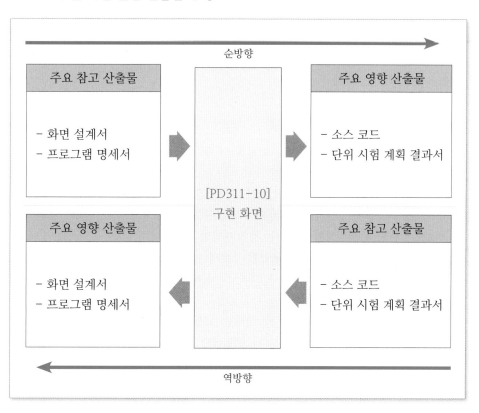

5.4.2 소스 코드[PD321-10]

5.4.2.1 개요

가. 방법론 상의 위치

세그먼트		태스크		산출물	
PD320	프로세스 작업	PD321	기능 구현	**PD321-10**	소스 코드

나. 정의

소스 코드(source code)는 소프트웨어 시스템(software system)을 구현하기 위하여 작성한 프로그램 개발 언어의 코드 집합이다.

소스 코드는 사용하는 프로그래밍 언어(programming language)와 사용 개발 도구에 따라 다른 형태로 나타난다.

다. 목적

프로그램 언어(C, C++, JAVA 등)로 코딩하여 소프트웨어를 개발하는 것이 목적이다.

소스 코드 자체를 직접 코딩(coding)하거나, 새틀(SETL) 도구를 사용하여 프로그램 설계(program design)를 한 후, 소스 코드(source code)로 순공학(forward engineering) 변환하여 얻을 수 있다.

라. 적용 내용

새북(SEBOOK) 프로그램은 Visual C++과 Delphi를 사용하여 개발하며, 다양한 라이브러리를 사용한다.

주의해야 할 사항으로는 작성한 소스 코드의 형상 관리(configuration management)이다. 형상 관리를 잘 해야 구현한 프로그램에서 다시 오류가 발생하는 등 프로그램 품질 및 신뢰성이 저하되는 것을 예방할 수 있다

또한, 병렬형으로 소스 코드를 구현할 경우에는, 반드시 순공학(forward engineering), 역공학(reverse engineering), 재구조화(restructuring) 등의 세 가지 기술을 적용해야 한다.

마지막으로 소스 코드를 구현할 때에는 코딩 가이드라인(coding guideline) 및 시큐어 코딩(secure coding)의 준수가 필요하다. 코딩 가이드라인은 Java 언어의 경우 TTAK.KO-11.0183 표준을 참조하고, 시큐어 코딩의 경우에는 '소프트웨어 보안 약점 기준'을 참조하여 대응 할 필요가 있다.

5.4.2.2 작성 사례

가. 주요 항목 작성 사례 설명

해당 사항 없음

나. 작성 예제

해당 사항 없음

다. 소스 코드 주요 ID 체계

해당 사항 없음

5.4.2.3 소스 코드 관련 산출물 구성

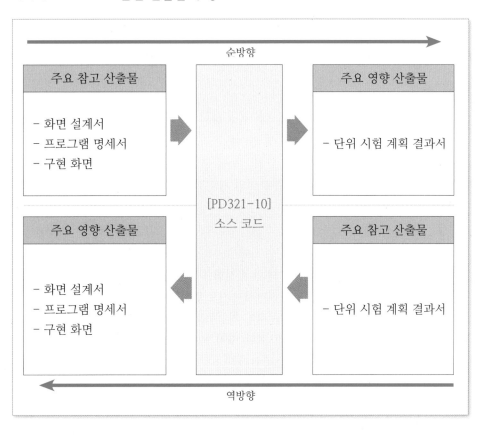

5.4.3 단위 시험 계획 결과서[PD341-10]

5.4.3.1 개요

가. 방법론 상의 위치

세그먼트		태스크		산출물	
PD340	단위 시험 작업	PD341	단위 시험 수행	PD341-10	단위 시험 계획 결과서

나. 정의

단위 시험 계획 결과서는 SW 시스템이 포함하고 있는 각각의 단위 프로그램을 시험하기 위한 계획과 수립한 시험 계획에 따른 시험 결과로 구성된 문서이다. 계획과 결과를 함께 넣은 이유는 단위 시험이 구현 단계의 다른 구현 작업에 이어서 이루어지기 때문이다.

단위 시험 계획 결과서는 소프트웨어 구현 과정에서 병렬형으로 구현한 화면, 프로그램, DB의 시험을 진화적으로 실시하는 과정에서 작성하는 문서이다.

본 사업에서는 DB를 사용하지 않기 때문에 구현한 화면과 프로그램 로직에 대한 단위 시험을 수행한다.

다. 목적

단위 프로그램 기능의 완전성 확보를 위해 단위 시험을 계획하고, 계획에 따라 수행한 단위 시험 결과물을 관리하는 것이 목적이다.

단위 시험 계획 결과서는 하나의 단위 기능을 구현하는 프로그램에 대한 단위 시험뿐만 아니라, 이러한 단위 기능들의 부분적인 통합까지 포함하는 보다 폭넓은 개념으로 적용한다.

라. 적용 내용

"새북(SEBOOK) SW 개발 사업"의 단위 시험은 1차, 2차로 구분하여 관리하지만, 사실 개발자는 프로그램 개발이 완료될 때까지 수시로 단위 시험을 수행하게 된다.

사용자의 기능 요구 사항이 모두 확인 가능하도록 시험 범위를 설정해야 하며, 단위 시험 완료 기준을 마련하여 단위 결함 수가 일정 수준까지 도달하면, 단위 시험을 종료하고 통합 시험을 수행한다.

본 사업의 단위 시험 케이스는 6가지의 유형으로 설정하였으며, 프로그램의 특성에 따라 일부만 적용하거나 모두 적용하여 단위 시험을 수행할 수 있다.

5.4.3.2 작성 사례

가. 주요 항목 작성 사례 설명

▶ 단위 시험 목차

목차 구분			항목 설명
대분류	중분류	소분류	
1. 단위 시험 계획	1.1 단위 시험 개요	1.1.1 시험 목적	본 사업에 대한 단위 시험 목적을 기술한다. 〈예시〉 단위 시험은 프로젝트 팀에서 자체적으로 수행을 하며, 개발되는 시스템의 특성을 고려하여 업무별로 분리하여 하나의 화면을 독립적인 단위로 하여 "그 기능이 적절히 수행되는가"에 중점을 두어 단위 시험을 수행한다.
		1.1.2 시스템 구성	단위 시험을 위한 HW, SW, NW 구성과 활동의 가정, 제약 사항을 기술한다.
	1.2 시험 대상 및 주요 점검 항목	1.2.1 단위 시험 대상	"새북(SEBOOK)" 프로그램 전체 단위 기능을 단위 시험 대상으로 기술한다.
		1.2.2 주요 점검 항목	단위 시험을 수행할 때 요구되는 주요 고려 사항과 점검 항목을 기술한다.
	1.3 시험 절차 및 완료 기준	1.3.1 시험 절차	단위 시험 절차와 방법을 도식화여 기술한다.
		1.3.2 단위 시험 시험 완료 기준	단위 프로그램의 저장, 삭제, 갱신, 조회 등의 단위 시험 방법에 대하여 알기 쉽게 기술한다.
	1.4 시험 일정	1.4.1 단위 시험 조직	단위 시험을 위한 조직 구성과 책임 및 역할 등을 기술한다
		1.4.2 단위 시험 일정	본 사업의 기간 내에서 단위 시험 활동을 구분하여 수행 기간을 기술한다.

목차 구분			항목 설명
대분류	중분류	소분류	
1. 단위 시험 계획	1.5 결함 관리	1.5.1 결함 관리 절차	단위 시험 시에 확인된 결함을 식별하고 제거하기 위한 절차와 방법을 기술한다.
		1.5.2 결함 관리 방법	효과적인 단위 시험 관리 방법과 결과 관리를 위한 산출물을 제시한다. 〈예시〉 단위 시험 활동에서 확인되는 결함을 효율적으로 개선하고 동일한 결함이 계속 발생하지 않도록 아래에 제시하는 내용을 참조하여 결함을 개선한다. - 결함이 발생하면 반드시 오류 관리 대장에 작성한다. - 발생하는 결함의 위험도를 산정하고 위험도에 따라 결함 처리 강도를 결정한다.
2. 단위 시험 케이스	2.1 새북 (SEBOOK) 시스템		단위 프로그램에 대한 다양한 유형의 시험 케이스를 제시한다. 단위 시험 케이스는 프로그램 특성에 준하여 적용한다. 단, 단위 시험 케이스 항목에 대한 설명은 아래의 "단위 시험 케이스"를 참고한다.
3. 단위 시험 결과	3.1 새북 (SEBOOK) 시스템	3.1.1 단위 시험 결과 1차	단위 시험 케이스로 단위 시험을 수행한 첫 번째 결과를 기술한다.
		3.1.2 단위 시험 결과 2차	단위 시험 케이스로 단위 시험을 수행한 두 번째 결과를 기술한다.

▶ 단위 시험 케이스

작성 항목명	항목 설명	작성 구분 (필수/선택)
NO	일련 번호를 작성한다.	필수
단위 시험 ID	단위 시험을 구분하는 숫자나 문자로 구성한 식별 체계를 입력한다.	필수
단위 시험 케이스 명	단위 시험 케이스 내용을 알기 쉽게 축약해서 명칭을 기술한다. 〈예시〉 "결과값 반영(입출력/수정/삭제)"	필수
프로그램 ID	단위 시험과 연관된 프로그램 ID를 입력한다.	필수
화면 ID	단위 시험 대상이 되는 화면의 ID를 입력한다.	필수
화면 명	단위 시험 대상이 되는 화면의 명칭을 입력한다.	선택
구분	단위 시험 대상 화면의 구분(조회, 관리, 복합, 보고서 등)을 입력한다. 〈구분 설명〉 - 조　회: 자료 검색 관련 프로그램 화면 - 등　록: 자료 등록, 삭제, 수정 관련 프로그램 화면 - 복　합: 조회, 등록 등 2개 이상의 형식을 가진 프로그램 화면 - 보고서: 보고서 출력 형식의 프로그램 화면	필수
입력값	단위 시험을 진행하기 위하여 입력하는 시험 데이터 값을 입력한다. 만일, 입력 값이 없다면 정보를 입력하지 않는다. 〈예시〉 "일시 정지 입력 값"	필수
시험 조건	단위 시험을 수행하는 조건을 기술한다. 〈예시〉 "동영상 출력"	필수
예상 결과	단위 시험 수행 시에 예상되는 결과를 정상과 비정상의 경우로 구분하여 기술한다. 〈예시〉 "동영상 재생 및 일시 정지"	필수
비고	단위 시험 케이스와 관련이 있는 특기 사항을 기술한다	선택

▶ 단위 시험 결과

작성 항목명		항목 설명	작성 구분 (필수/선택)
NO		일련 번호를 작성한다.	필수
단위 시험 ID		단위 시험을 구분하는 번호나 문자로 구성한 식별 체계를 입력한다.	필수
단위 시험 케이스 명		단위 시험 결과서 내용을 알기 쉽게 축약해서 명칭을 기술한다.	필수
프로그램 ID		단위 시험과 연관된 프로그램 ID를 입력한다.	필수
화면 ID		단위 시험 대상이 되는 화면의 ID를 입력한다.	필수
화면 명		단위 시험 대상이 되는 화면의 명칭을 입력한다.	선택
단위 시험 결과	시험자	단위 시험을 수행한 사람의 이름을 입력한다.	필수
	시작일	단위 시험을 시작한 날짜를 입력한다. 〈예시〉 "'17.08.01"	필수
	완료일	단위 시험을 종료한 날짜를 입력한다. 〈예시〉 "'17.08.04"	필수
	시험 결과	단위 시험 결과(적합, 중결함, 경결함, 편의성 등)을 입력한다. 〈구분 설명〉 - 적 합: 해당 프로그램이 정상적으로 동작한 경우 - 중결함: 등록, 수정, 삭제 등 심각한 오류가 발생한 경우 - 경결함: 조회, 출력 등 가벼운 오류가 발생한 경우 - 편의성: 오류는 아니지만, 사용자 관점의 편의성이 저하된 경우	필수
비고		단위 시험과 관련된 참조 사항이나 특이 사항을 기술한다. 본 사업에서는 단위 시험 차수를 입력한다.	선택

나. 작성 예제

▶ "1.2.2 주요 점검 항목" 작성 방법 설명

"1.2.2 주요 점검 항목"은 단위 시험에서 고려해야 할 주요 점검 항목을 제시한다.

단위 시험(unit test)의 유형을 구분하여 체크 포인트(check point)와 체크 포인트의 시험 방법(test method)을 기술한다.

프로그램의 단위 시험 케이스를 수립할 때, 시험 유형과 체크 포인트를 참조하여 작성한다.

단위 시험 계획 결과서를 작성할 때 유념해야 할 사항이 있다. 단위 시험은 구현된 화면, 구현된 프로그램, 구현된 데이터베이스(있을 경우)가 함께 연동된다는 사실이다.

(그림 5-4-3-1)에 제시하는 바와 같은 "1.2.2 주요 점검 항목"에 대한 작성 예시를 참조하여 단위 시험 계획 결과서의 "주요 점검 항목"에 대한 내용을 작성한다.

(그림 5-4-3-1) "1.2.2 주요 점검 항목" 작성 사례

1.2.2 주요 점검 항목
단위 시험의 주요 고려사항은 다음과 같다.

- 일반적인 UI 설계 원칙
- 사용자 인터페이스 설계 지침 준수
- 보고서 화면 등에 대한 표준 설정 및 준수
- 단위 프로그램의 기능 시험
- 모듈과 모듈간의 연계성
- 외부 인터페이스 모듈 단위 시험

단위 시험에 필요한 점검 항목을 시험 유형별 체크 포인트를 정리하면 아래의 표와 같다. 단 시험 유형은 프로그램의 특성에 따라 추가하거나 제외할 수 있다.

시험 유형	체크 포인트	설명
결과값 반영 (입·출력/ 수정/삭제)	입력/수정/삭제	화면 상의 입력/수정/삭제 기능이 제대로 수행되는지 확인한다.
	입력/수정/삭제 값 반영 여부	입력/수정/삭제 값이 정상적으로 반영되고 관리되는지 확인한다.

시험 유형	체크 포인트	설명
계산 값 처리	계산 값	수작업 또는 로직에 의한 계산이 정상적으로 수행되는지 확인한다.
입력 유효 값	입력/수정 값 검증	경계 값, 범위, 자릿수 등 입력 유효 값 검증을 수행하는지 확인한다.
데이터 조회	조회 여부	검색 조건 오류, 조회 기능 오류 등의 발생 여부를 확인한다.
	조회 항목	설정된 조회 항목의 적정성과 설정된 조회 항목으로 정상적인 조회 결과가 도출되는지 확인한다.
	조회 내용	조회 결과 데이터 오류 또는 프로그램 오류로 원치 않는 내용이 조회되는지 확인한다.
	조회 내용의 무결성 (master-detail)	동일한 조회 조건으로 여러 다른 프로그램에서 조회를 수행 할 경우 결과 값이 모두 일치하는지 확인한다.
	조회 필드 레이아웃	조회 화면의 필드 구성이 올바른지 확인한다.
메시지	경고 메시지 표시	오류 등에 대한 경고 메시지 표시 여부를 확인한다.
	입력/수정/삭제 반영 메시지 표시	입력/수정/삭제 작업의 확인 정보가 올바른지 확인한다.
	메시지 내용에 대한 이해도	메시지 내용이 작업의 진행 상황을 쉽게 이해할 수 있게 되어있는지 확인한다.
	잘못된 메시지	처리 내용과 메시지 내용이 일치하는지 확인한다.
인터페이스	내부 어플리케이션 링크	call 되는 프로그램/모듈의 링크 값이 올바른지 확인한다. (연계 기능은 통합 시험에서 수행)
	타 시스템/장비 링크	다른 시스템으로 연계된 경우 연계 정보가 정확하게 생성되는지 확인 한다. (연계 기능은 통합 시험에서 수행)

▶ "1.4.2 단위 시험 일정" 작성 방법 설명

"1.4.2 단위 시험 일정"은 단위 시험 계획 수립, 단위 시험 시나리오 작성, 1차, 2차 단위 시험 수행 및 결과 정리까지의 단위 시험 일정을 제시한다.

단위 시험의 일정은 통합 시험이나 시스템 시험과는 달리 거의 1회성의 시험 일정을 가지는 것이 아니다. 프로그램의 구현 과정에서 수시로 테스트가 이루어지는 특성을 가지고 있다. 이 점을 감안하여 시험 일정이 유연성 있게 지정되어 수행되는 특성을 가진다.

단위 시험의 경우, 시험이 완료된 이후에 결함이 발견된 부분을 제외하고는 재시험이 이루어지지는 않는다.

(그림 5-4-3-2)에 제시된 "1.4.2 단위 시험 일정"에 대한 작성 사례를 참조하여 단위 시험 계획 결과서의 "단위 시험 일정"에 대한 내용을 작성한다.

(그림 5-4-3-2) "1.4.2 단위 시험 일정" 작성 사례

1.4.2 단위 시험 일정

단위 시험은 구현 단계에 수행한다.
프로그램 모듈 별 개발 진행 상황에 따라 일부 변경될 수 있다.
전체 프로젝트 진행 일정에 따른 단위 시험 일정은 다음과 같다.

항 목	일 정	담당자	비 고
단위 시험 계획 수립	2017.01.23~2017.01.25	PM, PL	
단위 시험 시나리오 작성	2017.05.01~2017.05.04	PL, 개발자	
단위 시험 교육	2017.05.08~2017.05.09	PL	
1차 단위 시험 수행	2017.07.03~2017.07.31	PL, 개발자, 시험인력	
1차 단위 시험 결과 정리	2017.07.17~2017.08.11	시험 관리자, PL	
2차 단위 시험 수행	2017.08.01~2017.08.31	PL, 개발자, 시험인력	
2차 단위 시험 결과 정리	2017.08.14~2017.09.05	시험 관리자, PL	

▶ "단위 시험 케이스" 작성 방법 설명

"단위 시험 케이스"는 프로그램의 모든 기능을 대상으로 적용이 가능한 단위 시험의 케이스를 제시한다.

구축된 프로그램마다 특성이 다르기 때문에 설정된 단위 케이스가 모두 적용되지는 않는다.

케이스 적용 여부의 선별은 프로그램 구분(조회, 등록, 복합, 보고서)을 참조하여 적용할 수 있다. 해당 케이스가 적용되지 않는다면, 입력 값, 시험 조건 항목에 "제외"를 입력한다.

(그림 5-4-3-3)에 제시된 "단위 시험 케이스"에 대한 작성 사례를 참조하여 단위 시험 계획 결과서의 "단위 시험 케이스"에 대한 내용을 작성한다.

(그림 5-4-3-3) "단위 시험 케이스" 작성 사례

[단위 시험 케이스]

NO	단위 시험 ID	단위 시험 케이스 명	프로그램 ID	화면 ID	화면 명	구분	입력 값	시험 조건	예상 결과	비고
1	ML-012-01-A01	결과값 반영(…)	ML-012-01	SB-100	새북 메인 화면	복합	파일 경로	파일 선택	동영상 출력	
2	ML-012-01-B01	계산 값 처리	ML-012-01	SB-100	새북 메인 화면	복합	제외	제외		
3	ML-012-01-C01	입력 유효값	ML-012-01	SB-100	새북 메인 화면	복합	제외	제외		
4	ML-012-01-D01	데이터 조회	ML-012-01	SB-100	새북 메인 화면	복합	제외	제외		
5	ML-012-01-E01	메시지	ML-012-01	SB-100	새북 메인 화면	복합	제외	제외		
6	ML-012-01-F01	인터 페이스	ML-012-01	SB-100	새북 메인 화면	복합	제외	제외		
7	ML-013-01-A02	결과값 반영(…)	ML-013-01	SB-100	새북 메인 화면	복합	재생, 일시 정지 이벤트 값	동영상 출력	동영상 출력 및 일시 정지	
8	ML-013-01-B02	계산 값 처리	ML-013-01	SB-100	새북 메인 화면	복합	일시 정지 위치 값	동영상 출력	입력 위치에서 동영상 일시 정지	
9	ML-013-01-C02	입력 유효값	ML-013-01	SB-100	새북 메인 화면	복합	제외	제외		
10	ML-013-01-D02	데이터 조회	ML-013-01	SB-100	새북 메인 화면	복합	제외	제외		
…	…	…	…	…	…	…	…	…	…	…
353	EV-011-01-E01	메시지	EV-011-01	SB-800	도움말 제공	조회	제외	제외		
354	EV-011-01-F01	인터 페이스	EV-011-01	SB-800	도움말 제공	조회	제외	제외		

▶ "단위 시험 결과" 작성 방법 설명

"단위 시험 결과"는 단위 시험 케이스가 설정된 프로그램의 모든 기능에 대하여 단위 시험을 수행한 결과를 제시한다.

단위 시험 결과 항목은 사용자가 프로그램을 사용하기 어려운 경우는 "중결함"으로 입력한다.사용은 가능하나 오류로 판정된 것은 "경결함"으로 입력한다. 중결함과 경결함의 차이는 상태의 심각성으로 판단이 이루어지며 어느 정도 정성적인 판단을 허용한다. 오류는 아니지만 사용자 입장에서 불편한 기능의 경우에는 "편의성"으로 입력하고, 차후에 협의를 통하여 보완 여부가 결정되면 해당 기능을 개선한다.

(그림 5-4-3-4)에 제시된 "단위 시험 결과"에 대한 작성 사례를 참조하여 단위 시험 계획 결과서의 "단위 시험 결과"에 대한 내용을 작성한다.

(그림 5-4-3-4) "단위 시험 결과" 작성 사례

[단위 시험 결과]

NO	단위 시험 ID	단위 시험 케이스 명	프로그램 ID	화면 ID	화면 명	단위 시험 결과				비고
						시험자	시작일	완료일	시험 결과	
1	ML-012-01-A01	결과값 반영(…)	ML-012-01	SB-100	새북 메인 화면	정길동	2017.07.17	2017.07.21	중결함	1차
2	ML-012-01-B01	계산 값 처리	ML-012-01	SB-100	새북 메인 화면	정길동	2017.07.17	2017.07.21	적합	1차
3	ML-012-01-C01	입력 유효값	ML-012-01	SB-100	새북 메인 화면	정길동	2017.07.17	2017.07.21	적합	1차
4	ML-012-01-D01	데이터 조회	ML-012-01	SB-100	새북 메인 화면	정길동	2017.07.17	2017.07.21	적합	1차
5	ML-012-01-E01	메시지	ML-012-01	SB-100	새북 메인 화면	정길동	2017.07.17	2017.07.21	적합	1차
6	ML-012-01-F01	인터 페이스	ML-012-01	SB-100	새북 메인 화면	정길동	2017.07.17	2017.07.21	적합	1차
7	ML-013-01-A02	결과값 반영(…)	ML-013-01	SB-100	새북 메인 화면	정길동	2017.07.17	2017.07.21	적합	1차
8	ML-013-01-B02	계산 값 처리	ML-013-01	SB-100	새북 메인 화면	정길동	2017.07.17	2017.07.21	적합	1차
9	ML-013-01-C02	일력 유효 값	ML-013-01	SB-100	새북 메인 화면	정길동	2017.07.17	2017.07.21	적합	1차
10	ML-013-01-D02	데이터 조회	ML-013-01	SB-100	새북 메인 화면	정길동	2017.07.17	2017.07.21	적합	1차
…	…	…	…	…	…	…	…	…	…	…
353	EV-011-01-E01	메시지	EV-011-01	SB-800	도움말 제공	정길동	2017.07.17	2017.07.21	적합	1차
354	EV-011-01-F01	인터 페이스	EV-011-01	SB-800	도움말 제공	정길동	2017.07.17	2017.07.21	적합	1차

다. 단위 시험 계획 결과서 주요 ID 체계

"새북(SEBOOK) SW 개발 사업"의 단위 시험 계획 결과서에서 단위 시험 계획에는 요구 사항 정보를 포함하고, 단위 시험 결과에는 관련 프로그램 및 화면 정보, 단위 시험 정보를 포함한다. 단위 시험 계획 결과서에서 사용하는 요구 사항 ID, 화면 ID, 프로그램 ID, 단위 시험 ID 체계는 아래와 같다. 사업의 특성에 맞추어 변경하거나 새롭게 정의할 수 있다.

▶ 요구 사항 ID 체계 정의 및 예시

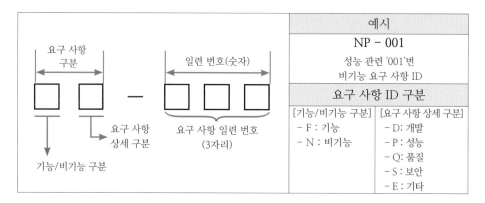

▶ 화면 ID 체계 정의 및 예시

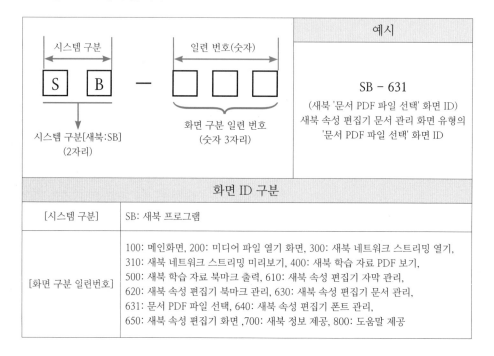

▶ 프로그램 ID 체계 정의 및 예시

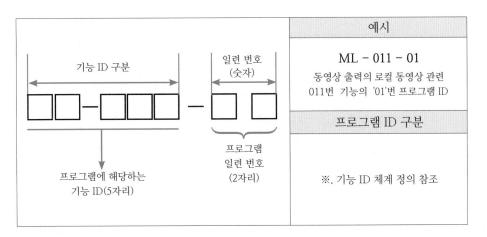

▶ 단위 시험 ID 체계 정의 및 예시

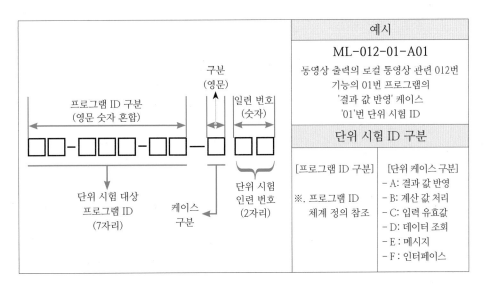

5.4.3.3 단위 시험 계획 결과서 관련 산출물 구성

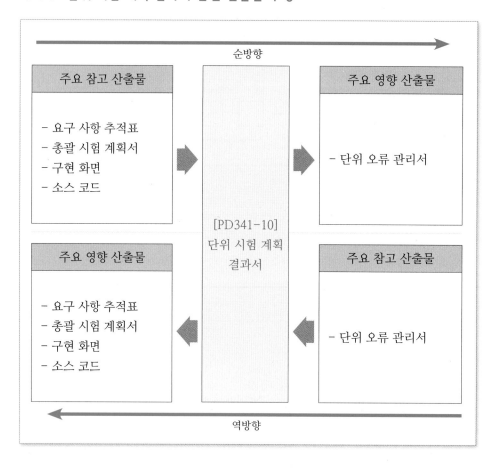

순방향

주요 참고 산출물		주요 영향 산출물
- 요구 사항 추적표 - 총괄 시험 계획서 - 구현 화면 - 소스 코드	[PD341-10] 단위 시험 계획 결과서	- 단위 오류 관리서
주요 영향 산출물		주요 참고 산출물
- 요구 사항 추적표 - 총괄 시험 계획서 - 구현 화면 - 소스 코드		- 단위 오류 관리서

역방향

5.4.4 단위 오류 관리서[PD341-20]

5.4.4.1 개요

가. 방법론 상의 위치

세그먼트		태스크		산출물	
PD340	단위 시험 작업	PD341	단위 시험 수행	PD341-20	단위 오류 관리서

나. 정의

　단위 오류 관리서는 단위 시험에서 발생한 오류를 처리하기 위한 관리 문서이다.

　단위 시험 계획 결과서는 단위 시험 계획과 계획에 따른 시험 활동 결과를 중심으로 단위 시험에 대응한다. 단위 오류 관리서는 단위 시험의 과정에서 어떤 유형의 오류를 언제, 누가 발견하였으며, 언제, 누가 어떻게 조치하였는가와 같은 세부적인 오류 대응 사항에 대한 관리를 하는 문서이다.

다. 목적

　단위 시험에서 발생한 오류를 빠짐없이 처리할 수 있도록 관리하여 프로그램의 품질을 높이는 것이 목적이다.

　기존 방법론에서의 단위 시험(unit test)과는 달리, 병렬형 소프트웨어 개발 방법론인 K-Method에서는 특정 일정을 정하여 시험을 진행하는 형태가 아니다. 병렬 개발 구간에서 개발을 진행하는 과정에 지속적으로 단위 시험을 진행하면서 오류를 식별하고 해결해 나가는데 그 과정을 관리하는 것을 목적으로 한다.

라. 적용 내용

　새북(SEBOOK) 프로그램의 기능에 대한 단위 시험 수행 결과 중에 "중결함", "경결함, "편의성"에 대한 내용을 개선하기 위하여 단위 오류 관리서를 활용한다.

　단위 오류 관리서 작성 시에는 완전한 오류 개선이 가능하도록 오류 내용, 수정 내용, 확인 일자, 조치 구분 등의 항목을 빠짐없이 작성한다.

　특히, 자주 동일하게 발생하는 오류는 원인을 분석하여 일괄적으로 해결하는 방법을 찾는 것이 바람직하다.

　저장 실패 등과 같은 중대한 오류는 반드시 철저하게 개선이 이루어질 수 있도록 관리해야 한다.

5.4.4.2 작성 사례

가. 주요 항목 작성 사례 설명

작성 항목명		항목 설명	작성 구분 (필수/선택)
NO		일련 번호를 작성한다.	필수
단위 오류 정보	오류 구분	단위 프로그램에서 발생하는 오류의 유형(중결함, 경결함, 편의성 등)을 기술한다.	필수
	단위 시험 ID	단위 시험을 구분하는 숫자나 문자 등 식별 체계를 입력한다.	필수
	단위 시험 오류 ID	단위 프로그램 시험 시에 발생한 오류를 식별하는 숫자나 문자 등 식별 체계를 입력한다.	필수
	오류 명	단위 시험의 오류 명칭을 입력한다.	필수
	오류 내용	단위 시험에서 발생한 오류의 상세한 내용을 기술한다.	필수
발견 정보	발견 일자	단위 시험 오류가 발생한 일자를 입력한다.	필수
	발견자	단위 시험 오류를 발견한 사람의 이름을 입력한다.	필수
오류 수정 정보	조치 일자	발생한 단위 시험 오류를 개선한 일자를 입력한다.	필수
	조치자	단위 시험 오류를 개선한 사람의 이름을 입력한다.	필수
	수정 내용	발생한 오류를 개선한 내용을 기술한다.	필수
조치 확인 정보	확인 일자	개선한 오류를 다시 확인한 일자를 입력한다.	필수
	확인자	단위 시험 오류를 개선하였는지 확인한 사람의 이름을 입력한다.	필수
	조치 구분	단위 시험 오류의 개선 진행 내역(완료, 보류, 진행 중 등)을 입력한다.	필수

나. 작성 예제

▶ "단위 오류 관리서" 작성 방법 설명

"단위 오류 관리서"는 단위 시험에서 확인이 이루어진 오류(error)에 대한 개선 활동을 관리하기 위하여 작성한다.

설정된 항목은 모두 꼼꼼하게 작성해야 한다. 편의성 문제도 오류의 유형 중의 하나로 분류하여 관리한다.

만일, 동일한 단위 시험에 오류가 2번 이상 발생하면, 단위 시험 오류 ID의 순번을 증가해서 ID를 채번한다.

또한, "오류 내용", "수정 내용" 등 오류 정보 확인을 위한 항목은 누구나 이해하기 쉽도록 자세하게 기술해야 한다.

(그림 5-4-4-1)에 제시된 "단위 오류 관리서"에 대한 작성 사례를 참조하여 단위 오류 관리서에 대한 내용을 작성한다.

(그림 5-4-4-1) "단위 오류 관리서" 작성 사례

[단위 오류 관리서]

| NO | 단위 시험 오류 정보 | | | | | 발견 정보 | | 오류 수정 정보 | | | 조지 확인 정보 | | | 비고 |
	오류 구분	단위 시험 ID	단위 시험 오류 ID	오류명	오류 내용	발견 일자	발견자	조치 일자	조치자	수정 내용	확인 일자	확인자	조치 구분	
1	중결함	ML-012-01-A01	ML-012-01-A01-E01	PDF 아이콘 오류(1차)	PDF 설정을 하지 않은 경우, 하단의 PDF 아이콘을 선택하면 오류 발생	2017.07.17	정길동	2017.07.24	유길순	아이콘 오류 수정	2017.07.24	정길동	완료	
2	중결함	ML-012-01-A01	ML-023-01-A05-E01	동영상 재생 오류(1차)	동영상 파일을 불러와서 선택해도 해당 동영상 재생이 안 됨	2017.07.18	정길동	2017.07.25	유길순	재생 오류 수정	2017.07.25	정길동	완료	
3	중결함	ML-012-01-A01	BC-011-01-A05-C01	북마크 시간 저장 오류(1차)	최대 동영상 시간을 초과해서 입력 가능	2017.07.18	정길동	2017.07.25	유길순	북마크 시간 오류 수정	2017.07.26	정길동	완료	
...	...	...	...	...	...	...	...	...	...		...	...	...	

다. 단위 오류 관리서 주요 ID 체계

"새북(SEBOOK) SW 개발 사업"의 단위 오류 관리서에서 사용하는 단위 시험 ID, 단위 시험 오류 ID 체계는 아래와 같다. 사업의 특성에 맞추어 변경하거나 새롭게 정의할 수 있다.

▶ 단위 시험 ID 체계 정의 및 예시

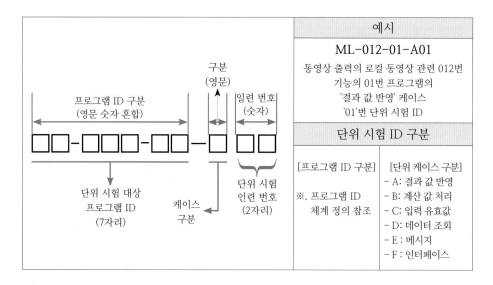

▶ 단위 시험 오류 ID 체계 정의 및 예시

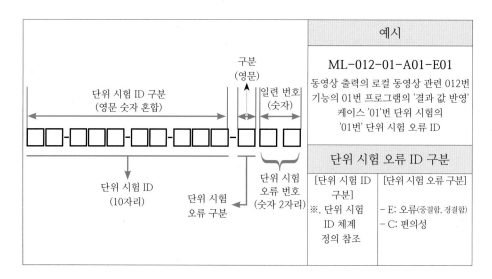

5.4.4.3 단위 오류 관리서 관련 산출물 구성

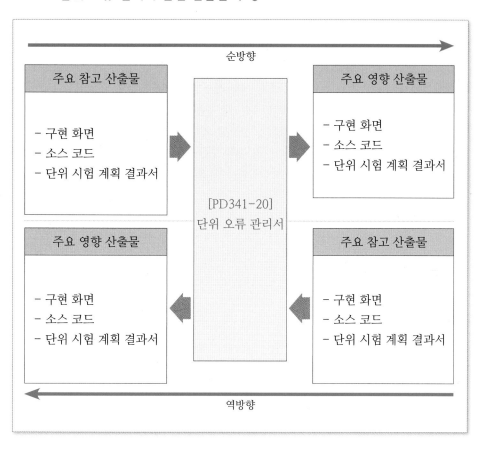

5.5 시험 단계[CC100]

"새북(SEBOOK) SW 개발 사업"의 시험 단계[CC100]는 "통합 시험 작업"과 "시스템 시험 작업"으로 구분하여 수행한다.

본 사업에서는 통합 시험 작업 및 시스템 시험 작업 모두 적용되었다.

K-Method의 시험 단계[CC100]에서 작성되는 4종류의 표준 산출물("통합 시험 결과서", "통합 오류 결과서", "시스템 시험 결과서", "시스템 오류 결과서") 을 모두 작성한다.

통합 오류 관리서와 시스템 오류 관리서를 통해 모든 시험의 오류에 대한 결과를 관리한다.

시험 단계는 병렬 개발 구간의 단위 시험을 완료된 후 직렬형으로 수행한다.

시험 단계 산출물 간의 연계 정보와 구성은 (그림 5-5-1-1)과 같다.

(그림 5-5-1-1) 시험 단계[CC100] 산출물 연관 구성도

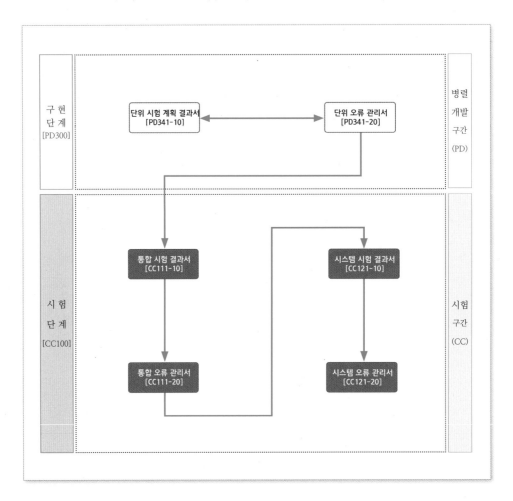

5.5.1 통합 시험 결과서[CC111-10]

5.5.1.1 개요

가. 방법론 상의 위치

세그먼트		태스크		산출물	
CC110	통합 시험 작업	CC111	통합 시험 수행	CC111-10	통합 시험 결과서

나. 정의

　통합 시험 결과서는 통합 시험 일정에 따라 시나리오 및 케이스로 통합 시험을 수행한 결과 문서이다.

　통합 시험의 수행은 병렬 개발 구간의 작업을 완료하여 모든 단위 시험을 마친 상황이다. 통합 시험 결과서는 직렬형으로 통합 시험을 수행한 결과를 반영한다.

다. 목적

　설정한 시나리오 순서대로 단위 프로그램을 수행했을 때, 생성되고 처리되는 기능과 정보가 올바르게 관리되고 동작하는지 확인하는 것이 목적이다.

　통합이라는 의미가 시사하는 바와 같이 문제의 시작으로부터 완결까지를 모두 포함해야 한다.

　통합 시험 결과서는 전체의 기능을 통합하여 진행하되, 인터페이스(interface)까지 포함한 전체적인 비즈니스 프로세스(business process)의 완전성을 검증하는 것을 주요 목적으로 한다.

라. 적용 내용

　새북(SEBOOK) 프로그램의 통합 시험을 위하여 전체적으로 7가지 시나리오를 마련하였다. 또한 각각의 통합 시험 시나리오마다 통합 시험 케이스(integration test case)를 적용하였다.

　본 사업에서는 통합 시험 ID와 시나리오 ID를 통합하여 관리하며, 상향식, 하향식, 병렬식으로 구분하여 시험 유형을 설정하였다.

　통합 시험(integration test)은 전체 단위 기능에 대하여 빠짐없이 시험해야 한다.

　따라서 새북(SEBOOK) 프로그램의 모든 단위 프로그램을 포함한 통합 시험을 수행하고 결과를 도출해야 한다.

5.5.1.2 작성 사례

가. 주요 항목 작성 사례 설명

▶ 통합 시험 시나리오

작성 항목명	항목 설명	작성 구분 (필수/선택)
통합 시험 ID (시나리오 ID)	통합 시험을 구분하는 숫자나 문자로 구성한 식별 체계를 기술한다. 본 사업에서는 통합 시험 ID와 시나리오 ID를 통합하여 사용한다. 〈예시〉 "PA-001"	필수
시험 유형	시나리오가 포함하고 있는 유형을 모두 입력한다. 〈시험 유형 설명〉 - 상향식[UP]: 하위 모듈부터 점진적으로 상위 모듈로 　　　　　　　이동하면서 확인하는 통합 시험 유형 - 하향식[DW]: 상위 모듈부터 하위 모듈로 이동하면서 　　　　　　　확인하는 통합 시험 유형 - 병렬식[PA]: 상위 모듈 및 하위 모듈 양방향으로 　　　　　　　이동하면서 확인하는 통합 시험 유형	필수
시나리오 명	통합 시험의 시나리오 내용을 축약해서 명칭을 기술한다. 〈예시〉 "자막 동영상 출력"	필수
시나리오 내용	통합 시험 시나리오 내용을 구체적으로 기술한다. 〈예시〉 1. 동영상 선택 2. 폰트 등록 3. 자막 등록 4. 동영상 자막 출력 확인	필수
비고	통합 시험 시나리오와 관련이 있는 특기 사항을 기술한다.	선택

▶ 통합 시험 케이스

작성 항목명	항목 설명	작성 구분 (필수/선택)
NO	일련 번호를 작성한다.	필수
통합 시험 ID	통합 시험을 구분하는 숫자나 문자로 구성한 식별 체계를 기술한다.(시나리오 ID와 동일 함)	필수
케이스 ID	통합 시험 케이스를 구분하는 숫자나 문자로 구성한 식별 체계를 기술한다. 〈예시〉 "IT-001-C01"	필수
케이스 명	통합 시험 케이스 내용을 축약해서 명칭을 기술한다. 〈예시〉 "동영상 선택"	필수
화면 ID	통합 시험 대상이 되는 화면의 ID를 기술한다.	필수
화면 명	통합 시험 대상이 되는 화면의 명칭을 입력한다.	선택
입력 값	통합 시험을 진행하기 위하여 입력하는 시험 데이터 값을 입력한다. 만일, 입력 값이 없다면 정보를 입력하지 않는다. 〈예시〉 "파일 경로 값"	필수
사전 조건	자료를 삭제하기 전에 먼저 입력이 필요한 경우 등 통합 시험을 수행하기 전에 필요한 선행 내용을 기술한다.	필수
예상 결과	통합 시험 수행 시에 예상되는 결과를 정상과 비정상의 경우로 구분하여 입력한다. 〈예시〉 "선택한 동영상 출력"	필수
프로그램 ID	통합 시험과 연관된 프로그램 ID를 입력한다.	필수
비고	통합 시험 케이스와 관련이 있는 특기 사항을 기술한다.	선택

▶ 통합 시험 결과

작성 항목명		항목 설명	작성 구분 (필수/선택)
NO		일련 번호를 작성한다.	필수
통합 시험 ID		통합 시험을 구분하는 숫자나 문자로 구성한 식별 체계를 입력한다.(시나리오 ID와 동일 함)	필수
시나리오 명		통합 시험의 시나리오 내용을 축약해서 명칭을 기술한다.	필수
케이스 ID		통합 시험 케이스를 구분하는 숫자나 문자로 구성한 식별 체계를 기술한다.	필수
케이스 명		통합 시험 케이스 내용을 축약해서 명칭을 기술한다.	필수
화면 ID		통합 시험 대상이 되는 화면의 ID를 입력한다.	필수
화면 명		통합 시험 대상이 되는 화면의 명칭을 입력한다.	선택
프로그램 ID		통합 시험과 연관된 프로그램 ID를 입력한다.	필수
통합 시험 결과	시험자	통합 시험을 수행한 사람의 이름을 입력한다.	필수
	시작 일자	통합 시험을 시작한 날짜를 입력한다.	필수
	완료 일자	통합 시험을 완료한 날짜를 입력한다.	필수
	시험 결과	통합 시험 결과를 입력한다. 〈시험 결과 설명〉 – 적 합: 해당 프로그램이 정상적으로 동작한 경우 – 중결함: 심각한 오류가 발생한 경우 – 경결함: 가벼운 오류가 발생한 경우 – 편의성: 오류는 아니지만, 사용자 관점의 편의성이 저하된 경우	필수
비고		통합 시험 결과와 관련이 있는 특기 사항을 기술한다.	선택

나. 작성 예제

▶ "1. 통합 시험 시나리오" 작성 방법 설명

"1. 통합 시험 시나리오"는 프로그램을 사용하는 유형별로 시나리오 형태로 작성한다.

시나리오는 프로그램 사용을 흐름에 따라 상향식, 하향식, 병렬식으로 구분하여 작성하며, 각각의 시나리오는 1개 이상의 절차를 가진다.

수립된 통합 시험 시나리오 절차는 통합 시험 케이스(integration test case)로 형상화된다.

(그림 5-5-1-2)에 제시된 "1. 통합 시험 시나리오"에 대한 작성 사례를 참조하여 통합 시험 결과서의 "통합 시험 시나리오"에 대한 내용을 작성한다.

(그림 5-5-1-2) "1. 통합 시험 시나리오" 작성 사례

1. 통합 시험 시나리오

통합시험 ID (시나리오 ID)	시험 유형	시나리오 명	시나리오 내용	비고
PA-001	병렬식	자막 동영상 재생	1. 동영상 선택 2. 폰트 등록 3. 자막 등록 4. 동영상 자막 출력 확인	
DW-001	하향식	동기화된 학습 자료와 동영상 재생	1. 동영상 선택 2. 학습 자료 연결 설정 3. 목차 항목 구성 4. 문서 연결 정보 구성 5. 동영상과 학습 자료 동기화 확인	
DW-002	하향식	스트리밍 동영상 출력	1. 스트리밍 동영상 제공 사이트 연결 2. 스트리밍 동영상 선택 3. 스트리밍 동영상 출력 확인	
PA-002	병렬식	스트리밍 동영상의 북마크 이동	1. 스트리밍 동영상 제공 사이트 연결 2. 스트리밍 동영상 선택 3. 학습 자료 연결 설정 4. 목차 항목 구성 5. 문서 연결 정보 구성 6. 북마크 정보 등록 7. 스트리밍 동영상의 북마크 이동 확인	
…	…	…	…	…

▶ "2. 통합 시험 케이스" 작성 방법 설명

"2. 통합 시험 케이스"는 통합 시험ID(시나리오 ID)를 기준으로 시험 절차를 참고하여 케이스를 작성한다.

각각의 통합 시험 케이스(integration test case) 별로 식별 ID(identification ID)를 부여하고 관련 화면 및 프로그램 정보를 연결한다.

해당 통합 시험 케이스에 특정 값과 사전 조건을 입력하였을 경우 예상 결과를 산정하여 기술한다.

(그림 5-5-1-3)에 제시된 "2. 통합 시험 케이스"에 대한 작성 사례를 참조하여 통합 시험 결과서의 "통합 시험 케이스"에 대한 내용을 작성한다.

(그림 5-5-1-3) "2. 통합 시험 케이스" 작성 사례

2. 통합 시험 케이스

NO	통합 시험 ID (시나리오ID)	케이스 ID	케이스 명	화면 ID	화면 명	입력 값	사전 조건	예상 결과	프로그램 ID	비고
1	PA-001	PA-001-D01	동영상 선택	SB-200	미디어 파일 열기	파일 경로 값	파일 선택	선택한 동영상 출력	ML-011-01	
2		PA-001-D02	폰트 등록	SB-640	새북 속성 편집기 폰트 관리	폰트 관리 화면 오픈	폰트 정보 입력	등록된 폰트 정보 출력	FC-021-01	
3						신규 폰트 정보(스타일) 등	새북 속성 편집기(폰트) 출력	입력된 폰트 정보 저장	FC-021-02	
4		PA-001-D03	자막 등록	SB-610	새북 속성 편집기 자막 관리	자막 관리 화면 오픈	자막 정보 입력	입력된 자막 정보 출력	JA-011-01	
5						자막 정보 값(시간 등)	새북 속성 편집기(자막) 출력	등록된 자막 정보 저장	JA-011-02	
6		IT-001-D04	동영상 자막 출력 확인	SB-100	새북 메인 화면	파일 경로	파일 선택	동영상 출력	ML-012-01	
7	DW-001	DW-002-D01	동영상 선택	SB-200	미디어 파일 열기	파일 경로 값	파일 선택	선택한 동영상 출력	ML-011-01	
…	…	…	…	…	…	…	…	…	…	…

▶ "3. 통합 시험 결과" 작성 방법 설명

"3. 통합 시험 결과"는 통합 시험 시나리오 및 케이스가 설정된 프로그램의 기본 및 연관 기능에 대한 통합 시험을 수행하고 결과를 작성한다.

통합 시험 결과 항목에는 사용자가 프로그램을 사용하기 어려운 것은 "중결함"으로 입력한다. 사용은 가능하나 오류로 판정된 것은 "경결함"으로 입력한다.

오류(error)는 아니더라도 사용자 입장에서 불편하다고 파악된 비즈니스 프로세스 상의 통합적인 기능은 "편의성"으로 입력하고, 차후에 협의를 통하여 보완 여부가 결정되면 해당 기능을 개선한다.

(그림 5-5-1-4)에 제시된 "3. 통합 시험 결과"에 대한 작성 사례를 참조하여 통합 시험 결과서의 "통합 시험 결과"에 대한 내용을 작성한다.

(그림 5-5-1-4) "3. 통합 시험 결과" 작성 사례

3. 통합 시험 결과

NO	통합 시험 ID (시나리오ID)	시나리오 명	케이스 ID	케이스 명	화면 ID	화면 명	프로그램 ID	통합 시험 결과				비고
								시험자	시작 일자	완료 일자	시험 결과	
1	IT-001	자막 동영상 출력	IT-001-C01	동영상 선택	S B - 200	미디어 파일 열기	ML-011-01	김길용	2017. 09. 04	2017. 09. 08	적합	
2			IT-001-C02	폰트 등록	S B - 640	새북 속성 편집기 폰트 관리	FC-021-01	김길용	2017. 09. 04	2017. 09. 08	적합	
3							FC-021-02	김길용	2017. 09. 04	2017. 09. 08	적합	
4			IT-001-C03	자막 등록	S B - 610	새북 속성 편집기 자막 관리	JA-011-01	김길용	2017. 09. 04	2017. 09. 08	적합	
5							JA-011-02	김길용	2017. 09. 04	2017. 09. 08	중결함	
6			IT-001-C04	동영상 자막 출력 확인	S B - 100	새북 메인 화면	ML-012-01	김길용	2017. 09. 04	2017. 09. 08	적합	
7	IT-002	동기화된 학습 자료와 동영상 출력	IT-002-C01	동영상 선택	S B - 200	미디어 파일 열기	ML-011-01	김길용	2017. 09. 04	2017. 09. 08	적합	
…	…	…	…	…	…	…	…	…	…	…	…	…

다. 통합 시험 결과서 주요 ID 체계

"새북(SEBOOK) SW 개발 사업"의 통합 시험 결과서에서 사용하는 통합 시험(시나리오) ID, 통합 시험 케이스 ID, 화면 ID, 프로그램 ID 체계는 아래와 같다. 사업의 특성에 맞추어 변경하거나 새롭게 정의할 수 있다.

▶ 통합 시험(시나리오) ID 체계 정의 및 예시

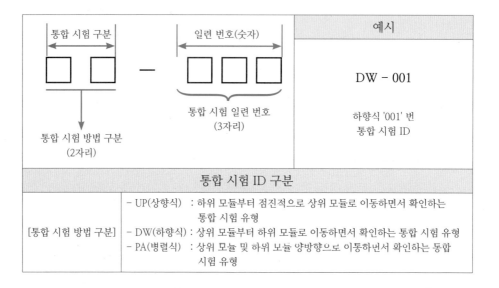

▶ 통합 시험 케이스 ID 체계 정의 및 예시

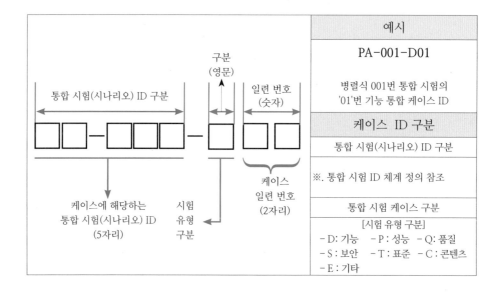

▶ 화면 ID 체계 정의 및 예시

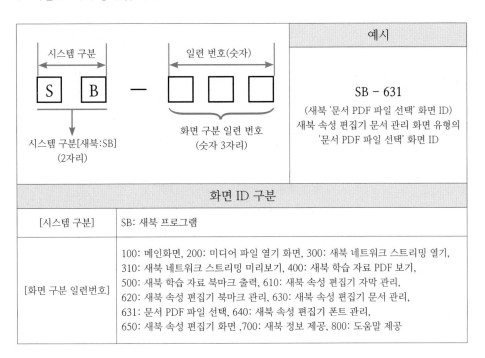

화면 ID 구분	
[시스템 구분]	SB: 새북 프로그램
[화면 구분 일련번호]	100: 메인화면, 200: 미디어 파일 열기 화면, 300: 새북 네트워크 스트리밍 열기, 310: 새북 네트워크 스트리밍 미리보기, 400: 새북 학습 자료 PDF 보기, 500: 새북 학습 자료 북마크 출력, 610: 새북 속성 편집기 자막 관리, 620: 새북 속성 편집기 북마크 관리, 630: 새북 속성 편집기 문서 관리, 631: 문서 PDF 파일 선택, 640: 새북 속성 편집기 폰트 관리, 650: 새북 속성 편집기 화면 ,700: 새북 정보 제공, 800: 도움말 제공

▶ 프로그램 ID 체계 정의 및 예시

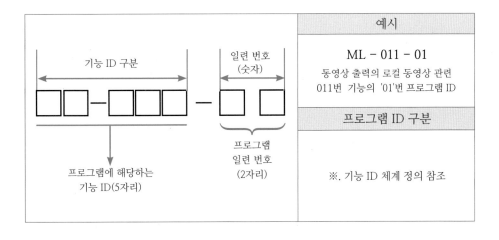

5.5.1.3 통합 시험 결과서 관련 산출물 구성

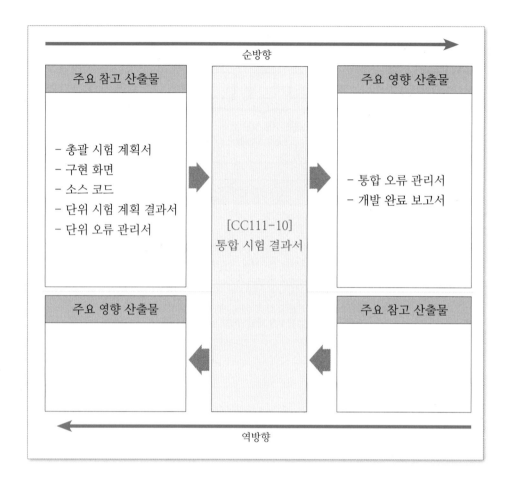

5.5.2 통합 오류 관리서[CC111-20]

5.5.2.1 개요

가. 방법론 상의 위치

세그먼트		태스크		산출물	
CC110	통합 시험 작업	CC111	통합 시험 수행	CC111-20	통합 오류 관리서

나. 정의

통합 오류 관리서는 통합 시험에서 발생한 오류를 처리하기 위한 관리 문서이다.

통합 시험 결과서는 주로 통합 시험의 결과를 중심으로 대응하는데 비해, 통합 오류 관리서는 통합 시험의 과정에서 어떠한 유형의 오류를 언제, 누가 발견하였으며, 언제, 누가 어떻게 조치하였는가와 같은 세부적인 오류 대응 사항에 대한 관리를 하는 문서이다.

다. 목적

통합 시험에서 발생한 오류를 빠짐없이 처리할 수 있도록 관리하여 프로그램의 품질을 높이는 것이 목적이다.

K-Method에서도 기존 방법론에서의 통합 시험(integration test)과 유사하게 특정 일정을 정하여 통합 시험을 진행한다. 그 과정에서 오류를 식별하고 해결해나가는 과정을 관리하는 것이 목적이다.

라. 적용 내용

새북(SEBOOK) 프로그램의 통합 시험 결과 발생한 오류(중결함, 경결함)와 편의성에 대한 내용을 개선하기 위하여 통합 오류 관리서를 활용한다.

통합 오류 관리서 작성 시에는 완전한 오류 개선이 가능하도록 통합 시험 오류 정보, 발견 정보, 오류 수정 정보, 조치 확인 정보 항목을 빠짐없이 작성한다.

통합 시험을 진행 중에라도 너무 많은 오류가 발생하면, 통합 시험을 중단해야 한다.

시험을 중단하는 이유는 단위 모듈이 완전하지 않다고 판단되기 때문이다. 불필요하게 자원을 소모하지 말고, 모듈을 개선 한 후 다시 단위 시험을 포함한 구현 단계를 수행하는 것이 바람직하다. 프로그램 구현 검증을 위한 단위 시험이 완료되었다고 판단되면 통합 시험을 진행한다.

5.5.2.2 작성 사례

가. 주요 항목 작성 사례 설명

작성 항목명		항목 설명	작성 구분 (필수/선택)
NO		통합 시험 오류 정보의 일련 번호를 작성한다.	필수
통합 시험 오류 정보	오류 구분	통합 시험에서 발생한 오류의 구분(중결함, 경결함, 편의성)을 입력한다. 〈오류 구분 설명〉 - 중결함: 등록, 수정, 삭제 등 심각한 오류가 발생한 경우 - 경결함: 조회, 출력 등 가벼운 오류가 발생한 경우 - 편의성: 오류는 아니지만, 사용자 관점에서 사용이 　　　　　 불편한 경우	필수
	통합 시험 ID	통합 시험을 구분하는 숫자나 문자로 구성한 식별 체계를 입력한다. 본 사업에서는 통합 시험 ID와 시나리오 ID를 통합하여 사용한다. 〈예시〉 "IT-004"	필수
	케이스 ID	통합 시험 케이스를 구분하는 숫자나 문자로 구성한 식별 체계를 입력한다. 〈예시〉 "IT-004-C06"	선택
	통합 시험 오류 ID	해당 통합 시험에서 발생한 오류를 구분하는 숫자나 문자로 구성한 식별 체계를 입력한다. 〈예시〉 "IT-004-C06-E01"	필수
	오류 명	통합 시험에서 발생한 오류 내용을 축약하여 간략하게 기술한다. 〈예시〉 "북마크 시간 저장 오류(통합)"	필수
	오류 내용	통합 시험에서 발생한 오류의 상세 내용을 기술한다. 〈예시〉 "스트리밍 동영상을 정상적으로 플레이한 뒤에 비정상적인 URL을 입력하면, 이전 동영상이 실행됨"	필수

작성 항목명		항목 설명	작성 구분 (필수/선택)
발견 정보	발견 일자	통합 시험을 수행하여 오류를 확인한 날짜를 입력한다. 〈예시〉 "2017.09.04"	필수
	발견자	통합 시험을 수행하여 오류를 확인한 사람의 이름을 입력한다. 〈예시〉 "홍길동"	필수
오류 수정 정보	조치 일자	통합 시험에서 발생한 오류를 수정한 날짜를 입력한다.	필수
	조치자	통합 시험에서 발생한 오류를 수정한 사람의 이름을 입력한다.	필수
	수정 내용	통합 시험 오류의 개선 내용을 자세하게 기술한다. 〈예시〉 "북마크 시간 저장 오류 수정"	필수
조치 확인 정보	확인 일자	통합 시험 오류 개선 내용을 확인한 날짜를 입력한다.	필수
	확인자	통합 시험 오류 개선 내용을 확인한 사람의 이름을 입력한다.	필수
	조치 구분	통합 시험 오류에 대한 진행(완료, 보류, 진행중) 상태를 입력한다. 〈조치 구분 설명〉 - 완료: 해당 오류가 개선된 경우 - 보류: 다른 여러가지 요인으로 인하여 오류에 대한 　　　개선 작업을 멈춘 경우 - 진행중: 해당 오류를 개선 중인 경우	필수
비고		통합 시험 오류와 관련이 있는 특기 사항을 기술한다	선택

나. 작성 예제

▶ "통합 오류 관리서" 작성 방법 설명

"통합 오류 관리서"는 통합 시험에서 확인된 오류에 대한 개선 활동을 관리하기 위하여 작성하며, 설정된 모든 항목을 꼼꼼하게 작성해야 한다.

통합 시험 테스트 인력과 개발자가 동일할 확률이 낮으므로 "오류 내용"과 "수정 내용"은 최대한 쉽고 자세하게 기술해야 한다.

만일 통합 오류 관리서에 작성된 내용이 이해가 가지 않는다면, 작성한 담당자에게 반드시 내용을 확인해야 한다.

(그림 5-5-2-1)에 제시된 "통합 오류 관리서"에 대한 작성 사례를 참조하여 통합 오류 관리서에 대한 내용을 작성한다.

(그림 5-5-2-1) "통합 오류 관리서" 작성 사례

[통합 오류 관리서]

NO	통합 시험 오류 정보						발견 정보		오류 수정 정보			조치 확인 정보			비고
	오류 구분	통합 시험 ID	케이스 ID	통합 시험 오류 ID	오류명	오류 내용	발견 일자	발견자	조치 일자	조치자	수정 내용	확인 일자	확인자	조치 구분	
1	중 결 합	PA-002	PA-002-D06	PA-002-D06-E01	북마크 시간저장 오류 (통합)	최대 동영상 시간을 초과해서 입력 가능	2017. 09.04	정 길 동	2017. 09.11	유 길 순	아이콘 오류 수정	2017. 09.13	정 길 동	완료	
2	중 결 합	DW-002	DW-002-D02	DW-002-D02-E01	스트리밍 열기 오류 (통합)	스트리밍 동영상을 정상적으로 플레이한 뒤에 비정상적인 URL을 입력하면, 이전 동영상이 실행됨	2017. 09.04	정 길 동	2017. 09.12	유 길 순	재생 오류 수정	2017. 09.13	정 길 동	완료	
3	중 결 합	PA-001	PA-001-D03	PA-001-D03-C01	자막 중복 등록 오류 (통합)	동일한 시간에 자막이 2개 등록됨	2017. 09.07	정 길 동	2017. 09.12	유 길 순	북마크 시간 오류 수정	2017. 09.13	정 길 동	완료	
...	...	...	...	...	...	...	...		...		...				

다. 통합 오류 관리서 주요 ID 체계

"새북(SEBOOK) SW 개발 사업"의 통합 오류 관리서에서 사용하는 통합 시험(시나리오) ID, 통합 시험 케이스 ID, 통합 시험 오류 ID 체계는 아래와 같다. 사업의 특성에 맞추어 변경하거나 새롭게 정의할 수 있다.

▶ 통합 시험(시나리오) ID 체계 정의 및 예시

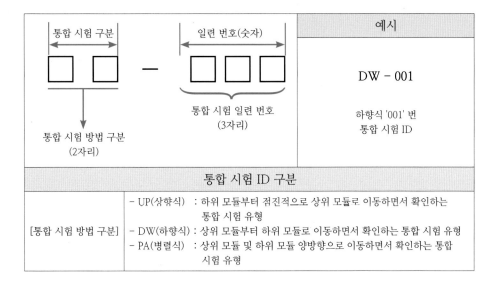

▶ 통합 시험 케이스 ID 체계 정의 및 예시

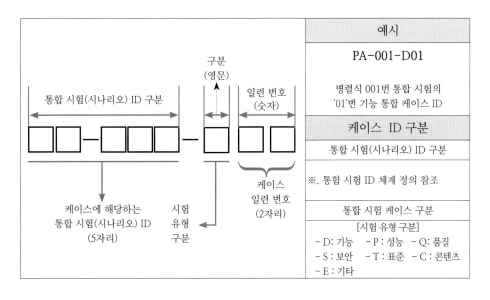

▶ 통합 시험 오류 ID 체계 정의 및 예시

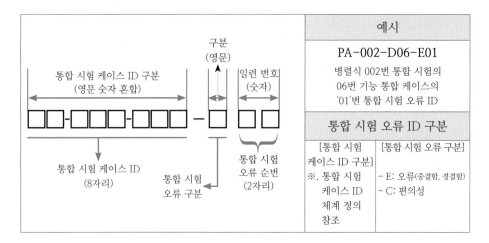

5.5.2.3 통합 오류 관리서 관련 산출물 구성

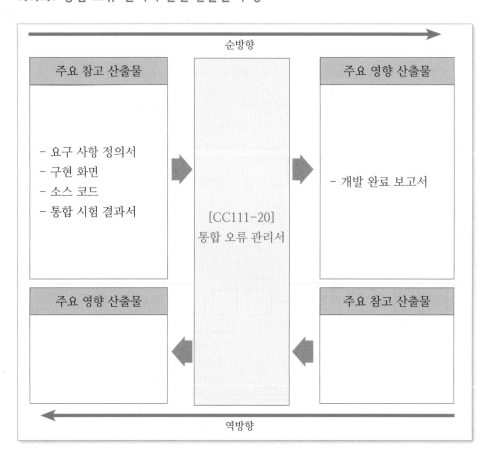

5.5.3 시스템 시험 결과서[CC121-10]

5.5.3.1 개요

가. 방법론 상의 위치

세그먼트		태스크		산출물	
CC120	시스템 시험 작업	CC121	시스템 시험 수행	CC121-20	시스템 시험 결과서

나. 정의

시스템 시험 결과서는 비기능 요구 사항에 대해 시스템 시험 일정에 따라 시나리오로 시스템 시험을 수행한 결과 문서이다.

비기능 요구 사항은 다양한 형태로 나타난다.

프로그램 기능(proram function)으로 나타나는 이외의 모든 것을 비기능 요구 사항으로 취급할 수 있다.

다. 목적

시스템 시험 결과시는 비기능 요건을 시험한 결과를 기술하는 것이 목적이다.

시스템 시험 계획에서 정의한 시험 범위를 요구 조건에 따라 시험하였을 때, 요구 조건을 충족하는지 확인하는 것이 목적이다. 시스템 시험(system test) 활동을 효과적으로 수행할 수 있도록 시스템 시험을 위한 일정, 범위, 유형, 방법, 품질 기준 등을 사전에 정의하여 계획한 것을 바탕으로 시스템 시험을 수행한다.

본 사업에서는 시스템 시험 계획서를 별도로 작성하지 않고, 총괄 시험 계획서에 해당 내용을 상세하게 기술하였다.

라. 적용 내용

사용자가 중요하게 생각하는 비기능 요구 사항의 완료 여부를 확인하기 위하여 시스템 시험을 수행한다.

본 사업에서는 다양한 윈도우 버전에 대한 프로그램 지원(NP-002), 온라인 스트리밍 동영상 학습 콘텐츠 제작(EC-001) 등 5개의 비기능 요구 사항의 완료 여부를 확인하기 위하여 시스템 시험을 수행한다.

시스템 시험 대상 요구 사항별로 시나리오와 시나리오별 절차, 방법을 작성하고 각각의 절차 수행 시에 설정된 "통과 기준"에 부합하면, 해당 요구 사항이 적정하게 수행된 것으로 판단한다.

5.5.3.2 작성 사례

가. 주요 항목 작성 사례 설명

▶ 시스템 시험 시나리오

작성 항목명	항목 설명	작성 구분 (필수/선택)
NO	시스템 시험 시나리오 정보의 일련 번호를 작성한다.	필수
요구 사항 ID	시스템 시험 대상이 되는 요구 사항의 ID를 입력한다.	필수
시스템 시험 ID	시스템 시험을 구분하는 숫자나 문자로 구성한 식별 체계를 입력한다.	필수
시험 유형	보안, 성능, 표준, 품질 등 시스템 시험의 유형을 입력한다. 〈시험 유형 설명〉 - 기　능[D]: 프로그램의 기능과 관련된 시험 - 성　능[P]: 시스템(프로그램)의 성능과 관련된 시험 - 품　질[Q]: 사업 성과물의 품질과 관련된 시험 - 보　안[S]: 시스템(프로그램)의 보안과 관련된 시험 - 표　준[T]: 표준과 관련된 시험 - 콘텐츠[C]: 콘텐츠 제작과 관련된 시험 - 기　타[E]: 기타 시험	필수
시나리오 ID	시스템 시험의 시나리오를 구분하는 숫자나 문자로 구성한 식별 체계를 입력한다.	필수
시나리오 명	시스템 시험의 시나리오 내용을 축약해서 명칭을 기술한다.	필수
시험 절차	시스템 시나리오별로 시험을 진행하는 절차를 기술한다.	필수
시험 방법	시스템 시나리오별로 자세한 시험 방법을 기술한다. 〈예시〉 1) 스트리밍 형태의 동영상 URL 유효성 확인 2) 학습 자료, 자막 작성 여부 확인	필수
비고	시스템 시험 시나리오와 관련이 있는 특기 사항을 기술한다.	선택

▶ 시스템 시험 결과

작성 항목명	항목 설명	작성 구분 (필수/선택)
NO	시스템 시험 시나리오 정보의 일련 번호를 작성한다.	필수
요구 사항 ID	시스템 시험 대상이 되는 요구 사항의 ID를 입력한다. 〈예시〉 "NP-002"	필수
시스템 시험 ID	시스템 시험을 구분하는 숫자나 문자로 구성한 식별 체계를 입력한다. 〈예시〉 "NP-002-S01"	필수
시험 유형	보안, 성능, 표준, 품질 등 시스템 시험의 유형을 입력한다. 〈시험 유형 설명〉 - 기　능[D]: 프로그램의 기능과 관련된 시험 - 성　능[P]: 시스템(프로그램)의 성능과 관련된 시험 - 품　질[Q]: 사업 성과물의 품질과 관련된 시험 - 보　안[S]: 시스템(프로그램)의 보안과 관련된 시험 - 표　준[T]: 표준과 관련된 시험 - 콘텐츠[C]: 콘텐츠 제작과 관련된 시험 - 기　타[E]: 기타 시험	필수
시나리오 ID	시스템 시험의 시나리오를 구분하는 숫자나 문자로 구성한 식별 체계를 입력한다. 〈예시〉 "NP-002-S01-T01"	필수
시험 절차	시스템 시나리오별로 시험을 진행하는 절차를 기술한다. 〈예시〉 1.사업 수행 계획서의 제작 산출물 목록 확인 2.산출물 표준에 준한 표준 준수 여부 확인 3.작성 누락 등 산출물 작성 내용의 완전성 확인	필수

작성 항목명		항목 설명	작성 구분 (필수/선택)
시스템 시험 결과	시험자	시스템 시험을 담당하는 사람의 이름을 입력한다. 〈예시〉 "홍길동"	필수
	시작 일자	시스템 시험을 시작한 날짜를 입력한다. 〈예시〉 "2017.10.18"	필수
	완료 일자	시스템 시험을 완료한 날짜를 입력한다.	필수
	통과 기준	시험 절차를 수행하였을 경우 필요한 통과 요건을 기술한다. 〈예시〉 사업 수행 계획서에서 제시된 산출물 작성 여부가 확인되면 통과	필수
	시험 결과	시스템 시험 결과(통과, 중결함, 경결함) 를 입력한다. 〈시험 결과 설명〉 -통　과: 통과 기준에 부합하는경우 -중결함: 통과기준을 많이 벗어난 경우 -경결함: 통과기준을 일부 벗어난 경우	필수
	근거 문서	시스템 시험 결과에 대한 근거 문서를 입력한다. 〈예시〉 "작성된 단계별 산출물"	필수
비고		시스템 시험 결과와 관련이 있는 특기 사항을 기술한다.	선택

나. 작성 예제

▶ "1. 시스템 시험 시나리오" 작성 방법 설명

"1. 시스템 시험 시나리오"는 사용자의 비기능 요구 사항 이행 여부를 확인 가능하도록 시나리오를 작성한다.

시스템 시험 시나리오는 시스템 시험 대상 요구 사항의 특성에 따라 작성하며 시나리오에 따른 시험 절차를 기술한다.

시험 방법은 요구 사항의 요구 조건을 만족하는지 확인할 수 있는 자세한 시험 방안을 기술한다.

(그림 5-5-3-1)에 제시된 "1. 시스템 시험 시나리오"에 대한 작성 사례를 참조하여 시스템 시험 결과서의 "시스템 시험 시나리오"에 대한 내용을 작성한다.

(그림 5-5-3-1) " 1. 시스템 시험 시나리오" 작성 사례

1. 시스템 시험 시나리오

NO	요구 사항 ID	시스템 시험 ID	시험 유형	시나 리오 ID	시나리오 명	시험 절차	시험 방법	비고
1	NP-002	NP-002-P01	성능	NP-002-P01-01	윈도우 7 이상의 운영 체제에서 새북 구동 시험	1.윈도우7 운영 체제에서 새북 실행 및 사용성 점검	1) 윈도우7 운영 체제에서 새북 설치 및 삭제의 완전성 확인 2) 윈도우7 운영 체제에서 새북 실행 여부 확인 3) 윈도우7 운영 체제에서 새북 기능의 정상 실행 여부 확인	
...	...	...	...	...	...	...	...	...
...	...	...	...	...	...	...	...	...
4	NQ-002	NQ-001-Q01	품질	NQ-002-Q01-01	사업 수행 계획서 및 산출물 표준에 준한 성과물 작성 품질 검수	1.사업 수행 계획서의 제작 산출물 목록 확인	1) 방법론 조정 결과서와 작성 산출물 목록 확인	
5						2.산출물 표준에 준한 표준 준수 여부 확인	1) 작성된 성과물이 산출물 표준을 준수하고 있는지 검증	
...	...	...	...	...	...	...	...	...
...	...	...	...	...	...	...	...	...

▶ "2. 시스템 시험 결과" 작성 방법 설명

　"2. 시스템 시험 결과"는 시스템 시험 시나리오 별로 설정된 시험 절차와 방법을 기준으로 비기능 요구 사항을 시험하여 수행한 결과를 제시한다.

　시스템 시험 결과(system test result)는 요구 사항 이행 여부의 판정 결과를 나타낸다.

　시스템 시험에서 제시된 시험 활동들이 "통과 기준"을 만족하는지 여부에 따라 "통과", "중결함", "경결함"으로 결정된다.

　(그림 5-5-3-2)에 제시된 "2. 시스템 시험 결과"에 대한 작성 사례를 참조하여 시스템 시험 결과서의 "시스템 시험 결과"에 대한 내용을 작성한다.

(그림 5-5-3-2) "2. 시스템 시험 결과" 작성 사례

2. 시스템 시험 결과

NO	요구 사항 ID	시스템 시험 ID	시험 유형	시나리오 ID	시험 절차	시험자	시작 일자	완료 일자	통과 기준	시험 결과	근거 문서	비고
...	...	...	...	...	...	...	...	...	...	...	...	...
3	NP-002	NP-002-P01	성능	NP-002-P01-01	3. 윈도우10 운영 체제에서 새북 실행 및 사용성 점검	김길동	2017.10.14	2017.10.18	윈도우 10에서 실행이 가능하면 통과	중결함	실행 결과 오류 증적	
...	...	...	...	...	...	...	...	...	...	...	...	...
7	NE-002	NE-001-Q02	품질	NE-001-Q02-01	1.사용자 매뉴얼 작성 및 교육 여부 확인	김길동	2017.10.14	2017.10.18	사용자 매뉴얼이 작성되어 있고 배포했다면 통과	통과	사용자 매뉴얼	
8			품질		2.운영자 매뉴얼 작성 및 교육 여부 확인	김길동	2017.10.14	2017.10.18	운영자 매뉴얼이 작성되어 있고 배포했다면 통과	통과	사용자 매뉴얼	
9	NQ-001	EC-001-C01	콘텐츠	EC-001-C01-01	1.스트리밍 형태의 동영상 학습 자료 작성 여부 확인	김길동	2017.10.14	2017.10.18	스트리밍 형태의 학습 자료를 제작하였으면 통과	통과	제작된 스트리밍 형태의 학습 자료	
10			콘텐츠		2.작성된 학습 자료의 새북 실행 여부 확인	김길동	2017.10.14	2017.10.18	새북에서 학습 자료가 실행이 가능하면 통과	통과	제작된 스트리밍 형태의 학습 자료	
11			콘텐츠		3.스트리밍 학습 콘텐츠 품질 확인	김길동	2017.10.14	2017.10.18	가독성, 사용자 편의성이 확보되면 통과	통과	제작된 스트리밍 형태의 학습 자료	
...	...	...	...	...	...	...	...	...	...	...	...	...

다. 시스템 시험 결과서 주요 ID 체계

"새북(SEBOOK) SW 개발 사업"의 시스템 시험 결과서에서 사용하는 요구 사항 ID, 시스템 시험 ID, 시스템 시험 시나리오 ID 체계는 아래와 같다. 사업의 특성에 맞추어 변경하거나 새롭게 정의할 수 있다.

▶ 요구 사항 ID 체계 정의 및 예시

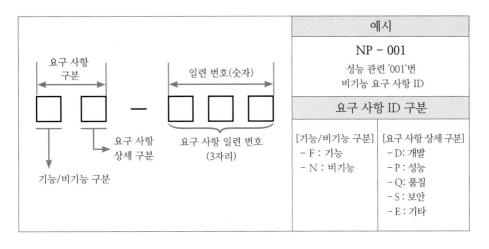

▶ 시스템 시험 ID 체계 정의 및 예시

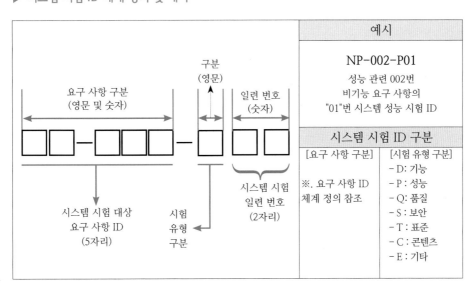

▶ 시스템 시험 시나리오 ID 체계 정의 및 예시

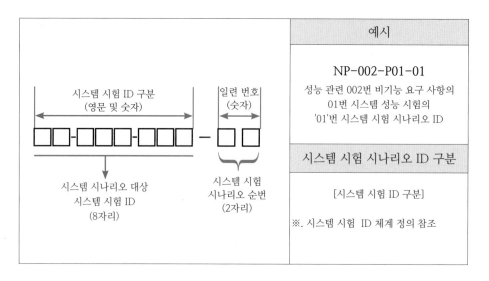

5.5.3.3 시스템 시험 결과서 관련 산출물 구성

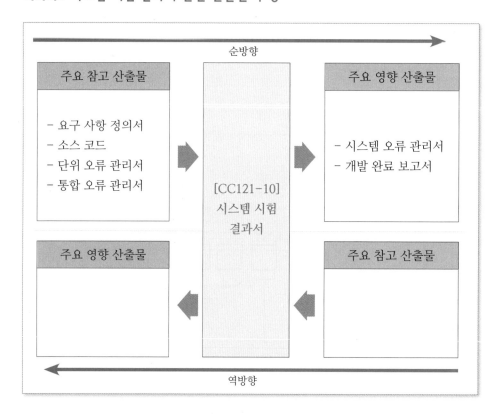

5.5.4 시스템 오류 관리서[CC121-20]

5.5.4.1 개요

가. 방법론 상의 위치

세그먼트		태스크		산출물	
CC120	시스템 시험 작업	CC121	시스템 시험 수행	CC121-20	시스템 오류 관리서

나. 정의

시스템 오류 관리서는 시스템 시험에서 발생한 오류를 처리하기 위한 관리 문서이다.

시스템 시험 결과서는 주로 시스템 시험의 결과를 중심으로 대응하는데 비해, 시스템 오류 관리서는 시스템 시험의 과정에서 어떠한 유형의 오류를 언제, 누가 발견하였으며, 언제, 누가 어떻게 조치하였는가와 같은 세부적인 오류 대응 사항을 관리하는 문서이다.

다. 목적

시스템 시험에서 요구 기준에 미달하는 항목이 요구 기준안에 포함되도록 개선하여 비기능 요구 사항의 이행 여부를 확인하는 것이 목적이다.

K-Method에서도 기존 방법론에서의 시스템 시험(system test)과 유사하게 특정 일정을 정하여 시스템 시험을 진행한다. 그 과정에서 오류를 식별하고 해결해나가는 과정을 관리하는 것을 목적으로 한다.

라. 적용 내용

새북(SEBOOK) 프로그램의 시스템 시험 결과 발생한 오류(중결함, 경결함)를 "통과 기준"에 부합하도록 개선하기 위하여 시스템 오류 관리서를 활용한다.

시스템 오류 관리서 작성 시에는 비기능 요구 사항의 이행 여부 확인이 가능하도록 자세하고 쉽게 관련 정보를 빠짐없이 작성한다.

시스템 시험을 하는 과정에서 단위 시험이나 통합 시험에 해당하는 오류가 발견되는 경우가 있다. 이런 경우에는 이전 단계의 시험으로 돌아가서 재시험을 실시하는 것이 필요하다.

만일, 개선이 어려운 오류가 발생하면 이해관계자들과 협의하여 "통과 기준"의 수준을 조정할 수 있다.

5.5.4.2 작성 사례

가. 주요 항목 작성 사례 설명

작성 항목명		항목 설명	작성 구분 (필수/선택)
NO		시스템 시험 오류 정보의 일련 번호를 작성한다.	필수
시스템 시험 오류 정보	오류 구분	시스템 시험으로 발생한 오류의 유형을 구분해서 입력한다.(중결함, 경결함 등) 〈오류 구분 설명〉 - 중결함:통과기준을 많이 벗어난 경우 - 경결함:통과기준을 조금 벗어난 경우	필수
	시스템 시험 ID	시스템 시험을 구분하는 숫자나 문자로 구성한 식별 체계를 입력한다.	필수
	시나리오 ID	시스템 시험의 시나리오를 구분하는 숫자나 문자로 구성한 식별 체계를 입력한다.	선택
	시스템 시험 오류 ID	해당 시스템 시험에서 발생한 오류를 구분하는 숫자나 문자로 구성한 식별 체계를 입력한다. 〈예시〉 "NQ-001-Q01-01-E01"	필수
	오류 명	시스템 시험 오류의 명칭을 입력한다. 〈예시〉 "새북 실행 오류"	필수
	오류 내용	시스템 시험 오류의 상세한 내용을 기술한다. 〈예시〉 윈도우 10의 운영 체제에서 새북을 실행하면 런타임 오류가 발생함	필수
발견 정보	발견 일자	시스템 오류를 발견한 날짜를 입력한다.	필수
	발견자	시스템 오류를 발견한 사람의 이름을 입력한다.	필수

작성 항목명		항목 설명	작성 구분 (필수/선택)
오류 수정 정보	조치 일자	시스템 오류를 개선 완료한 날짜를 입력한다. 〈예시〉 "2017.10.17"	필수
	조치자	시스템 오류를 개선한 사람의 이름을 입력한다. 〈예시〉 "유길동"	필수
	수정 내용	시스템 오류 개선 내용을 자세하게 기술한다. 〈예시〉 윈도우 10 운영 체제 환경에서도 새북이 실행 가능하도록 개선	필수
조치 확인 정보	확인 일자	시스템 오류에 대한 개선 결과를 확인한 날짜를 입력한다.	필수
	확인자	시스템 오류에 대한 개선 결과를 확인한 사람의 이름을 입력한다.	필수
	조치 구분	시스템 시험 오류에 대한 진행(완료, 보류, 진행중) 상태를 입력한다. 〈조치 구분 설명〉 - 완료: 해당 오류가 개선된 경우 - 보류: 다른 여러가지 요인으로 오류에 대한 진행을 멈춘 경우 - 진행중: 해당 오류를 개선 중인 경우	필수
비고		시스템 시험 오류와 관련이 있는 특기 사항을 기술한다.	선택

05 "새북(SEBOOK) SW 개발 사업" 산출물 작성 사례

나. 작성 예제

▶ "시스템 오류 관리서" 작성 방법 설명

"시스템 오류 관리서"는 시스템 시험에서 확인된 오류에 대한 개선 활동을 관리하기 위하여 작성하기 때문에, 오류 관리(error management)와 관련하여 사전에 설정된 모든 항목을 꼼꼼하게 작성해야 한다.

시스템 시험 오류(system test error)의 경우 매우 다양하고 복잡할 수 있다. 따라서, "수정 내용"은 최대한 쉽고 자세하게 기술해야 한다.

만일 시스템 오류 관리서에 작성된 내용이 이해가 가지 않는다면, 작성한 담당자에게 반드시 내용을 확인해야 한다.

(그림 5-5-4-1)에 제시된 "시스템 오류 관리서"에 대한 작성 사례를 참조하여 시스템 오류 관리서에 대한 내용을 작성한다.

(그림 5-5-4-1) "시스템 오류 관리서" 작성 사례

[시스템 오류 관리서]

| NO | 시스템 시험 오류 정보 | | | | | | 발견 정보 | | 오류 수정 정보 | | | 조치 확인 정보 | | | 비고 |
	오류 구분	시스템 시험 ID	시나리오 ID	시스템 시험 오류 ID	오류명	오류 내용	발견 일자	발견자	조치 일자	조치자	수정 내용	확인 일자	확인자	조치 구분	
1	중결함	NQ-002-Q01	NQ-002-Q01-01	NQ-002-Q01-01-E01	새북 실행 오류	윈도우 10의 운영체제에서 새북을 실행하면 런타임 오류가 발생함	2017.10.17	김길동	2017.10.18	유길순	윈도우 10의 운영체제에서 새북이 실행가능하도록 개선	2017.10.20	김길동	완료	
...	...	...	...	...	...	...	...	...	...	...	...				
...	...	...	...	...	...	...	...	...	...	...	...				
...	...	...	...	...	...	...	...	...	...	...	...				

다. 시스템 시험 결과서 주요 ID 체계

　　"새북(SEBOOK) SW 개발 사업"의 시스템 오류 관리서에서 사용하는 시스템 시험 ID, 시스템 시험 시나리오 ID, 시스템 시험 오류 ID 체계는 아래와 같다. 사업의 특성에 맞추어 변경하거나 새롭게 정의할 수 있다.

▶ 시스템 시험 ID 체계 정의 및 예시

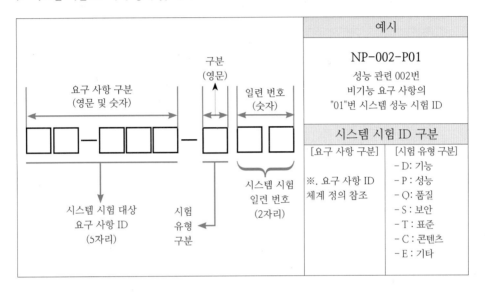

▶ 시스템 시험 시나리오 ID 체계 정의 및 예시

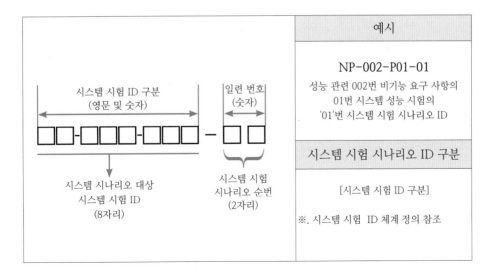

▶ 시스템 시험 오류 ID 체계 정의 및 예시

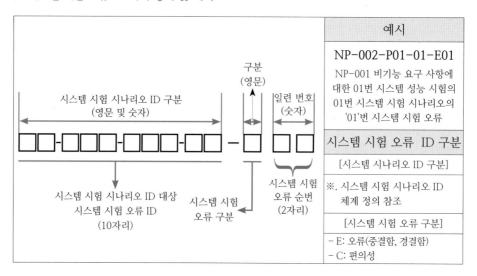

5.5.4.3 시스템 오류 관리서 관련 산출물 구성

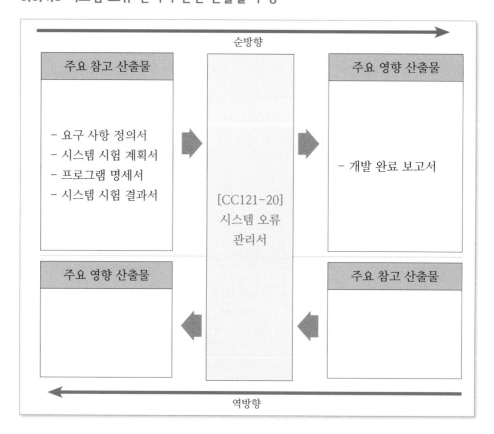

5.6 전개 단계[CC200]

"새북(SEBOOK) SW 개발 사업"의 전개 단계[CC200]는 "기본 전개 작업"과 "인도 작업"으로 구분하여 수행한다.

본 사업에서는 운영 시스템으로의 전개 작업과 데이터 구축 작업을 수행하지 않으므로 "전개 수행" 태스크(task)을 제외하였다.

K-Method의 전개 단계[CC200]에서 작성되는 8종류의 표준 산출물 중에 4종류의 산출물("사용자 매뉴얼", "유지 보수 계획서", "교육 계획 결과서", "개발 완료 보고서")을 작성한다.

전개 단계 산출물 간의 연계 정보와 구성은 (그림 5-6-1-1)과 같다.

(그림 5-6-1-1) 전개 단계[CC200] 산출물 연관 구성도

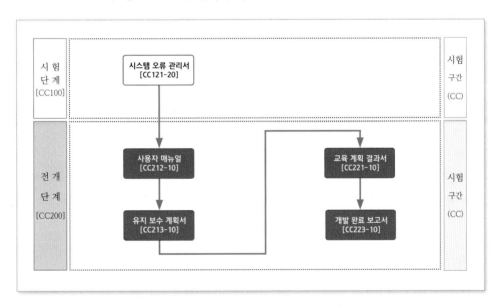

기존의 다른 방법론에서는 전개 단계와 인도 단계를 분리하는 경우가 많았다.

그러나 K-Method에서는 종료 구간(CC section: Cycle Completion section)이라는 구간 개념(section concept)을 도입하여, 인도 영역까지 전개 단계에 포함시켰다.

교육 계획 결과서와 관련하여 교육 계획이 전개 단계에 수립되는 것이 맞는가에 대한 의문이 있을 수 있다. K-Method에서는 개발자에 대한 교육은 내부에서 실시하기 때문에 교육 대상을 사용자와 운영자로 상정한다. 개발자 교육은 방법론과 상관없이 수시로 실시하고, 방법론 기반으로는 사용자와 운영자를 대상으로 하면 된다.

5.6.1 사용자 매뉴얼[CC212-10]

5.6.1.1 개요

가. 방법론 상의 위치

세그먼트		태스크		산출물	
CC210	기본 전개 작업	CC212	매뉴얼 작성	CC212-10	사용자 매뉴얼

나. 정의

사용자 매뉴얼(user manual)은 개발을 완료한 SW 시스템을 사용하기 위한 설명 문서이다.

사용자 매뉴얼은 사용자가 소프트웨어 시스템을 이해하여 설치, 가동 및 사용상에 있어서 불편함이 없도록 지원하는 문서이다. 이를 위해, 설치 방법, 주요 기능은 물론 상세 사용법을 제시한다.

다. 목적

개발을 완료한 SW 시스템을 사용자가 쉽고 완전하게 사용할 수 있도록 매뉴얼을 제공하는 것이 목적이다.

사용자 매뉴얼의 가장 중요한 목적은 개발을 완료한 소프트웨어의 설치 및 사용을 해당 소프트웨어 시스템을 처음 대하는 사용자도 쉽고 체계적으로 이해하여 적용할 수 있도록 하는 것이다.

라. 적용 내용

새북(SEBOOK) 프로그램은 패키지 형태의 SW이므로 운영자 매뉴얼을 따로 제공하지 않는다. 하지만 사용자 매뉴얼에서 새북(SEBOOK) 프로그램 설치 등 운영에 필요한 정보를 최대한 포함하여 제공한다.

사용자 매뉴얼(user manual)에는 새북(SEBOOK) 프로그램의 개요, 전체 구성도, 주요 기능, 사용법을 중심으로 작성한다.

사용자 매뉴얼은 개발한 내역의 일부분만 제공하는 것은 올바르지 않다. 반드시 전체 내용을 반영하여 제시해야 한다.

사용자 매뉴얼은 운영자 매뉴얼과는 달리 사용자의 눈높이에서 이해하기 쉽게 작성되어야 하며, 프로그램을 편하게 사용할 수 있도록 배려하는 것이 중요하다.

5.6.1.2 작성 사례

가. 주요 항목 작성 사례 설명

목차 구분			항목 설명
대분류	중분류	소분류	
1. 개요	1.1 개발 배경 및 필요성		새북(SEBOOK) 프로그램의 개발 배경과 제작 필요성에 대하여 기술한다. <예시> 최근 들어 전 세계적으로 컴퓨터에 탑재한 SW와 세상의 모든 사물을 연계하여 제어할 수 있는 만물 인터넷(IoE: Internet of Everything)이 핫 이슈로 떠오르고 있다. 이를 기반으로 SW 융합 시대로 급속히 진입하고 있다. 또한, 이러한 사회에 적응할 수 있는 창조적이고 융합적인 인재를 양성하기 위한 SW 융합 교육 대안 마련의 중요성이 부각되는 추세이다. 그리고 4차 산업혁명의 시대를 맞이하여 인공지능, 융·복합 기술이 접목되는 매우 복잡하고 다양한 기술이 발전되어 가고 있다.
	1.2 새북 (SEBOOK) 개요		사용자 매뉴얼의 작성 목적에 대하여 기술한다. <예시> 새북(SEBOOK: Software Engineering BOOK)은 가시적 SW 동기화 기술을 적용한 진화형 스마트 학습 도구입니다. 그리고 새북(SEBOOK)은 사용자 주도형 학습, 진화적 상호 작용, 양방향 자동 제어의 입체적인 시각에서 기술적 혁신을 통한 스마트 학습 성과의 극대화를 도모하였다.
2. 주요 기능	2.1 전체 업무 구성도		새북 프로그램의 전체 구성도를 제시한다.
	2.2 주요 업무 기능		구축된 새북 프로그램의 주요 기능을 기술한다.

목차 구분			항목 설명
대분류	중분류	소분류	
3. 새북 설치	3.1 새북 사용 환경		새북 프로그램 설치를 위한 최소 사양 및 권장 사양을 기술한다.
	3.2 새북 설치		새북 프로그램의 단계별 설치 방법을 기술한다.
4. 새북 사용법	4.1 새북 소개	4.1.1 새북 (SEBOOK) 기능	새북 프로그램 전체 기능에 대한 설명을 출력 영역별로 기술한다.
		4.1.2 새북 (SEBOOK) 사용법 안내	프로그램 시작 및 종료, 화면 구성에 대한 설명을 기술한다.
	4.2 동영상 플레이어 사용하기	4.2.1 동영상 보기	동영상 파일 열기, 재생하기, 멈춤 등의 사용법을 설명한다.
	4.3 속성 편집기 사용하기	4.3.1 자막 설정 하기	자막 추가, 수정, 삭제 등 자막 설정 방법에 대하여 자세하게 기술한다.
		4.3.2 북마크 설정하기	북마크 추가, 수정, 삭제 등 북마크 설정 방법에 대하여 자세하게 기술한다.
		4.3.3 문서 설정하기	문서 추가, 수정, 삭제 등 문서 설정 방법에 대하여 자세하게 기술한다.
		4.3.4 폰트 설정하기	폰트 추가, 수정, 삭제 등 폰트 설정 방법에 대하여 자세하게 기술한다.
	4.4 학습 자료 사용하기	4.4.1 PDF 보기	연결된 PDF 보기, 이동 등의 사용법을 설명한다.
		4.4.2 북마크 보기	북마크 설정, 이동, 제거 등의 사용법을 설명한다.

나. 작성 예제

▶ "2.2 주요 업무 기능" 작성 방법 설명

"2.2 주요 업무 기능"은 주요 업무 기능만 확인하면 전체적인 시각의 주요 기능이 이해될 수 있도록 작성해야 한다.

본 사업의 경우 동영상 보기, 컨트롤, 자막 및 학습 자료 설정 등 새북(SEBOOK) 프로그램의 주요 기능에 대하여 쉽게 확인 가능하도록 함축적으로 정보를 제공한다.

(그림 5-6-1-2)에 제시된 "2.2 주요 업무 기능"에 대한 작성 사례를 참조하여 사용자 매뉴얼의 "주요 업무 기능"에 대한 내용을 작성한다.

(그림 5-6-1-2) "2.2 주요 업무 기능" 작성 사례

2.2 주요 업무 기능

동영상 출력, 자막, 북마크, 학습 자료 동기화 등 새북(SEBOOK:Software Engineering BOOK)의 주요 기능은 아래의 표와 같다.

NO	기능	기능 설명	비고
1	동영상 뷰어 기능	동영상 출력, 회전 등 뷰어 기능을 제공해야 한다.	
2	동영상 컨트롤 기능	동영상 재생, 일시 정지, 멈춤, 속도 조절, 음량 조절 등의 컨트롤이 가능해야 한다.	
3	스트리밍 동영상 뷰어 기능	유투브 등 스트리밍 형식의 동영상 출력, 회전 등의 뷰어 기능을 제공해야 한다.	
4	스트리밍 동영상 컨트롤 기능	유투브 등 스트리밍 형식의 동영상을 영상 재생, 일시 정지, 멈춤, 속도 조절, 음량 조절 등의 컨트롤이 가능해야 한다.	
5	뷰어 컨트롤 기능	동영상 뷰어 화면의 크기 변환, 최소화, 최대화 등의 기능을 제공해야 한다.	
6	PDF 뷰어 기능	설정된 PDF를 출력하는 기능을 제공해야 한다.	
…	…	…	…

▶ "3.1 새북 사용 환경" 작성 방법 설명

"3.1 새북 사용 환경"은 새북(SEBOOK) 프로그램 설치에 필요한 최소 사양과 권장 사양에 대하여 기술한다.

사용 환경(user environment)이라 함은 사용자(user)가 프로그램을 실행시켜 사용할 수 있는 컴퓨터 환경을 의미한다.

(그림 5-6-1-3)에 제시된 "3.1 새북 사용 환경"에 대한 작성 사례를 참조하여 사용자 매뉴얼의 "프로그램 사용 환경"에 대한 내용을 작성한다.

(그림 5-6-1-3) "3.1 새북 사용 환경" 작성 사례

3. 새북(SEBOOK) 설치
3.1 새북 사용 환경

구 분	최소 사양	권장 사양
운영 체제	윈도우 2000/2003/2008/XP/Vista (32비트 및 64비트)	윈도우 2000/2003/2008/XP/ Vista/7/8/10 (32비트 및 64비트)
CPU	인텔 팬티엄4	인텔 샌디 브릿지
RAM	512MB 이상	1G 이상
저장장소	150MB 이상	200MB 이상
VGA	800×600, 16비트 이상	1024×768, 16비트 이상

새북(SEBOOK)은 윈도우 환경에서만 사용이 가능한 프로그램이므로, 반드시 윈도우 환경이라는 전제가 성립되어야 한다.

또한, 동영상과 학습 자료를 연동시켜야 하는 점을 감안하여, 화면의 해상도가 높을수록 사용이 더욱 편리해진다. 새북(SEBOOK)의 최적의 해상도는 1920×1080 모드이다.

▶ "3.2 새북 설치" 작성 방법 설명

"3.2 새북 설치"는 처음 새북(SEBOOK) 설치 프로그램을 다운로드 받아 사용자의 PC에 설치하는 방법을 기술한다.

(그림 5-6-1-4)에 제시된 "3.2 새북 설치"에 대한 작성 사례를 참조하여 사용자 매뉴얼의 "프로그램 설치"에 대한 내용을 작성한다.

(그림 5-6-1-4) "3.2 새북 설치" 작성 사례

3.2 새북 설치

새북(SEBOOK) 프로그램을 처음 설치하는 방법은 아래와 같다.

순서	설명 및 화면	화면 명칭
가	새북(SEBOOK) 설치 파일을 실행합니다. ※ 새북(SEBOOK) 프로그램 설치 버전이 그림과 다를 수 있습니다. 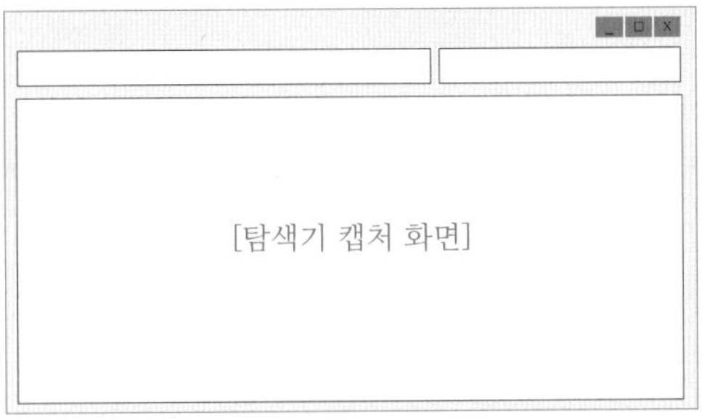 [탐색기 캡처 화면]	탐색기 화면
나	"새북 미디어 재생기 창"에서 '다음(N)' 버튼 선택 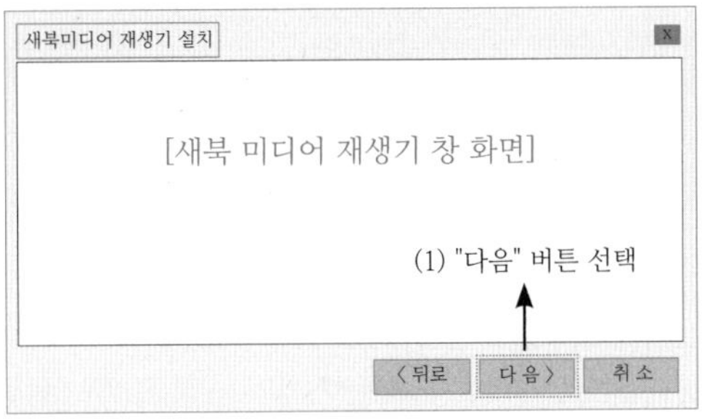 새북미디어 재생기 설치 [새북 미디어 재생기 창 화면] (1) "다음" 버튼 선택 〈뒤로 다음〉 취소	새북 미디어 재생기 창
…	…	…

▶ "4.2.1.8 재생 속도 조절하기" 작성 방법 설명

"4.2.1 동영상 보기"에 포함된 "4.2.1.8 재생 속도 조절하기"는 동영상 재생 속도를 "빠르게" 또는 "느리게" 설정하는 방법을 기술한다.

(그림 5-6-1-5)에 제시된 "4.2.1.8 재생 속도 조절하기"에 대한 작성 사례를 참조하여 사용자 매뉴얼의 "사용법"에 대한 내용을 작성한다.

(그림 5-6-1-5) "4.2.1.8 재생 속도 조절하기" 작성 사례

4 2.1.8 재생 속도 조절하기

순서	설명 및 화면	화면 명칭
가	〈빠르게 조절 하기〉 '재생 속도 빠르게' 버튼을 왼쪽 마우스로 클릭합니다. (한번 클릭 할 때마다 속도가 10%씩 증가합니다. 100%를 기준으로 150%까지 빠르게 조정할 수 있습니다. ) 새북 동영상 플레이어 ［ □ X］ 동영상 출력　　학습 자료 출력 △ Ⅱ ▷ □　00:00/00:00　◀◀ ▶▶	메인 화면
나	〈느리게 조절 하기〉 '재생 속도 느리게' 버튼을 왼쪽 마우스로 클릭합니다.  새북 동영상 플레이어 ［ □ X］ 동영상 출력　　학습 자료 출력 △ Ⅱ ▷ □　00:00/00:00　◀◀ ▶▶	메인 화면
…	…	…

다. 사용자 매뉴얼 주요 ID 체계

　해당 사항 없음

5.6.1.3 사용자 매뉴얼 관련 산출물 구성

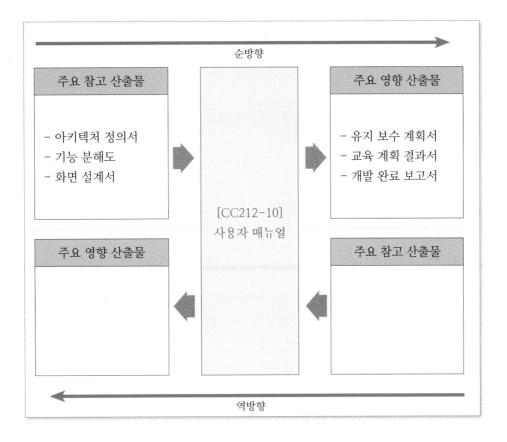

5.6.2 유지 보수 계획서[CC213-10]

5.6.2.1 개요

가. 방법론 상의 위치

세그먼트		태스크		산출물	
CC210	기본 전개 작업	CC213	유지 보수 준비	CC213-10	유지 보수 계획서

나. 정의

유지 보수 계획서는 구축한 SW 시스템을 안정적으로 서비스하고 운영하기 위한 계획을 수립하는 문서이다.

유지 보수 계획서는 기본적으로 결함에 대응하는 하자 보수(corrective maintenance)를 위주로 하고, 무상 유지 보수 계획이 중심이 된다.

다. 목적

구축을 완료한 SW 시스템을 안정적으로 운영할 수 있도록 하자 및 유지 보수 세부 계획을 수립하는 것이 목적이다.

통상적으로 프로그램 개발 완료 후 1년간 무상 유지 보수를 수행하되, 주관 기관과의 협의를 통해 유상 유지 보수에 관한 내용까지 포함한 전반적인 유지 보수 내역을 상세하게 기술하는 것이 바람직하다.

라. 적용 내용

본 사업은 패키지 SW 개발 사업이므로 SI(System Integration) 사업처럼 1년간의 유·무상 유지 보수의 의무는 없다.

그러나 배포된 SW에 대한 오류를 수정하고, 신규 기능 등의 보완이 필요하므로 기본적인 유지 보수 체계를 수립해야 한다.

유지 보수의 기본은 오류 개선이다. 하지만 편의성 개선, 환경 적응과 기능 확장을 지속적으로 대응함으로써 프로그램을 보다 환경 적응적으로 발전시켜 나갈 수 있다.

또한 소스, 산출물 등 사업 진행 과정에서 제작된 성과물을 안전하게 백업하고 다시 복구할 수 있어야 한다.

언제든지 발생 가능한 장애에 대한 비상 대응 차원에서의 신속한 대응 처리 방안도 마련해야 한다.

5.6.2.2 작성 사례

가. 주요 항목 작성 사례 설명

목차 구분			항목 설명
대분류	중분류	소분류	
1. 사업 개요	1.1 시스템 구축의 배경 및 필요성		새북 프로그램 개발 배경과 제작 필요성에 대하여 기술한다. 〈예시〉 복잡하고 다양한 기술을 효과적으로 학습하기 위한 교육 및 학습 도구의 필요성이 높아지고 있다. 또한 동영상, PDF 등 다양한 학습 콘텐츠를 통합 활용해서 학습 효과를 최대화할 수 있는 도구가 절실히 요구되고 있는 실정이다. 그리고 컴퓨터에 저장된 교육 자료뿐만 아니라 유튜브 등 온라인 상에 등록된 스트리밍 동영상의 쓰임새도 매우 높아지고 있다. 이러한 환경적 시대적인 변화에 대응이 가능한 사용자 주도형 학습, 진화적 상호 작용, 양방향 자동 제어의 입체적인 시각에서 기술적 혁신을 통한 스마트 학습 스마트한 학습 도구의 제작이 필요하다.
	1.2 사업명 및 기간		대상 사업의 명칭과 개발 기간을 제시한다. 〈예시〉 "새북(SEBOOK) SW 개발 사업"
	1.3 사업 목적	1.3.1 사업 목표	새북(SEBOOK) SW 개발 사업의 목적 및 예상 성과를 3단계로 구분하여 설명한다. 〈예시〉 - 1단계(2017년):시제품 개발 및 상용화 - 2단계(2018년):제품 다변화 - 3단계(2019년):판매 시장 확장
		1.3.2 추진 전략	사업 기간 내에 성공적인 사업 완료를 위한 전략을 기술한다.

목차 구분			항목 설명
대분류	중분류	소분류	
1. 사업 개요	1.4 시스템 구분 및 범위	1.4.1 사업 구분	본 사업을 K-Method의 사업 구분을 적용하여 기술한다.
		1.4.2 새북 프로그램 개발	구축된 새북 프로그램의 전체 기능과 기능에 대한 자세한 설명을 기술한다.
		1.4.3 새북 학습 콘텐츠 예제 개발	구축된 새북 학습 콘텐츠에 대한 목록과 설명을 기술한다.
		1.4.4 기타	사용자 편의성, 표준, 보안 등 본 사업에 적용된 비기능 요구 사항에 대하여 기술한다.
	1.5 시스템의 주요 기능		대분류, 중분류, 소분류로 구분하여 새북 프로그램의 구성과 기능을 설명한다.
	1.6 지적 재산권		새북 프로그램과 관련된 지적 재산권 내용을 기술한다. 〈예시〉 "새북(SEBOOK)" 프로그램의 지적 재산권은 모두 "소프트웨어품질기술원"에 있다. 본 사의 허가 없이 무단 사용이나 판매가 불가하므로, 사용 시에는 본사의 승인이 있어야 한다.
2. 유지 보수 체계	2.1 유지 보수 목표		유지 보수 수행의 목표를 구체적으로 기술한다. 〈예시〉 새북 프로그램의 유지 보수 목표는 프로그램의 사용과 운영에 있어 발생하는 문제에 대하여 신속한 조치와 효과적인 지원으로 문제를 해결하는 것이 목적이다. 또한, 유지 보수 및 하자 보수 기간 내에 지속적인 기술 지원 및 업그레이드 지원으로 서비스의 신뢰도를 확보한다.

목차 구분			항목 설명
대분류	중분류	소분류	
2. 유지 보수 체계	2.2 유지 보수 지원 체계		운영 지원, 기술 지원, 기능 개선, 오류 수정 지원으로 구분하여 지원 체계를 기술한다.
	2.3 유지 보수 조직	2.3.1 유지 보수 조직 구성	안정적인 유지 보수 수행을 위한 조직을 도식화하여 제시한다.
		2.3.2 유지 보수 조직의 역할 및 책임	사업 총괄 책임자, 고객지원 팀 등 유지 보수 조직 각각의 역할과 책임을 기술한다.
3. 유지 보수 범위 및 내용			본 사업의 유지 보수 대상과 내용에 대하여 기술한다. 〈예시〉 유지 보수 범위는 새북 프로그램에 대한 프로그램 설치, 기술 지원, 오류 수정 및 개선, 고객 지원이 범위이며, 유상과 무상으로 구분하여 유지 보수 서비스를 제공한다.
4. 유지 보수 및 장애 처리	4.1 유지 보수 절차 및 내용		"문의 및 요청", "문의 사항 접수" 등 유지 보수 절차를 도식화하여 제시하고 자세한 설명을 기술한다.
	4.2 장애 관리 절차 및 내용		"문의 사항 접수", "장애 여부 판단" 등 장애 관리 절차를 도식화하여 제시하고 자세한 설명을 기술한다.
	4.3 고려 사항		새북 프로그램 유지 보수 작업 시에 주요 참고 사항을 기술한다. 〈예시〉 새북 프로그램의 유지 보수 및 장애 처리 시에 서비스가 일시 중단될 수 있으며, 서비스 중단으로 발생하는 문제에 대해서는 본 사에서 책임지지 않는다.

나. 작성 예제

▶ "1.4.1 사업 구분" 작성 방법 설명

　"1.4.1 사업 구분"은 본 사업을 K-Method에서 제시하는 "생명 주기", "SW 유형", "개발 주체", "사업 규모", "DB 사용"의 구분으로 분류하여 제시한다.

　(그림 5-6-2-1)에 제시된 "1.4.1 사업 구분"에 대한 작성 사례를 참조하여 유지 보수 계획서의 "사업 구분"에 대한 내용을 작성한다.

(그림 5-6-2-1) "1.4.1 사업 구분" 작성 사례

1.4 시스템 구축 범위

1.4.1 사업 구분

　"새북(SEBOOK) SW 개발 사업"은 자체 인력을 통한 패키지 SW 신규 개발 사업이며, 5억 미만의 소규모이고 DB를 사용하지 않는 사업이다.

생명 주기 구분	SW 유형 구분	개발 주체 구분	사업 규모 구분	DB 사용 구분
신규 개발	패키지SW	자체 개발	소규모	미사용

〈표 1-4-1-1〉 대상 사업 구분

〈구분 설명〉
- 신규 개발: 기존의 시스템이 없는 상태에서 신규로 개발하는 사업
- 패키지 SW: 오피스 프로그램처럼 패키지로 배포가 이루어지는 소프트웨어
- 자체 개발: 기업이나 조직이 필요한 소프트웨어를 자체적으로 개발하는 경우
- 소규모: 5억 미만의 사업
- DB사용 구분: DB나 DW를 사용하는 경우

▶ "1.4.3 새북 학습 콘텐츠 예제 개발" 작성 방법 설명

"1.4.3 새북 학습 콘텐츠 예제 개발"은 새북(SEBOOK) 프로그램에서 사용되는 학습 콘텐츠 제작 범위를 기술한다.

(그림 5-6-2-2)에 제시된 "1.4.3 새북 학습 콘텐츠 예제 개발"에 대한 작성 사례를 참조하여 유지 보수 계획서의 "시스템 구축 범위"에 대한 내용을 작성한다.

(그림 5-6-2-2) "1.4.3 새북 학습 콘텐츠 예제 개발" 작성 사례

1.4 시스템 구축 범위

1.4.1 사업 구분

  …

1.4.2 새북 프로그램 개발

  …

1.4.3 새북 학습 콘텐츠 예제 개발

NO	콘텐츠 구분	콘텐츠 설명	비 고
1	온라인 스트리밍 동영상 학습 콘텐츠 제작	온라인 스트리밍 동영상 학습 콘텐츠를 1개 이상 제작 한다.	동영상, 학습 자료, 자막 자료, 목차 정보 등
2	오프라인 동영상 학습 콘텐츠 제작	오프라인 동영상 학습 콘텐츠를 1개 이상 제작 한다.	동영상, 학습 자료, 자막 자료, 목차 정보 등

〈표 1-4-3-1〉 새북 콘텐츠 제작 범위

▶ "2.2 유지 보수 지원 체계" 작성 방법 설명

"2.2 유지 보수 지원 체계"는 유지 보수 활동(maintenance activity)의 주체를 운영 지원, 기술 지원, 기능 개선, 오류 수정 지원 조직으로 정의하고 해당 주체에 대한 유지 보수 활동 내용을 기술한다.

유지 보수를 단순히 오류 대응으로 생각할 수 있지만, 오류 수정 뿐만 아니라, 여타 많은 대응이 요구됨을 감안하여 보다 폭넓은 지원 체계 확립이 중요하다.

(그림 5-6-2-3)에 제시된 "2.2 유지 보수 지원 체계"에 대한 작성 사례를 참조하여 유지 보수 계획서의 "유지 보수 지원 체계"에 대한 내용을 작성한다.

(그림 5-6-2-3) "2.2 유지 보수 지원 체계" 작성 사례

2.2 유지 보수 지원 체계

구 분	수행 내용
운영 지원	- 홈페이지, 전자 우편 등 사용자 요청 시에 운영 지원팀에서 접수하며, 가능한 신속하게 대응한다.
기술 지원	- 기술 지원 요청이 접수되면, 먼저 유지 보수팀에서 확인 후 요청 내용을 분류하여 개발팀에게 내용을 전달한다. - 기술 지원 내용을 확인한 개발팀은 신속하게 요청 사항을 처리 및 안내한다.
기능 개선	- 새북 프로그램이 개선되면, 프로그램 패치를 통하여 개선 사항을 반영한다. - 고객의 요구 사항을 수령하고 정리하여 개선 목록을 정리하고 개발팀과 협의를 통하여 일정을 수립한다.
오류 수정	- 프로그램 테스트나, 고객에게 수령한 오류는 개발팀에서 충분히 분석하여 대응 방법을 선정한다. - 해당 오류의 분석 결과를 바탕으로 우선 순위에 따라 개발팀에서 오류를 개선한다. - 개선된 오류는 운영 지원팀을 통하여 고객에게 배포한다.

〈표 2-2-1-1〉 유지 보수 추진 내역 항목별 수행 내용

다. 유지 보수 계획서 주요 ID 체계

해당 사항 없음

5.6.2.3 유지 보수 계획서 관련 산출물 구성

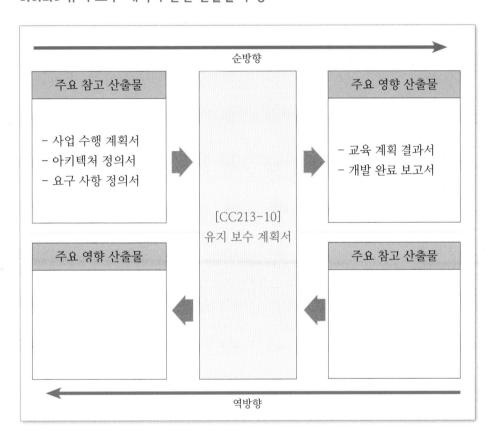

5.6.3 교육 계획 결과서[CC221-10]

5.6.3.1 개요

가. 방법론 상의 위치

세그먼트		태스크		산출물	
CC220	인도 작업	CC221	교육 수행	CC221-10	교육 계획 결과서

나. 정의

　　교육 계획 결과서는 사업의 이해 및 운영 유지에 필요한 교육 내용, 대상, 일정 등의 교육 계획을 수립하는 문서이다.

　　개발자에 대한 교육은 사업 관리의 자원 관리 영역에서 인적 자원 관리의 한 방안으로 실시한다. 여기서의 교육 계획 결과서는 사용자 및 운영자를 대상으로 한다.

다. 목적

　　보안, 사용법 등 주로 운영자, 사용자에게 SW 시스템의 이해와 사용 방법, 운영 시에 필요한 교육 계획을 수립하고, 교육을 실시한 결과를 기술하는 것이 목적이다.

　　개발이 완료된 시스템을 안정적으로 운영 관리하고, 사용할 수 있도록 하는 것이 주요 목적이다.

라. 적용 내용

　　새북(SEBOOK)은 불특정 다수가 사용하는 프로그램이다. 그러므로 사용자에 중점을 두어 교육을 수행하는 것이 사업의 발전을 위해 중요한 성공 요소로 작용한다.

　　따라서 사용자 교육에 중점을 두어 교육 일정, 교육 내용을 수립하여 제시한다.

　　교육 자료는 사용자 매뉴얼(user manual) 등 사업 진행 과정에서 제작된 성과물을 활용하여 작성한다. 이때, 성과물은 현행화된 것을 가지고 진행해야 한다.

　　교육 수행이 완료되면 교육 참석자의 서명을 받아서 결과서를 관리하는 것이 바람직하다.

5.6.3.2 작성 사례

가. 주요 항목 작성 사례 설명

목차 구분			항목 설명
대분류	중분류	소분류	
1. 교육 개요	1.1 목적		사업 수행의 품질을 확보하기 위한 교육의 목적을 기술한다. 〈예시〉 새북(SEBOOK) 프로그램의 사용자에 대한 철저한 교육이 목적이다.
	1.2 교육 수행	1.2.1 교육 기간	사용자 교육 기간을 설정한다.
		1.2.2 교육 장소	교육을 수행하는 장소를 기술한다.
		1.2.3 교육 대상	교육 대상을 제시한다.
2. 교육 방법			새북 프로그램을 사용하는 인력에 대한 교육 방안을 제시한다.
3. 교육내용 및 일정	3.1 교육 일정		사용자 교육의 교육 대상, 교육 일정 등의 정보를 기술한다.
	3.2 교육 내용		사용자 교육의 교육 내용과 교육 자료를 기술한다.
4. 교육결과	4.1 교육 수행 결과		사용자 교육의 참석 인원 등 교육 수행 결과를 제시한다.
	4.2 교육 결과 보고서		교육 내용, 참석자 등 사용자 교육의 교육 수행 결과를 기술한다

05

SW 개발 사업" 산출물 작성 사례
"새북(SEBOOK)

나. 작성 예제

▶ "2. 교육 방법" 작성 방법 설명

"2. 교육 방법"은 프로그램의 사용자에 대한 교육 방법을 기술한다.

(그림 5-6-3-1)에 제시된 "2. 교육 방법"에 대한 작성 사례를 참조하여 교육 계획 결과서의 "교육 방법"에 대한 내용을 작성한다.

(그림 5-6-3-1) "2. 교육 방법" 작성 사례

---

2 교육 방법

새북(SEBOOK) 프로그램을 사용하는 사용자에 대한 교육 방법은 다음과 같다.
- 새북 프로그램의 이해도를 높이기 위해 배경, 기획 의도, 목표 등의 제반 사항에 대하여 교육한다.
- 본 사업의 이해도를 높이기 위해 프로그램의 환경, 구성, 주요 기능 등에 대하여 설명한다.
- 새북 프로그램의 상세한 사용법, 오류 발생 시 대처 방안 등을 교육한다.

▶ "3.2 교육 내용" 작성 방법 설명

"3.2 교육 내용"은 교육 대상자에 대한 교육 내용, 교육 자료 등 자세한 교육 관련 정보를 제시한다.

교육 내용을 작성 할 때는 가급적 상세하게 작성한다.

(그림 5-6-3-2)에 제시된 "3.2 교육 내용"에 대한 작성 사례를 참조하여 교육 계획 결과서의 "교육 내용"에 대한 내용을 작성한다.

(그림 5-6-3-2) "3.2 교육 내용" 작성 사례

3.2 교육 내용

교육 분야	교육명	교육 내용	교육 자료
사용자 교육	새북(SEBOOK) 사용자 교육	1. 기본 개요 2. 프로그램 사용 환경 3. 주요 구성 및 기능 4. 프로그램 사용 방법 5. 질의 응답	사용자 매뉴얼

〈표 3-2-1-1〉 분야별 교육 내용

▶ "4.2 교육 결과 보고서" 작성 방법 설명

"4.2 교육 결과 보고서"는 교육을 수행한 결과를 기술한다.

　보고서에는 교육 일시, 장소, 교육 명칭, 교육 내용 등 기본 정보와 참석자 정보를
구분하여 작성한다.

　(그림 5-6-3-3)에 제시된 "4.2 교육 결과 보고서"에 대한 작성 사례를 참조하여 교육
계획 결과서의 "교육 결과 보고서"에 대한 내용을 작성한다.

(그림 5-6-3-3) "4.2 교육 결과 보고서" 작성 사례

4.2 교육 결과 보고서

교육 결과 보고서				담당	(인)	PM	(인)
교육 분야	사용자 교육	교육일시	2017.11.03	장소	사내 회의설		
교육 명칭	새북(SEBOOK) 사용자 교육						
교육 내용	1. 기본 개요 2. 프로그램 사용 환경 3. 주요 구성 및 기능 4. 프로그램 사용 방법 5. 질의 응답						
비 고	사용자 매뉴얼을 교육 자료 활용						
참석자							
소속(업무)		이름		확인		비고	
OOO		홍 길동		(인)			
OOO		김 길동		(인)			
△△△		이 길동		(인)			
△△△		말 길동		(인)			
△△△		최 길동		(인)			

〈표 4-2-1-1〉 교육 결과 보고서

다. 교육 계획 결과서 주요 ID 체계

　해당 사항 없음

5.6.3.3 교육 계획 결과서 관련 산출물 구성

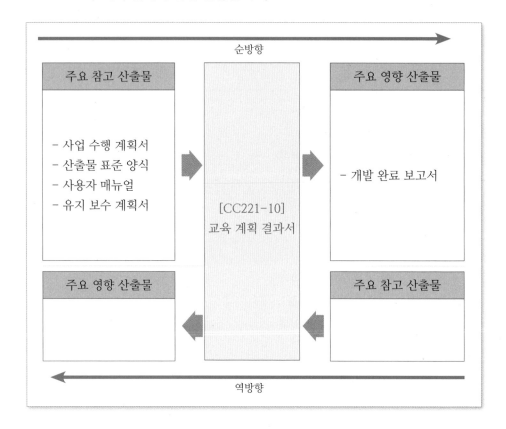

5.6.4 개발 완료 보고서[CC223-10]

5.6.4.1 개요

가. 방법론 상의 위치

세그먼트		태스크		산출물	
CC220	인도 작업	CC223	인도 수행	CC223-10	개발 완료 보고서

나. 정의

개발 완료 보고서는 사업 완료를 주관 기관과 개발사가 확인하기 위하여, 개발한 SW 시스템의 구축 과정 및 결과를 설명하는 문서이다.

본 사업과 같이 자체 개발 사업의 경우, 팀 내부의 완료 여부에 대한 판정을 한 후, 회사 또는 기관 내부의 최종 보고회 등을 통해 보고를 수행하고 이에 대한 완료를 공식 선언하는 문서이다.

다. 목적

외주 개발의 경우에는 사업의 완료를 주관 기관과 사업자가 공식적으로 확인하는 것이 목적이다. 본 사업과 같이 자체 개발 사업의 경우에는 회사 내에서 사업의 완료를 공식적으로 확인하는 것이 목적이다.

어떠한 경우에도 K-Method의 테일러링에 따른 공정 절차를 모두 정상적으로 수행한 결과, 정상적인 완료를 확인한 후에 작성한다.

라. 적용 내용

"새북(SEBOOK) SW 개발 사업"의 고객은 불특정 다수의 일반인을 대상으로 하기때문에 개발 완료 보고서는 내부의 인력에게 사업의 성과와 완료를 보고하는 형태의 문서로 작성한다.

개발 완료 보고서(development final report)는 사업의 개요, 배경, 목적, 시스템 개발 내용을 포함하여 작성한다.

또한 개발 완료 이후 유지 보수 활동이 필요하므로 유지 보수에 필요한 조직, 범위 및 내용, 절차 등을 자세하게 제시한다.

마지막으로 새북(SEBOOK) 프로그램의 향후 발전 방향을 제시하고 ""새북(SEBOOK) SW 개발" 사업의 행정적인 종료를 선언하고 끝맺음을 한다.

5.6.4.2 작성 사례

가. 주요 항목 작성 사례 설명

목차 구분			항목 설명
대분류	중분류	대분류	
1. 사업 개요	1.1 개요		본 사업의 개요를 기술한다.
	1.2 일정 및 범위	1.2.1 사업 추진 일정	"새북(SEBOOK) SW 개발" 사업의 개발 기간을 기술한다. 〈예시〉 "2017년 1월 9일 ~ 2017년 9월 29일 (9개월)"
		1.2.2 사업 범위	본 사업의 개발 범위를 기능 및 비기능 요구 사항을 중심으로 기술한다.
2. 사업 배경 및 목적	2.1 사업 추진 배경		새북 프로그램을 기획하고 제작을 시작하게 된 배경을 기술한다.
	2.2 사업 목표		"새북(SEBOOK) SW 개발" 사업의 연차별 목표를 도식화하여 기술한다.
	2.3 기대 효과		본 사업으로 개발되는 새북 프로그램에 대한 다양한 기대 효과를 도식화하여 기술한다.
3. 사업 추진 체계	3.1 총괄 조직도		사업 총괄 책임자, 프로그램 개발팀, 콘텐츠 구축팀, 품질 관리팀, 자문 그룹으로 구성된 총괄 조직도를 도식화하여 기술한다.
	3.2 역할 및 책임		사업 총괄 책임자, 프로그램 개발팀, 콘텐츠 구축팀, 품질 관리팀, 자문그룹의 역할 및 책임을 자세하게 기술한다.

목차 구분			항목 설명
대분류	중분류	소분류	
4. 시스템 개발 내용	4.1 전체 업무 구성도		새북 프로그램을 중심으로 사용 환경, 콘텐츠 구성 등을 포함하여 전체적인 업무 구성도를 도식화하여 기술한다.
	4.2 주요 화면 설명	4.2.1 메인 화면	"메인 화면"에 대한 설명과 화면에 포함된 기능을 알기 쉽게 기술한다.
		4.2.2 PDF 뷰어	"PDF 뷰어"에 대한 설명과 화면에 포함된 기능을 알기 쉽게 기술한다.
		4.2.3 자막 설정 화면	"자막 설정 화면"에 대한 설명과 화면에 포함된 기능을 알기 쉽게 기술한다.
		4.2.4 북마크 설정 화면	"북마크 설정 화면"에 대한 설명과 화면에 포함된 기능을 알기 쉽게 기술한다.
		4.2.5 문서 설정 화면	"문서 설정 화면"에 대한 설명과 화면에 포함된 기능을 알기 쉽게 기술한다.
		4.2.6 폰트 설정 화면	"폰트 설정 화면"에 대한 설명과 화면에 포함된 기능을 알기 쉽게 기술한다.
		4.2.7 화면 비율 설정 화면	"화면 비율 설정 화면"에 대한 설명과 화면에 포함된 기능을 알기 쉽게 기술한다.
		4.2.8 새북 정보 제공 화면	"새북 정보 제공 화면"에 대한 설명과 화면에 포함된 기능을 알기 쉽게 기술한다.
		4.2.9 도움말 제공 화면	"도움말 제공 화면"에 대한 설명과 화면에 포함된 기능을 알기 쉽게 기술한다.

목차 구분			항목 설명
대분류	중분류	소분류	
4. 시스템 개발 내용 (계속)	4.3 상세 기능 설명		새북 프로그램의 기능을 대분류, 중분류, 소분류로 구분하여 상세하게 기술한다.
	4.4 학습 콘텐츠 설명	4.4.1 일반 동영상 형식의 콘텐츠	일반 형식 동영상에 대한 새북용 학습 콘텐츠 구성에 대하여 설명한다.
		4.4.2 스트리밍 동영상 형식의 콘텐츠	스트리밍 방식의 동영상에 대한 새북용 학습 콘텐츠 구성에 대하여 설명한다.
5. 유지 보수 방안	5.1 유지 보수 조직	5.1.1 유지 보수 조직 구성	지속적이고 안정적인 유지 보수 활동을 위한 조직 구성을 제시한다.
		5.1.2 유지 보수 조직의 수행 내용	사업 총괄 책임자, 고객 지원팀, 기술 지원팀, 프로그램 개발팀에 대한 유지 보수 활동 내용을 제시한다.
	5.2 유지 보수 범위 및 내용	5.2.1 유지 보수 범위	설치, 기술 지원 등 유지 보수의 유·무상 범위에 대하여 기술한다.
		5.2.2 유지 보수 내용	새북 프로그램의 유지 보수 기간 및 절차 등 안정적인 유지 보수 방안에 대해 기술한다.
	5.3 유지 보수 및 장애 처리	5.3.1 유지 보수 절차 및 내용	고객과 고객 지원팀 간의 유지 보수 절차를 도식화하고 내용을 설명한다.
		5.3.2 장애 처리 절차 및 내용	고객, 고객 지원팀, 프로그램 개발팀 간의 유지 보수 절차를 도식화하고 내용을 설명한다.
6. 향후 시스템 발전 방향			새북 프로그램의 상용화, 제품 다변화, 판매 시장 확산 등 향후 발전 방안을 연차별로 기술한다.

나. 작성 예제

▶ "3.1 총괄 조직도" 작성 방법 설명

"3.1 총괄 조직도"는 개발 사업에 대한 전체 조직을 도식화한다.

본 사업의 총괄 조직은 사업 총괄 책임자, 품질 관리팀, 자문 그룹, 프로그램 개발팀, 콘텐츠 구축팀으로 구성되어 있다.

총괄 조직도에 포함되는 인물은 실질적인 조직을 기반으로 기술해야 한다. 형식적으로 제시하지 않도록 주의할 필요가 있다.

(그림 5-6-4-1)에 제시된 "3.1 총괄 조직도"에 대한 작성 사례를 참조하여 개발 완료 보고서의 "총괄 조직도"에 대한 내용을 작성한다.

(그림 5-6-4-1) "3.1 총괄 조직도" 작성 사례

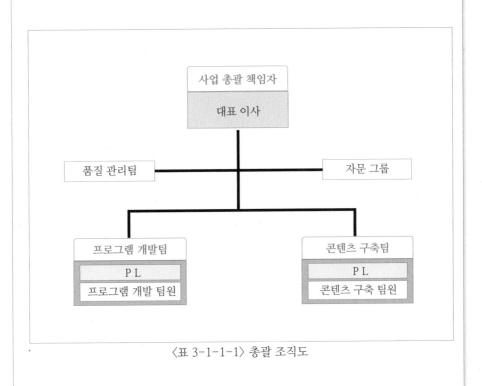

3.1 총괄 조직도

고품질의 새북(SEBOOK) 프로그램 개발을 위한 총괄 조직도는 아래의 그림과 같다.

〈표 3-1-1-1〉 총괄 조직도

▶ "4.2.2 PDF 뷰어" 작성 방법 설명

"4.2.2 PDF 뷰어"는 새북(SEBOOK) 프로그램의 주요 화면인 PDF 뷰어에 대한 개요와
해당 화면에서 제공하는 기능을 자세하게 설명한다.

(그림 5-6-4-2)에 제시된 "4.2.2 PDF 뷰어"에 대한 작성 사례를 참조하여 개발 완료
보고서의 "주요 화면 설명"에 대한 내용을 작성한다.

(그림 5-6-4-2) "4.2.2 PDF 뷰어" 작성 사례

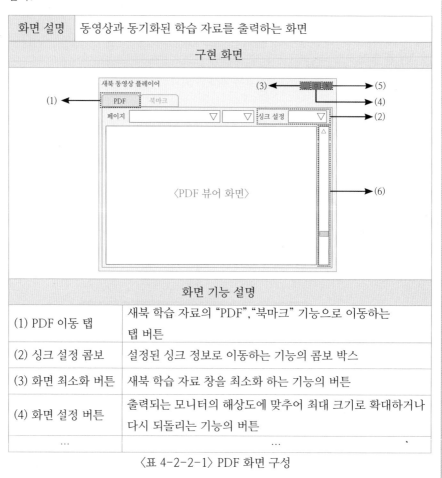

4.2.2 PDF 뷰어

동영상과 동기화된 학습 자료를 출력하는 PDF 뷰어에 대한 설명은 아래의 그림과
같다.

화면 설명	동영상과 동기화된 학습 자료를 출력하는 화면

구현 화면

화면 기능 설명

(1) PDF 이동 탭	새북 학습 자료의 "PDF", "북마크" 기능으로 이동하는 탭 버튼
(2) 싱크 설정 콤보	설정된 싱크 정보로 이동하는 기능의 콤보 박스
(3) 화면 최소화 버튼	새북 학습 자료 창을 최소화 하는 기능의 버튼
(4) 화면 설정 버튼	출력되는 모니터의 해상도에 맞추어 최대 크기로 확대하거나 다시 되돌리는 기능의 버튼
…	…

〈표 4-2-2-1〉 PDF 화면 구성

▶ "4.4.1 일반 동영상 형식의 콘텐츠" 작성 방법 설명

"4.4.1 일반 동영상 형식의 콘텐츠"는 일반 형식의 동영상에 활용되는 새북 학습 콘텐츠 구성을 콘텐츠 명칭, 구성, 설명, 예시 화면 등으로 구분하여 설명한다.

(그림 5-6-4-3)에 제시하는 바와 같이, "4.4.1 일반 동영상 형식의 콘텐츠"에 대한 작성 사례를 참조하여 개발 완료 보고서의 "시스템 개발 내용"에 대한 내용을 작성한다.

(그림 5-6-4-3) "4.4.1 일반 동영상 형식의 콘텐츠" 작성 사례

4.4.1 일반 동영상 형식의 콘텐츠

일반 동영상 형식의 콘텐츠는 avi, mp4 등 동영상 원본 파일을 소유하고 있는 경우, 학습 자료, 자막 등을 융합하여 학습 서비스를 제공하는 형태의 콘텐츠를 말한다.

자세한 콘텐츠의 구성 및 내용은 아래의 표와 같다.

콘텐츠 명칭	새틀 드론 1단 레이스봇	구분	일반 동영상
콘텐츠 구성	- 동영상: SB-E-002_새틀드론_1단계_레이스봇.mp4 - 학습 자료: SB-E-002_새틀드론_1단계_레이스봇.pdf - 동기화 파일: SB-E-002_새틀드론_1단계_레이스봇.smi		
콘텐츠 설명	새틀 드론을 소립하고 동작시키는 학습 자료이다. 성세 내용은 아래의 목차와 같이 구성되어 있다. 1. 새틀 드론 소개 및 준비 2. 새틀 드론 조립 3. 프로그램 업로드 및 구동		
콘텐츠 예시 화면			

〈새북 콘텐츠 구성〉

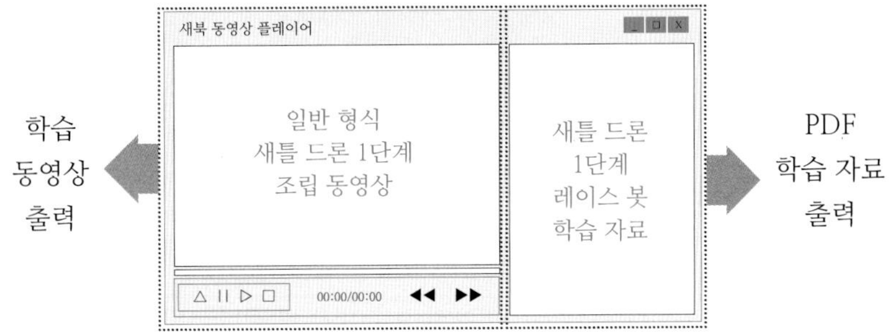

〈표 4-4-1-1〉 일반 동영상 형식의 콘텐츠

▶ "5.2.2 유지 보수 내용" 작성 방법 설명

"5.2.2 유지 보수 내용"은 프로그램에 대한 유지 보수 유형 (maintenance category)을 구분하고 상세한 유지 보수 내용을 제시한다.

(그림 5-6-4-4)에 제시된 "5.2.2 유지 보수 내용"에 대한 작성 사례를 참조하여 개발 완료 보고서의 "유지 보수 내용"에 대한 내용을 작성한다.

(그림 5-6-4-4) "5.2.2 유지 보수 내용" 작성 사례

5.2.2 유지 보수 내용

"새북(SEBOOK) 프로그램"의 유지 보수 범위와 내용은 다음과 같다.

대상 분야	구분	유지 보수 내용	서비스 방식	비 고
프로그램 설치	무상	- 새북 프로그램 설치 방법 제공 - 새북 프로그램 설치 오류 대응 - 프로그램 설치 원격 지원 - 프로그램 설치 관련 고객 응대	원격 지원	
기술 지원	유·무상	- 설치 오류 개선, 사용법 설명, 신규 기능 협의, 프로그램 기술 문의 등 현장 방문 기술 지원(유상) - 원격 서비스를 통한 기술지원(무상)	원격/방문 지원	
오류 수정 및 개선	유·무상	- 새북 프로그램 오류 수정 및 테스트 (무상) - 새로운 기능 추가 및 프로그램 개선(유상) - 새북 프로그램 개선 배포본 제작(무상)	원격 지원	
고객 지원	무상	- 오류, 문의 등 고객 요구 사항 응대 - 새북 사용법 설명, 설치 지원 등 고객 지원 - 패치 일정, 내용 등 정보 제공 및 원격 접속을 통한 서비스 제공	원격 지원	

〈표 5-2-2-1〉 유지 보수 내용 및 서비스 방식

다. 개발 완료 보고서 주요 ID 체계

해당 사항 없음

5.6.4.3 개발 완료 보고서 관련 산출물 구성

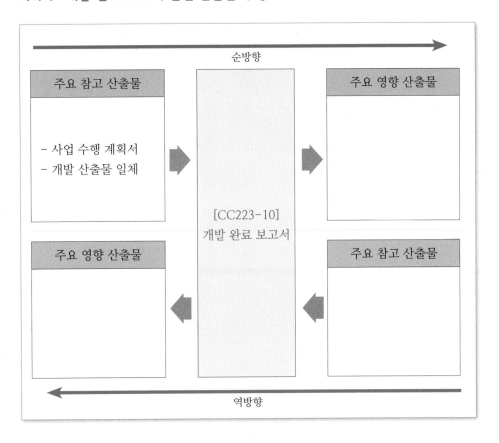

▶▶▶ "K-Method" 적용 기대 효과

이제까지 병렬형 SW 개발 방법론 K-Method를 이용하여 실제 소프트웨어 개발에 적용한 사례를 실질적인 상용 프로그램의 개발을 예로 들어 제시하였다.

본 서에서 제시한 사례는 자체 개발의 경우이지만, 어떤 소프트웨어 개발 프로젝트에서도 공통적으로 적용할 수 있는 요소를 사례로 들었다. 그러므로 본 서의 사례만 정확하게 익힌다면, 실제 개발 현장에서 큰 도움을 받을 수 있을 것으로 예상된다.

앞으로 독자 여러분께서 실제의 소프트웨어 개발 현장에서 K-Method를 적용하는데 도움이 될 수 있는 방법을 다섯 가지만 제시하면 다음과 같다.

첫째, 우선 기존에 익숙했던 방법론 체계에 유사하게 적용할 수 있다. K-Method는 병렬형(parallel type) 소프트웨어 개발 방법론이다. 그러나 기존의 폭포수형(waterfall type), 나선형(spiral type), 점증형(iterative & incremental type), 기민형(agile type) 등의 어떠한 방법론과도 호환성을 유지하도록 강구된 방법론이다. 따라서 기존에 익숙한 방법론이 있다면 그 방법론 공정 스타일에 맞춰 K-Method를 테일러링하여 적용할 수 있다. 그런 후, 차차 병렬형으로 이행한다면 큰 효과를 볼 수 있을 것이다.

둘째, 어떠한 형태의 소프트웨어 개발 사업에도 적용할 수 있다. 본 서에서는 신규 개발의 경우를 사례로 들었다. 신규 개발이 가장 복잡하다. 그렇기 때문에, 이 사례만 익히면 고도화, 운영 등에도 쉽게 적용할 수 있다. 아울러 시스템 SW, 응용 SW, 패키지 SW, 내장 SW는 물론 자체 개발과 외주 개발의 어떠한 경우에도 적용할 수 있다. 규모나 DB 사용 여부에 관계 없이 테일러링하여 쉽게 적용할 수 있게 된다.

셋째, 표준화된 산출물 작성 방법을 체계적으로 익힐 수 있다. 오랜 기간 동안의 감리 실무 경험을 통해 쌓은 노하우를 아낌없이 반영하여, 표준화된 양식과 산출물 작성 방법을 체계적으로 제시하였다. 그러므로 본 사례에서 익힌 내역을 실무에 바로 적용할 수 있다.

넷째, SW 개발 방법론 교육을 체계화할 수 있다. 그동안 상아탑에서 실제로 시행하기 어려웠던 방법론 교육을 체계적으로 실시할 수 있다. 이와 더불어, 소프트웨어의 개발, 고도화 및 운영을 체계화된 기술 적용을 통해 추진할 수 있는 인력을 양성할 수 있어 소프트웨어 개발 품질의 향상에 기여할 수 있다.

다섯째, 병렬형 SW 개발 방법론의 확산을 통해 소프트웨어 생산성 향상에 기여할 수 있다. 병렬형 SW 개발 방법론인 K-Method의 원리, 표준, 사례의 삼각축이 완성되어, 개발 현장에 가장 완벽한 방법론 가이드가 가능해졌다. 이를 기반으로 병렬형 SW 개발 방법론의 확산과 세계로의 전파가 용이해져 국내 기술의 세계화의 길에 동참하는 계기를 마련할 수 있다.

위에 언급한 사항 이외에도 아이디어에 따라 다양한 적용 방안을 기대할 수 있을 것이다. 앞으로 K-Method를 지속적으로 습득한다면 실무에서 좋은 효과를 얻을 수 있을 것이다.

K-Method 적용 패키지 안내

소프트웨어 개발에 있어 방법론 적용은 사업의 성패를 좌우할 정도로 중요합니다.

완벽한 방법론의 적용을 위해서는 방법론에 대한 이해와 적절한 도구의 지원이 필요합니다.

이에 (주)소프트웨어품질기술원에서는 당사가 정립한 병렬형 SW 개발 방법론인 K-Method를

채택하는 기관이나 기업에게 교육, 품질 점검, 도구 지원 등 다양한 서비스를 제공하고 있습니다.

품질 점검 서비스만 받으실 수도 있고, 2가지 이상의 복합적 서비스도 가능합니다.

01	02	03	04
K-Method 컨설팅	방법론 교육	품질 점검	도구 지원

* 당사는 고객사의 프로젝트 성공을 위해 최상의 지원을 약속드립니다.

* 상담안내 　　　 전 화 : 031-819-2900 　　　 이메일 : master@softqt.com

K-Method 컨설팅

(주)소프트웨어품질기술원은 병렬형 SW 개발 방법론 'K-Method'를 실무에 쉽게 적용할 수 있도록 컨설팅 서비스를 제공하고 있습니다.

K-Method는 구체적인 성과를 도출하여 SW의 고품질 개발과 안정적 운영에 큰 밑거름으로 작용할 것입니다.

K-Method 테일러링 방법 가이드

산출물 적용 방법 가이드

도구 적용 방법 가이드

품질 검증 방법 가이드

방법론 교육

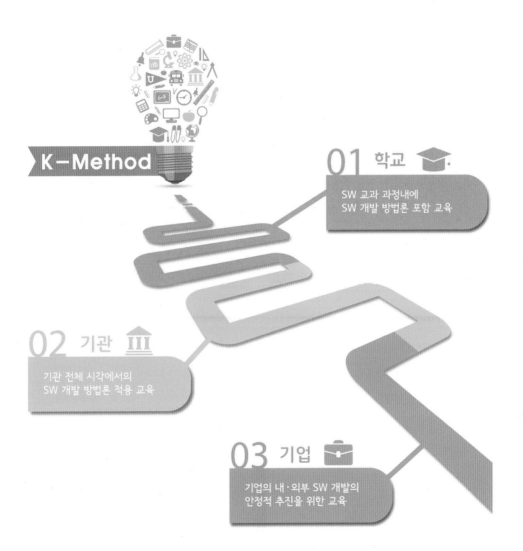

K-Method

01 학교

SW 교과 과정내에
SW 개발 방법론 포함 교육

02 기관

기관 전체 시각에서의
SW 개발 방법론 적용 교육

03 기업

기업의 내·외부 SW 개발의
안정적 추진을 위한 교육

    병렬형 SW 개발 방법론에 대한 이해를 돕기 위해 당사에서는 학교, 기관, 기업에 'K-Method' 교육 서비스를 제공하고 있습니다. 다양한 유형의 수준별 서비스를 통해 병렬형 SW 개발 방법론의 본질에 대한 이해와 그에 따른 산출물 대응을 통하여 보다 쉽게 K-Method 적용 방법을 익힐 수 있습니다.

소프트웨어 품질 점검
(SQI : Software Quality Inspection)

소프트웨어 품질 점검은

적용 비용으로 작은 감리(small-audit)와 유사한 효과를
지향하는 형태의 품질 평가를 의미합니다. 전문 인력을 통하여
작은 규모로 빠르게 문제점을 분석하고 개선사항을
제시합니다. 법적 의무 감리가 불가능한 소규모 사업에서
약식으로 적용할 수 있어 실용적입니다.

어떤 곳에
소프트웨어 품질 점검이 **필요할까요**

- 사업 품질 수준을 확인하고 싶은 경우
- 정보시스템 감리를 사전에 준비하고 싶을 경우
- 보안 등 법적인 대응 요소를 식별하고 준수 여부를 확인하고 싶을 경우
- 어떻게 사업을 진행해야 할지 모를 경우
- 사업 성과물의 품질을 높이고 싶은 경우
- 정식 감리 비용을 마련하지 못한 경우

SQI 장점

- ✓ 고효율 저비용 평가
- ✓ 빠르고 정확한 점검
- ✓ 핵심 위험 요소 식별
- ✓ 시정조치 부담 제거
- ✓ 통합적인 진단
- ✓ 요구사항 이행 확인

적용 가능 사업 및 분야는?

정보시스템 개발 사업

- ✓ 사업관리 및 품질 보증 분야
- ✓ 응용 시스템 분야
- ✓ 데이터베이스 분야
- ✓ 시스템 구조 및 보안 분야
- ✓ 상호 운영성 분야 등

시스템 운영 및 유지보수 사업

- ✓ 사업관리 및 품질 보증 분야
- ✓ 서비스 제공 분야
- ✓ 서비스 지원 분야
- ✓ 유지보수 이행 분야 등

DB 구축 사업

- ✓ 사업관리 및 품질 보증 분야
- ✓ 데이터 수집 및 시범 구축 분야
- ✓ 데이터 구축 분야
- ✓ 품질 검사 분야 등

정보화 전략 계획수립 사업

- ✓ 사업관리 및 품질 보증 분야
- ✓ 업무 분야
- ✓ 기술 분야
- ✓ 정보화 계획 분야 등

정보기술 아키텍처 구축 사업

- ✓ 사업관리 및 품질 보증 분야
- ✓ 기반 정립 분야
- ✓ 현행 아키텍처 구축 분야
- ✓ 이행계획 수립 분야
- ✓ 관리체계 분야 등

소프트웨어 품질 점검(SQI : Software Quality Inspection)으로

비용의 부담은 내리고!

사업의 성과는 올리고!

새빛(SEVIT) 소개

　새빛(SEVIT: Software Engineering Visualized Integration Tool)은 JAVA 소스 코드로부터 분석 및 설계 모델을 추출하고 이해하는 것을 돕는 시각화 도구입니다.

　프로그램 분석 및 설계 모델과 병행하여 파악할 수 있어, 개발자는 객체지향 JAVA 언어 개발에 좀 더 쉽게 접근할 수 있고 소규모 프로젝트의 경우 효과적으로 JAVA 언어를 이용하여 개발에 임할 수 있습니다. 새빛(SEVIT)은 GS 1등급 인증을 받은 제품입니다.

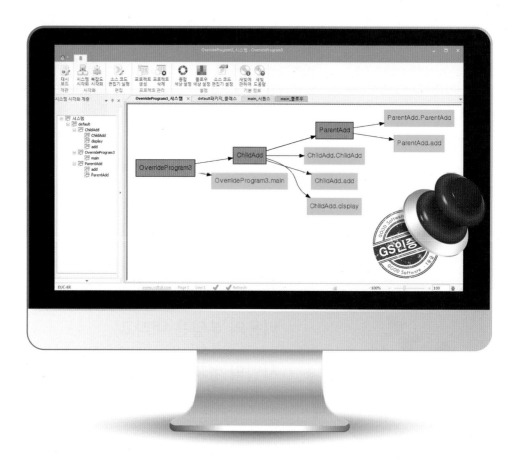

"JAVA 가시화 프로그래밍 도구"

새빛은?

1 개념 이해하기 💡

예제와 함께 익히는
JAVA 객체지향 개념

JAVA를 지원하는 객체지향 개념과 JAVA 언어의 기초를 익힐 수 있는 다양한 프로그래밍 학습 콘텐츠를 준비하고 있습니다. 쉽게 설명한 강의 동영상과 간결한 예제의 실습을 통해 JAVA 언어와 객체지향 개념을 쉽게 익혀 적용할 수 있습니다.

2 모델로 익히기

프로젝트 내부를
통합적인 관점에서
시스템 시각화

작업하는 JAVA 프로젝트의 내부를 시스템, 패키지, 클래스, 시퀀스, 플로우 순으로 추상도를 낮춰가면서 통합적인 시각에서 추상화 및 구체화하는 시스템 시각화를 통해, 분석 및 설계 모델과 JAVA 소스코드에 대한 입체적 파악으로 단시간에 전문가 수준으로 프로그램에 대한 이해도를 높일 수 있도록 지원합니다.

3 복잡도 제어하기 🕐

순환 복잡도 계산으로
복잡도 제어

작업하는 프로젝트의 소스 코드 전체를 플로우 다이어그램으로 일괄 시각화하고, 순환 복잡도를 계산하여 보고서를 출력하는 복잡도 시각화를 도모합니다. 이를 통해 같은 결과를 나타내는 프로그래밍 코드라도 비효율적으로 프로그래밍 작업이 이루어진 부분을 쉽게 파악할 수 있습니다. 따라서 개발 생산성을 높이고 향후 유지보수성 향상에도 기여할 수 있습니다.

새틀(SETL) 소개

새틀(SETL: Structured Efficienty TooL)은 '소프트웨어 논리 구조 표기 지침
(Guidelines for Representing the Logic Structure of Software)'이라는 명칭으로
2015년 12월 16일자로 TTA 정보통신단체 표준(TTAK>KO-11.0196)으로 제정된
쏙(SOC : Structured Object Component)을 지원하는 소프트웨어 설계 자동화 도구입니다.
새틀(SETL)은 소프트웨어 제어 구조를 구성하는 부품을 표준화 규격화하여 자유롭게 조립
및 분해를 할 수 있는 시각적인 프레임 중심 도구입니다.
새틀은 '새로운 틀'이라는 의미도 가지고 있습니다.

1 새틀(SETL)을 이용한 컴퓨팅 사고 연습

- 실 사회에서 해결해야 하는 다양한 문제를 모두 표현 가능
- 컴퓨팅 사고의 주요 6요소(추상화, 패턴인식, 분해, 알고리즘, 자동화, 병렬화) 모두 지원

2 새틀(SETL)을 이용한 설계와 코드의 자동 변환

- 쏙(SOC)으로 설계한 파일을 프로그램 소스 파일로 바꿔주는 순공학 기능
- 프로그램 소스 파일을 쏙(SOC) 설계 파일로 바꿔주는 역공학 기능
- 다양한 프로그래밍 언어 지원(ex. C, C++, ARDUINO(C의 변형), JAVA 등)
- 프로그램 제어 구조 자동 개선

3 새틀(SETL)과 IoT 제어 도구 융합으로 배우는 소프트 웨어

- 새틀(SETL)과 IoT 제어 도구와 연동하여 제어 프로그래밍
- 드론, 자율 주행 자동차, 로봇 등 다양한 IoT 프로그래밍에 적용 가능

새틀 프로그래밍

"정보 중심 SW 프로그래밍에서
IoT 융합 프로그래밍까지"

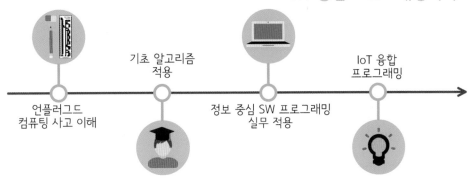

기초 알고리즘
적용

IoT 융합
프로그래밍

언플러그드
컴퓨팅 사고 이해

정보 중심 SW 프로그래밍
실무 적용

수준별 지원

㈜소프트웨어품질기술원에서는 최신의 가시화 소프트웨어 공학
(VSE:Visualized Software Engineering) 기술을 바탕으로, 관련
소프트웨어 기술을 체계적으로 익힐 수 있도록 기초, 심화, 고급 등 수준별
교재를 지원합니다.

다양한 프로그램 언어 지원 도구 및 교재

실사회에서는 Algol 기반의 다양한 프로그래밍 언어가 세계 소프트웨어
시장을 점유하고 있습니다.
(주)소프트웨어품질기술원에서는 C, C++, ARDUINO(C의 변형), JAVA 등
Algol 계열의 전문 프로그래밍 언어를 가시화하여 지원하는 도구 및 교재를
함께 제공하고 있습니다.

NCS 기반의 지원

소프트웨어 개발과 관련하여 국가 직무 능력 체계(NCS)를 바탕으로
기술을 지원하고 있습니다.

온·오프라인 연계

오프라인 지원과 함께 새롭고 효용성 있는 개발 기술 콘텐츠 제공을 위해
공식 홈페이지에 지속적으로 연관 자료를 업로드하고 있습니다.

새벗(SEVUT) 소개

새벗(SEVUT: Software Engineering Visualized Untification Tool)은 PC에 구축하여 개발과 학습을 병행할 수 있는 소프트웨어 융합 프레임 워크입니다.

개발과 학습을 개인별 눈높이에 맞춰 자유롭게 할 수 있도록 개발자 주도의 동기부여를 바탕으로 하는 작업 환경입니다.

새벗은 '새로운 벗'이라는 의미도 가지고 있습니다.

1 개발과 학습 병행

개발을 하면서 연관 학습의 병행

SW 융합 프레임 워크 환경에서 개발 영역과 학습 영역을 확보하여 SW 개발과 학습을 병행할 수 있습니다.

2 대화식 개발

SW 개발 도구 쌍방향 대화식 사용

SW 개발 작업 내용을 시각화한 SW 융합 프레임워크 환경에서 쌍방향으로 대화하는 형태로 확인하면서 개발을 진행할 수 있습니다.

3 개발 기술 축적

SW 개발 기술은 지속적을 등록 축적

SW 개발을 하는 과정에서 습득하거나 터득한 핵심 기술들을 학습자료화 하여 등록하고 기술 축적을 통해 자기 발전을 도모할 수 있습니다.

"개발과 학습을 병행할 수 있는
소프트웨어 융합 프레임 워크"

www.softqt.com

새룰(SERULE) 소개

　새룰(SERULE: Software Engineering Rule)은 Java 소스 코드의 문제점을 점검해주는 자동화 도구입니다.

　코딩 가이드라인(Coding Guideline) 준수를 기본으로 하고 있으며, 코드의 완전성 점검, 코드의 취약점 점검 등 부가적인 기능도 포함하고 있습니다.

"Java 코딩 표준을 지원하는 도구"

www.softqt.com

새롬의 주요기능

1 코딩 가이드 라인 점검

● Java 소스 코드를 구현할 때, 코딩 규칙을 표준화한 바람직한 형태로 준수하고 있는지를 점검합니다.

● 또한 표준에 따라 일관성 있는 코딩 규칙을 적용하고 있는지도 점검합니다.

2 코드의 완전성 점검

● 소스 코드를 불완전하게 작성하여 논리적인 오류가 발생할 가능성이 높거나, 기능이 불완전하게 동작할 가능성이 높은 부분을 찾아내어 보완할 수 있도록 합니다.

3 코드의 취약점 점검

● 소스 코드 내에 잠복하고 있는 예외 대처 기능의 문제점, 보안상의 문제점 등 코드가 보유한 취약점을 점검하여 보완 조치할 수 있도록 지원합니다.

새품(SEPUM) 소개

새품(SEPUM: Software Engineering Project-quality Unveiling Machine)은 소프트웨어의 전체 생명주기에 걸쳐 작업 품질을 점검해 주는 자동화 도구입니다. 분석 단계, 설계 단계, 구현 단계를 포함하는 종합 품질 점검 도구입니다.

1 분석 단계 품질 점검

- 요구사항 설정 및 추적성 품질 점검
- 분석 단계 공정 작업의 품질 점검
- 분석 모델링의 완전성 품질 검점

2 설계 단계 품질 점검

- 설계 단계 공정 작업의 품질 점검
- 설계 모델링의 완전성 품질 점검
- 설계 단계 데이터 프로파일링 점검

3 구현 단계 품질 점검

- 구현 단계 공정 작업의 품질 점검
- 실제 구현 품질 점검
- 설계 대비 구현 품질의 일관성 점검

새품 품질 점검

품질 점검 프레임 워크 적용

최고 6단계에 걸친
세부 SW 품질 점검 프레임 워크
수준을 적용하여
상세한 품질 점검을 행합니다.

개념·논리·물리의 통합 접근

개념적인 수준에서부터
물리적인 수준에 이르기까지의
Layer를 모두 커버하는
입체적인 접근을 통한
품질 점검을 행합니다.

철저한 대안 제시

단순히 점검만 하는 것이 아니라
과학적인 점검을 기반으로,
실현 가능한 대안을 제시합니다.

예방 통제에 중점을 둔 품질 관리

문제가 생긴 후의 사후 통제보다
문제가 발생되기 전에 인지하는
예방 통제 중심의
품질 관리를 행합니다.

새북(SEBOOK) 소개

새북(SEBOOK: Software Engineering Book)은 소프트웨어 공학 기술을 이용하여 새로운 형태의 책을 지향하는 소프트웨어입니다.

'새로운 책'이라는 의미를 가지고 있는 새북은, 동영상과 참고 자료를 쌍방향으로 연결하여 볼 수 있도록 하는 도구입니다. 사용자 및 운영자 매뉴얼이나 각종 지침서 작성에 최적화하여 적용할 수 있습니다. 새북(SEBOOK)은 GS 1등급 인증을 받은 제품입니다.

"쌍방향으로 연결하여 볼 수 있는 도구"

새북의 주요기능

1. 동시에 재생

● 동영상 강의에 연결한 매뉴얼 자료를 동시에 재생합니다.

2. 자유롭게 편집

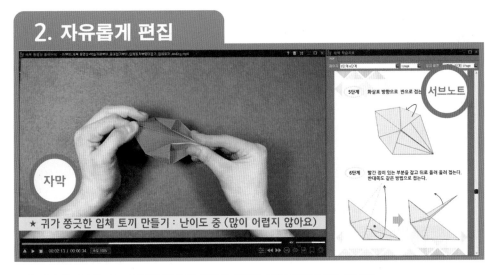

● 동영상에 자막을 넣고 자막의 배경 및 폰트의 색깔과 크기 조정도 가능합니다.

● 사용자가 매뉴얼 내용을 메모하고 편집한 서브 노트를 동영상에 연결할 수 있습니다.

새북의 주요기능

3. 북마크

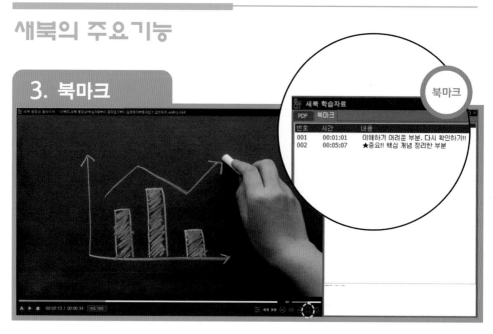

● 중요한 곳을 표시하는 기능으로, 다시 확인하고 싶은 곳에 북마크를 하면 이동하여 매뉴얼 자료와 연결한 동영상을 쉽게 확인할 수 있습니다.

4. 화면 비율 조정

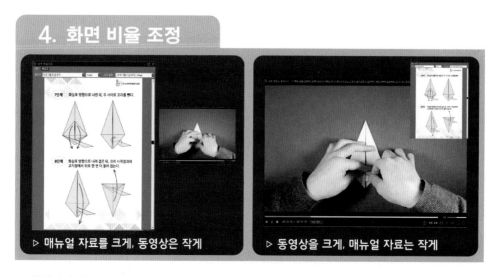

▷ 매뉴얼 자료를 크게, 동영상은 작게

▷ 동영상을 크게, 매뉴얼 자료는 작게

● 동영상과 매뉴얼 자료 화면의 위치와 비율을 자유롭게 조절 가능합니다.

새북 활용

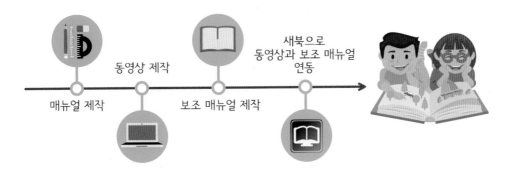

제휴 방법

구매를 통한 제휴
새북 자체를 해당 조직에서 구매하여 적용하는 제휴 방법입니다.

공동 서비스를 통합 제휴
새북을 이용한 콘텐츠 제작 및 배포 등 공동으로 참여하는 형식의
제휴입니다.

라이센스 제휴
새북의 라이센스를 일정기간 위탁받아 시행하는 형태의 제휴입니다.

기타 제휴
기타 여러 적용 가능한 형태로 합의하는 제휴 방법입니다.

병렬형 SW 개발 방법론 K-Method 사례

초판 1쇄 발행   2018년 03월 20일

저　　자　유 홍 준　김 성 현

편　　집　IoT 융합 서적 편집팀
디 자 인　김 류 경

발 행 자　㈜소프트웨어품질기술원
주　　소　경기도 고양시 일산동구 호수로 358-39, 101-614
전　　화　031-819-2900
팩　　스　031-819-2910
등　　록　2015년 2월 23일 제015-000042호

정가   20,000 원